H. Kaiser · Bracker | Die Staatsanwaltsklausur im Assessorexamen

Die Staatsanwaltsklausur im Assessorexamen

Von
Horst Kaiser
Vorsitzender Richter am LG Lübeck a.D.
Ehem. Arbeitsgemeinschaftsleiter für Referendare
Ehem. Mitglied des gemeinsamen Prüfungsamtes Nord für das Assessorexamen
Seminarleiter der »Kaiserseminare« in Lübeck

Ronald Bracker
Richter am Landgericht Lübeck
Ehem. Arbeitsgemeinschaftsleiter für Referendare
Seminarleiter der »Kaiserseminare« in Lübeck

3., neu bearbeitete Auflage

Verlag Franz Vahlen München 2011

Verlag Franz Vahlen im Internet:
vahlen.de

ISBN 978 3 8006 3881 9

© 2011 Verlag Franz Vahlen GmbH
Wilhelmstraße 9, 80801 München
Druck: Druckerei C.H. Beck Nördlingen
(Adresse wie Verlag)

Satz: R. John + W. John GbR, Köln
Umschlagkonzeption: Martina Busch, Grafikdesign, Fürstenfeldbruck

Gedruckt auf säurefreiem, alterungsbeständigem Papier
(hergestellt aus chlorfrei gebleichtem Zellstoff)

Vorwort zur 3. Auflage

Die seit dem Erscheinen der 1. Auflage mit Wirkung vom 1. Januar 2010 eingetretenen Gesetzesänderungen erforderten eine Überarbeitung der Abschnitte zur notwendigen Verteidigung und zum Haftrecht sowie den daraus folgenden praktischen Konsequenzen. Daneben war es, wie viele Klausuren der jüngeren Vergangenheit zeigen, erforderlich, die Probleme um den Richtervorbehalt in § 81a StPO und mögliche Verwertungsverbote noch intensiver abzuhandeln. Auch gaben höchstrichterliche Entscheidungen Anlass, sich mit der Heilung von Verfahrensmängeln durch qualifizierte Belehrungen sowie mit weiteren möglichen Quellen für Verfahrensfehler, die in der 1. Auflage noch keine Rolle spielten, auseinander zu setzen. Beispielhaft sei hier die Zulässigkeit der Beschlagnahme von E-Mails, genannt.

Zugleich habe ich einige Anregungen eingearbeitet, die ich dankenswerterweise von Lesern der vorangegangenen Auflagen erhalten habe.

Lübeck, im Juli 2011 *Ronald Bracker*

Vorwort zur 1. Auflage

Dieses Begleitbuch zu meinem im Rahmen der **Kaiserseminare** ausgerichtetem Wochenendseminar »Die Staatsanwaltsklausur« soll der Vorbereitung auf die Strafrechtsklausur im Zweiten Examen dienen, in der von Ihnen u.a. die Anfertigung einer Anklageschrift gefordert wird. Ziel ist es, Ihnen das Bewältigen der häufigsten Klausurprobleme zu erleichtern. Natürlich kann im Rahmen einer derartigen Darstellung nicht jedes denkbare Problem erörtert werden. Ihnen soll vielmehr die Angst vor diesem Klausurentyp genommen werden. Zu diesem Zweck werden Ihnen Strategien aufgezeigt, Lösungsvorschläge und Formulierungsbeispiele angeboten. Dieses Buch erhebt nicht den Anspruch, eine wissenschaftliche Abhandlung zu sein, weshalb ich auch weitgehend auf Zitate verzichtet habe. Lediglich wichtige Entscheidungen vor allem des Bundesverfassungsgerichts und des Bundesgerichtshofs, die meist neueren Datums sind, habe ich genannt. Im Übrigen habe ich mich weitgehend auf Zitate aus den Kommentaren von Fischer zum Strafgesetzbuch und von Meyer-Goßner zur StPO beschränkt, weil sie diese in den meisten Bundesländern im Klausurexamen zur Hand haben. Auch den Anspruch auf Vollständigkeit will ich nicht erheben. Dieses Buch konzentriert sich ganz und gar auf typische Klausurprobleme und soll Ihnen das für das Bestehen des Examens erforderliche Basiswissen vermitteln.

Mit den im ersten Teil dieses Buches (»Gutachten«) dargestellten Probleme können Sie auch in der Urteils-, in der Anwalts und in der Revisionsklausur konfrontiert werden, so dass die angebotenen Lösungsvorschläge Ihnen auch in diesen Klausurtypen weiterhelfen werden.

Für Anregungen und Kritik bin ich (*bracker.kaiserseminare@email.de*) jederzeit dankbar.

Lübeck, im Juli 2009 *Ronald Bracker*

Der Verfasser ist Richter in einer Strafkammer am Landgericht Lübeck und erfahrener Referendarausbilder, der über 15 Jahre lang verschiedene Arbeitsgemeinschaften im Strafrecht sowie Klausurenkurse leitete. Zudem führt er seit 1995 Fortbildungsveranstaltungen für Staatsanwälte und Richter aus vielen Bundesländern durch.

Der Verfasser veranstaltet Wochenendseminare zur Vorbereitung auf die Examensklausuren. Nähere Informationen erhalten Sie unter:

KAISERSEMINARE

www.kaiserseminare.com

eMail: info@kaiserseminare.com

Inhaltsverzeichnis

Vorwort zur 3. Auflage	V
Vorwort zur 1. Auflage	VI
Abkürzungs- und Literaturverzeichnis	XIII

1. Teil. Examensvorbereitung ... 1

    A. Klausuren üben! ... 1
    B. Zeitschriftenlektüre ... 2
    C. Arbeitsgemeinschaft ... 2
    D. Aktenvorträge ... 2

2. Teil. Einstieg in die Klausurtechnik ... 3

    A. Zeiteinteilung und Bedeutung der einzelnen Abschnitte ... 4
    B. Erfassen des Sachverhalts ... 5
    C. Gedankliche Strukturierung ... 5
    D. Das äußere Erscheinungsbild ... 6

3. Teil. Das Gutachten ... 7

    A. Der Aufbau ... 7
        I. Handlungsabschnitte ... 7
        II. Straftatbestände ... 9
            1. Reihenfolge ... 9
            2. Sonderfall: Wahlfeststellung ... 11
                a) Wahlfeststellung, Postpendenz und Stufenverhältnis ... 11
                b) Aufbau und Darstellung ... 12
        III. Gliederung innerhalb des jeweiligen Straftatbestandes ... 14
        IV. Darstellung der einzelnen Tatbestandsmerkmale ... 14
    B. Gutachten- und Urteilsstil ... 16
        I. Urteilsstil ... 16
        II. Gutachtenstil ... 16
    C. Beweiswürdigung ... 18
        I. Grundregeln ... 18
        II. Erforderlichkeit der Beweiswürdigung ... 20
        III. Darstellung der Beweiswürdigung ... 21
            1. Der Beschuldigte gesteht ... 21
            2. Der Beschuldigte schweigt ... 22
            3. Der Beschuldigte bestreitet ... 22
            4. Der Beschuldigte gesteht und bestreitet teilweise ... 24
        IV. Die Beweismittel ... 24
            1. Zeugen ... 24
            2. Sachverständige ... 25
            3. Urkunden ... 26
            4. Augenschein ... 26
            5. Einlassung des Beschuldigten ... 26

4. Teil. Häufige Rechtsprobleme im A-Gutachten ... 27

    A. Fehlerhafte Beweiserhebung und Verwertungsverbote ... 27
        I. Allgemeines ... 28

1. Verdachtslage und Verurteilungswahrscheinlichkeit	28
2. Begründung eines Verwertungsverbots	29
II. Verwertbarkeit von Beschuldigtenangaben	30
1. Verstöße gegen die Belehrungspflicht	30
a) Belehrungspflicht bei Vernehmungen	30
aa) Vernehmung	30
(1) Beschuldigteneigenschaft	30
(2) Amtliches Auskunftsverlangen	32
bb) Belehrungspflicht	32
(1) Erste Vernehmung	32
(2) Wiederholte Vernehmung	33
b) Verwertungsverbot	33
aa) Gegenüber dem Beschuldigten	33
bb) Gegenüber Dritten	34
c) Fortwirkung des Verwertungsverbots	34
aa) Qualifizierte Belehrung	34
bb) Folge des Unterlassens einer qualifizierten Belehrung	35
d) Fernwirkung	36
2. Verbotene Vernehmungsmethoden	36
a) Unzulässige Methoden	36
aa) Täuschung	37
bb) Versprechen eines Vorteils	37
b) Verwertungsverbot	37
c) Fortwirkung	37
d) Fernwirkung	38
e) Sonderfall: Hörfalle	38
III. Verwertbarkeit von Zeugenaussagen	39
1. Die Belehrungspflicht gemäß § 57 StPO	39
2. Das Auskunftsverweigerungsrecht nach § 55 StPO	39
a) Gefahr der Verfolgung	40
b) Belehrungspflicht	40
c) Folgen des Verstoßes	40
3. Das Zeugnisverweigerungsrecht nach § 52 StPO	41
a) Kreis der Zeugnisverweigerungsberechtigten	41
b) Belehrungspflicht	42
c) Verwertungsverbot	43
d) Folge der Zeugnisverweigerung und § 252 StPO	43
4. Übersicht	45
IV. Verwertbarkeit sonstiger Beweismittel und Erkenntnisse	46
1. Durchsuchung	46
a) Durchsuchung beim Beschuldigten	46
aa) Tatverdacht	46
bb) Durchsuchungsgegenstand	46
cc) Durchsuchungszweck	47
dd) Verhältnismäßigkeit	47
ee) Anordnungskompetenz	47
ff) Inhalt der Durchsuchungsanordnung	48
gg) Folgen eines Verfahrensverstoßes	49
hh) Zufallsfunde	50
b) Durchsuchung bei Dritten	50
aa) Durchsuchungsgegenstand	50
bb) Durchsuchungszweck	50
cc) Anordnungskompetenz, Inhalt der Durchsuchungsanordnung	50
dd) Folgen eines Verfahrensverstoßes	51
2. Beschlagnahme	51
a) Beschlagnahmegegenstand	51

			b)	Verhältnismäßigkeit	51
			c)	Beschlagnahmeverbote	51
			d)	Anordnungskompetenz	52
			e)	Sonderfall: Beschlagnahme von Tagebüchern	52
			f)	Sonderfall: Postbeschlagnahme	52
			g)	Sonderfall: Beschlagnahme von E-Mails	54
		3.		Verdeckte Ermittlungsmaßnahmen der Polizei	55
			a)	Nicht offen ermittelnde Personen	55
				aa) Informant	55
				bb) Verdeckt ermittelnde Polizeibeamte	55
				cc) Verdeckte Ermittler	55
				(1) Voraussetzungen für den Einsatz	55
				(2) Klausurrelevante Probleme	56
				dd) V-Leute	57
				ee) V-Mann/vE als agent provocateur	57
				(1) Konkretes Vorgehen als Tatprovokation	57
				(2) Beachten rechtsstaatlicher Grenzen	58
				(3) Folgen der Einwirkung auf den Beschuldigten	58
			b)	Telefonüberwachung	59
				aa) Änderung der rechtlichen Beurteilung	59
				bb) Zufallsfunde	59
				(1) Beschuldigter und Teilnehmer	59
				(2) Dritte	60
				cc) Fernwirkung	60
			c)	Akustische Überwachung	60
				aa) Wohnraumüberwachung	60
				bb) Überwachung außerhalb von Wohnungen	61
		4.		Weitere Ermittlungsmaßnahmen	62
			a)	Einholung von Behördenauskünften	62
			b)	Einholung anderer Auskünfte	63
				aa) Bankgeheimnis	63
				bb) Andere Beschränkungen	63
		5.		Blutprobenentnahme	63
			a)	Anordnungskompetenz	64
			b)	Beschlagnahme von Blutproben	65
		6.		Zufallsfunde	65
B.				Sonstige prozessuale Probleme	67
	I.			Verlesbarkeit von Urkunden	67
		1.		Andere Vernehmungsniederschriften, schriftliche Erklärungen	67
		2.		Richterliche Vernehmungsprotokolle	68
	II.			Verfahrenshindernisse	69
		1.		Rechtskraft und Strafklageverbrauch	69
			a)	Reichweite in persönlicher Hinsicht	69
			b)	Reichweite in sachlicher Hinsicht	70
		2.		Fehlender Strafantrag	71
		3.		Verjährung, §§ 78 ff. StGB	71

5. Teil. Der prozessuale Teil 73

A.				Das prozessuale Gutachten	73
	I.			Das sachlich zuständige Gericht	73
		1.		Zuständigkeiten	74
		2.		Regelstrafrahmen als Ausgangspunkt	75
		3.		Strafrahmenverschiebungen	75
			a)	§ 21 StGB: Erhebliche Verminderung der Schuldfähigkeit	76
				aa) Feststellung der Tatzeit-BAK	77
				bb) Wirkung psychodiagnostischer Kriterien	78

	b) Minder schwere Fälle		80
	4. Konkrete Straferwartung		81
II.	Örtliche Zuständigkeit		82
III.	Anklage oder besondere Verfahrensarten		83
	1. Strafbefehlsverfahren		83
	2. Beschleunigtes Verfahren		84
IV.	Absehen von der Verfolgung (§ 154 StPO) und Beschränkung (§ 154a StPO)		84
	1. Prozessualer Tatbegriff		85
	2. Beschränkung nach § 154a I StPO		85
	3. Absehen von Verfolgung nach § 154 I StPO		86
V.	Privatklagedelikte und öffentliches Interesse		86
VI.	Einstellung und Teileinstellung nach § 170 II StPO		87
VII.	Verfahrenseinstellung gemäß §§ 153, 153a StPO		88
VIII.	Notwendige Verteidigung		89
IX.	Nebenklage		90
X.	Untersuchungshaft		91
	1. Der dringende Tatverdacht		92
	2. Die Haftgründe		92
		a) § 112 II Nr. 1 StPO: Flucht	92
		b) § 112 II Nr. 2 StPO: Fluchtgefahr	93
		c) § 112 II Nr. 3 StPO: Verdunkelungsgefahr	94
		d) § 112 III StPO: Schwerkriminalität	94
		e) § 112a I StPO: Wiederholungsgefahr	94
	3. Verhältnismäßigkeit		95
	4. Erforderliche Schritte		95
		a) Noch kein Haftbefehl erlassen	96
		b) Haftbefehl bereits erlassen	96
			aa) Haftbefehlsvoraussetzungen sind erfüllt … 96
			bb) Haftbefehlsvoraussetzungen sind nicht erfüllt … 97
XI.	§ 111a StPO		98
	1. Entziehung der Fahrerlaubnis, §§ 69, 69a StGB		98
	2. Vorläufige Entziehung der Fahrerlaubnis		99
XII.	Beschlagnahme und Herausgabe		100
	1. Beschlagnahme		100
		a) Beweismittel, §§ 94, 98 StPO	100
		b) Einziehungsgegenstände, § 111b StPO	100
		c) Verfahrensfragen	101
	2. Herausgabe sichergestellter oder beschlagnahmter Gegenstände		102
		a) Herauszugebende Gegenstände	102
		b) Herausgabe an Beschuldigten oder Verletzten	102
		c) Herausgabeverfahren	103
XIII.	Verbindung und Trennung		103
	1. Verfahrensverbindung		104
	2. Verfahrenstrennung		104
XIV.	Mitteilungen		104
XV.	Belehrung über Entschädigungsansprüche		105
XVI.	Beweismittel		106
XVII.	Strafkammeranklage und Besetzung in der Hauptverhandlung		108
B.	**Die Abschlussverfügung**		**109**
I.	Ermittlungshandlungen		109
II.	Verfahrenstrennung		109
III.	Abschluss der Ermittlungen		109
IV.	Verfahrenseinstellung gemäß § 170 II StPO		109
	1. Einstellungsentschließung		109
	2. Einstellungsbescheid und Einstellungsnachricht		110
		a) Adressaten	110

	b) Inhalt eines Einstellungsbescheids	111
	c) Inhalt einer Einstellungsnachricht	113
V.	Opportunitätsentscheidungen	114
VI.	Vermerke	115
VII.	Herausgabe beschlagnahmter oder sichergestellter Gegenstände	115
VIII.	Prüfungssache	115
IX.	Fertigung der Anklageschrift	115
X.	Mitteilungen	116
XI.	Wiedervorlagefrist	116
XII.	Übersendungsverfügung	117
XIII.	Unterschrift	119

C. Die Anklageschrift ... 120
    I. Rubrum ... 120
    II. Anklagesatz ... 122
        1. Gesetzliche Merkmale der Tat ... 124
            a) Ein Angeschuldigter verwirklicht einen Straftatbestand ... 124
            b) Ein Angeschuldigter verwirklicht mehrere Straftatbestände ... 128
            c) Mehrere Angeschuldigte verwirklichen jeweils mehrere Straftatbestände ... 130
        2. Die Konkretisierung ... 132
        3. Anzuwendende Strafgesetze und sonstige Hinweise ... 137
    III. Beweismittel ... 139
        1. Einlassung des Angeschuldigten ... 139
        2. Zeugen ... 140
        3. Sachverständige ... 140
        4. Urkunden ... 141
        5. Augenschein ... 141
    IV. Anträge ... 141
    V. Unterschrift ... 142
    VI. Anhang: Wesentliches Ergebnis der Ermittlungen ... 142
        1. Beweisgrundlage ... 143
        2. Rechtsfolgenrelevante Umstände ... 143

D. Besonderheiten des Jugendverfahrens ... 144
    I. B-Gutachten ... 145
        1. Zuständigkeit der Jugendgerichte ... 145
            a) Jugendrichter ... 145
                aa) Verfahren gegen Jugendliche ... 145
                bb) Verfahren gegen Heranwachsende ... 145
                cc) Verbundene Verfahren ... 145
            b) Jugendschöffengericht ... 146
                aa) Verfahren gegen Jugendliche ... 146
                bb) Verfahren gegen Heranwachsende ... 146
                cc) Verbundene Verfahren ... 146
            c) Jugendkammer ... 146
                aa) Verfahren gegen Jugendliche ... 146
                bb) Verfahren gegen Heranwachsende ... 146
                cc) Verbundene Verfahren ... 147
        2. Verfahrenstrennung ... 147
        3. Besondere Verfahrensarten ... 147
        4. Notwendige Verteidigung ... 148
        5. Besondere Mitteilungen ... 148
        6. Einstellungen ... 148
        7. Untersuchungshaft ... 148
    II. Abschlussverfügung ... 149
    III. Anklageschrift ... 149
        1. Rubrum ... 149

		2. Anklagesatz	150
		a) Abstraktum	150
		b) Konkretisierung	150
		c) Anzuwendende Vorschriften	150
	3. Anträge	150
	4. Wesentliches Ermittlungsergebnis	151
E.	**Abschließende Arbeiten**	152

Stichwortverzeichnis 153

Abkürzungs- und Literaturverzeichnis

a.a.O.	am angegebenen Ort
Abs.	Absatz
AG	Amtsgericht
AKB	Allgemeine Bedingungen für die Kraftfahrtversicherung
Allgem.	allgemein
AO	Abgabenordnung
Art.	Artikel
BAK	Blutalkoholkonzentration
BGH	Bundesgerichtshof
BGHR	Systematische Sammlung der Entscheidungen des Bundesgerichtshofes in Strafsachen
BGHSt	Amtliche Sammlung des Bundesgerichtshofs in Strafsachen
Bl.	Blatt
Beschl.	Beschluss
BtMG	Betäubungsmittelgesetz
BVerfG	Bundesverfassungsgericht
BVerfGE	Entscheidungen des Bundesverfassungsgerichts
d.A.	der Akte(n)
d.h.	das heißt
EBE	Eildienst bundesgerichtlicher Entscheidungen
f./ff.	folgende
Fischer	Fischer, Thomas, Strafgesetzbuch, 58. Aufl. 2011
GG	Grundgesetz
ggf.	gegebenenfalls
GrS	Großer Senat für Strafsachen
GVG	Gerichtsverfassungsgesetz
h.M.	herrschende Meinung
Hs.	Halbsatz
InsO	Insolvenzordnung
i.S.d.	im Sinne des (der)
i.Ü.	im Übrigen
i.V.m.	in Verbindung mit
JGG	Jugendgerichtsgesetz
Js	Ermittlungsverfahren in Strafsachen
JVA	Justizvollzugsanstalt
KK/*Bearbeiter*	Karlsruher Kommentar zur Strafprozessordnung und zum Gerichtsverfassungsgesetz, 6. Aufl. 2008
KMR/*Bearbeiter*	Loseblattkommentar zur Strafprozessordnung, begründet durch Kleinknecht/Müller/Reitberger, herausgegeben von v. Heintschel-Heinegg/Stöckel. 54. Aktualisierungslieferung

LR/*Bearbeiter*	Löwe/Rosenberg, Die Strafprozessordnung und das Gerichtsverfassungsgesetz, 25. Aufl.
Ls	Strafverfahren vor dem Schöffengericht
Maunz/Dürig	Maunz/Dürig, Grundgesetz, Loseblatt-Kommentar
MDR	Monatsschrift für Deutsches Recht
Meyer-Goßner	Meyer-Goßner, Lutz, Strafprozessordnung, 54. Aufl. 2011
MiStra	Anordnung über die Mitteilungen in Strafsachen
m.w.N.	mit weiteren Nachweisen
NJW	Neue Juristische Wochenschrift
Nr.	Nummer
NStZ	Neue Zeitschrift für Strafrecht
NStZ-RR	Neue Zeitschrift für Strafrecht – Rechtsprechungsreport
OLG	Oberlandesgericht
Rn.	Randnummer
RiStBV	Richtlinien für das Straf- und Bußgeldverfahren
S.	Satz
SGB	Sozialgesetzbuch
sog.	sogenannte(r)
StA	Staatsanwaltschaft
StGB	Strafgesetzbuch
StPO	Strafprozessordnung
StR	Revisionen in Strafsachen beim Bundesgerichtshof
StrEG	Gesetz über die Entschädigung für Strafverfolgungsmaßnahmen
StV	Strafverteidiger
u.a.	unter anderem
U-Haft	Untersuchungshaft
u.m.A.	urschriftlich mit Akte(n)
u.s.w.	und so weiter
UVollzO	Untersuchungshaftvollzugsordnung
Var.	Variante
vE	verdeckter Ermittler
vgl.	vergleiche
V-Leute	Vertrauensleute
Vors.	Vorsitzende(r)
VP	Vertrauensperson
Weber	Weber, Betäubungsmittelgesetz, 3. Aufl. 2009
wistra	Zeitschrift für Wirtschafts- und Steuerstrafrecht
Ws	Beschwerden in Straf- und Bußgeldsachen bei den Oberlandesgerichten
wv	wieder vorlegen
z.B.	zum Beispiel
ZPO	Zivilprozessordnung
ZU	Zustellungsurkunde

1. Teil. Examensvorbereitung

Nachdem das Erste Examen nach langer Büffelei glücklich geschafft ist, ist der Wunsch, die Zügel etwas schleifen zu lassen, nur allzu verständlich. Auch wenn Sie dieser Versuchung schließlich nicht nachgeben, weil Sie ein ordentliches Zweites Examen hinlegen und während des Referendariats Ihre Ausbilder überzeugen wollen, liegt es angesichts der Fülle des neuen Stoffes nahe, sich auf Schwerpunkte zu konzentrieren. Dabei gerät vielen Referendaren leider das Strafrecht aus den Augen. Diese Gefahr ist in den Ausbildungsordnungen der Länder angelegt. Während Sie sich nämlich mit dem Zivilrecht fast bis zum letzten Tag Ihrer Ausbildung befassen müssen, sei es in der Gerichtsstation, sei es in der Anwaltsstation, kommen Sie mit dem Strafrecht regelmäßig nur am Anfang Ihrer Ausbildung in Kontakt. Haben Sie die Station bei einer Staatsanwaltschaft oder einem Strafrichter erst einmal hinter sich und dazu kein besonderes Faible für das Strafrecht, dann war es das. Das Wissen, dass das Strafrecht ein überschaubares Rechtsgebiet ist, tut ein Übriges.

Machen Sie auf keinen Fall den Fehler, sich erst kurz vor dem Examen wieder dem Strafrecht zu widmen. Es sollte Ihnen aus dem Ersten Examen in Erinnerung geblieben sein, wie schwierig sich auch im Strafrecht die materielle Rechtslage darstellen kann. Im Umgang mit prozessualen Problemen werden Sie im Zweifel nicht geübt sein, die Zeit der praktischen Ausbildung ist viel zu kurz. Es wäre schon ein großer Zufall, wenn Sie in der ersten Station mit allen examensrelevanten Problemen konfrontiert worden wären. Waren Sie in Ihrer Ausbildung einem Strafrichter zugewiesen, haben Sie den Abschluss von Ermittlungen mit entsprechender Verfügung und Anklageerhebung vielleicht nicht oder nur unzureichend üben können. Und dann sind da ja auch noch die speziellen Schwierigkeiten einer Strafrechtsklausur, die sich aus dem Missverhältnis von großer Stofffülle und wenig Zeit ergeben.

A. Klausuren üben!

Für Sie kann und darf es deshalb nur eine Konsequenz geben: Beginnen Sie so früh wie möglich mit der regelmäßigen Teilnahme an den überall angebotenen Klausurenkursen. Eine Strafrechtsklausur werden Sie nur nach viel Übung sicher in den Griff bekommen. Sie müssen ein Gefühl dafür entwickeln, was von Ihnen in der Klausur erwartet wird.

Nur die Masse macht's

Das Schreiben der wöchentlichen/monatlichen Klausur sollte Ihnen zur Pflicht werden. Den sicheren Umgang mit den gängigen Problemen werden Sie nur lernen, wenn Sie bis zum Examen ständig in Übung bleiben. So werden Sie immer wieder mit neuen Fallkonstellationen konfrontiert, die Sie im Examen dann nicht mehr erschüttern können.

Schummeln zählt nicht!

Übungsklausuren müssen unter examensähnlichen Bedingungen geschrieben werden. Zur Lösung Ihnen nicht bekannter Probleme dürfen Sie nur auf die im Examen zur Verfügung stehenden Kommentare zurückgreifen. Eine Klausur wird »**in Klausur**« geschrieben, Kontakt zu Kollegen gibt es während der fünf Stunden nicht. Sie sollen lernen, sich allein zu helfen, wenn Sie einmal nicht mehr weiter wissen. Eine »Büchereimeinung« hat Sie nicht zu interessieren.

Eine Klausur dauert zudem immer nur fünf Stunden, keine Sekunde länger. Zu Übungszwecken dürfen Sie die Zeit sogar verkürzen, das schafft im Ernstfall Luft. Meinen Sie, während der Klausur Ihren Arbeitsplatz verlassen zu müssen, dann läuft die Zeit natürlich weiter. Im Examen können Sie auch keine Auszeit nehmen.

Jede Note ist Motivation!

Lassen Sie sich weder durch schlechte Noten demotivieren, noch durch eine gute Note vom weiteren Üben abhalten. Schlechte Noten bedeuten, dass Sie Ihre Anstrengungen intensivieren müssen. Gute Noten bedeuten nicht viel, schon die nächste Klausur kann Ihnen ungeahnte Schwierigkeiten bereiten. Im Übrigen sollte Ihnen eine gute Note Ansporn sein, Ihre Leistung zu wiederholen oder gar noch weiter zu verbessern.

Die Besprechung ist Pflicht!

Das sollte sich von selbst verstehen. Eine Klausur kann noch so gut korrigiert worden sein, was letztendlich von Ihnen gefordert wurde, werden Sie nur im Besprechungstermin erfahren. Haken Sie dort nach, wenn Sie etwas nicht verstehen. Geht es nicht voran? Bitten Sie den Klausurleiter doch um seine Hilfe, fragen Sie ihn, woran es liegt.

Nacharbeit erforderlich!

Nach dem Besprechungstermin müssen Sie die angesprochenen Rechtsprobleme noch einmal nacharbeiten. Im Vordergrund sollten dabei die Ihnen aus dem Studium weniger geläufigen prozessualen Probleme stehen. Das vertieft Ihr Wissen und wird sich positiv auf Ihr Erinnerungsvermögen auswirken.

B. Zeitschriftenlektüre

Keine aktuelle Entwicklung in der Rechtsprechung darf an Ihnen vorbeigehen. Für Sie ist es deshalb Pflicht, einmal monatlich jeweils die neueste Ausgabe zumindest einer der drei wichtigsten Strafrechtszeitschriften (StV, NStZ und NStZ-RR) auf examensrelevante Entscheidungen und Aufsätze zu durchforsten. Vor dem mündlichen Examen darf es auch mehr sein. Natürlich gehört auch zumindest eine der ausbildungsorientierten Zeitschriften (JA, JuS, Jura) zu Ihrer Pflichtlektüre.

C. Arbeitsgemeinschaft

Warum suchen Sie sich nicht Kollegen für eine private Arbeitsgemeinschaft? In der Ausgestaltung der Arbeitsgemeinschaft sind Sie völlig frei, jede Beschäftigung mit dem Thema ist besser als keine! »Pushen« Sie sich gegenseitig. Es ist wie beim Joggen oder Radfahren: Müssen Sie sich selbst in die Pflicht nehmen, wird sich leicht eine Ausrede finden. Schmerzt nicht wieder die Achillessehne, wird es nicht gleich regnen? Eine feste Verabredung, das Bewusstsein, andere sonst hängen zu lassen, wird Ihnen auf die Beine helfen. Das gilt auch für das juristische Training.

D. Aktenvorträge

Üben Sie Aktenvorträge und zwar vor allem in dem von Ihnen anvisierten Wahlfach. Auch das sollte unter möglichst examensähnlichen Bedingungen in einer privaten Arbeitsgemeinschaft geschehen. Drücken Sie sich aber auch nicht, wenn Vorträge in der begleitenden Arbeitsgemeinschaft angeboten werden. Sie müssen lernen, ohne Hemmungen vor einer größeren Runde frei zu sprechen. Also keine Angst! Jeder Fehler, den Sie in Ihrer Ausbildung machen, wird Ihnen im Zweifel im Examen nicht mehr unterlaufen. Drängen Sie schließlich auch darauf, dass Ihnen Ihr Ausbilder die Möglichkeit gibt, Vorträge zu üben.

2. Teil. Einstieg in die Klausurtechnik

Häufig ist nicht die fehlende Rechtskenntnis der Kandidaten Ursache für das Scheitern in der Strafrechtsklausur. Natürlich kann es vorkommen, dass man mit seiner Lösung eines einzelnen oder auch mehrerer rechtlicher Probleme daneben liegt, diese vielleicht gar nicht erkennt. Doch sind in den meisten Klausuren so viele verschiedene Tatbestände zu prüfen, dass sich viele Fehler zumindest wieder ausgleichen lassen. Nein, die meisten Kandidaten scheitern eher, weil es Ihnen nicht gelingt, eine hinreichende Struktur in ihr Gutachten zu bringen. Sie verzetteln sich in der Vielzahl der Handlungsabschnitte und Tatbestände, in der Beweiswürdigung und den vermeintlichen Ungereimtheiten des Sachverhalts sowie in prozessualen Problemen. Den Rest erledigt der Zeitdruck.

Ihr Ziel im Examen hat natürlich die perfekte Klausur zu sein, die jeder Kandidat anstreben muss – auch wenn er seine eigene Leistungsfähigkeit als eher bescheiden einschätzt. Jedoch kann Ihnen im Examen niemand richtige Lösungen garantieren. Deshalb müssen Sie in der Lage sein, dem Korrektor im Notfall zu zeigen, dass Sie – unabhängig von der Lösung einzelner rechtlicher Probleme – Ihr Handwerkszeug nicht nur kennen, sondern mit traumwandlerischer Sicherheit beherrschen. Vermitteln Sie dem Korrektor den – hoffentlich zutreffenden – Eindruck, dass Sie trotz falscher Lösung oder Lösungsteile in der Lage sind, Klausuren zu schreiben. Sie sind nur auf dem richtigen Weg, wenn der Korrektor beim Lesen Ihrer Klausur jeden Fehler, auf den er stößt, bedauert und diesen nicht als folgerichtig hinnimmt. Das bedarf eines durchdachten Aufbaus, des sicheren Umgangs mit stilistischen Mitteln und nicht zuletzt des gekonnten Herangehens an eine Beweiswürdigung. Ferner gehört dazu der sichere Umgang mit den wichtigsten prozessualen Problemen, deren Zahl überschaubar ist und die damit beherrschbar sind.

Ein gelungenes Gutachten erfordert:

- das Erfassen des Sachverhalts,
- einen durchdachten Aufbau,
- sprachliche Richtigkeit,
- den richtigen Einsatz von Urteils- und Gutachtenstil,
- eine überzeugende Beweiswürdigung,
- richtige Rechtsanwendung,
- konsequente Subsumtion.

A. Zeiteinteilung und Bedeutung der einzelnen Abschnitte

3 Im Gegensatz zum Ersten Examen wird im Zweiten Examen von Ihnen am Ende der Klausur eine praktische Lösung erwartet. Diesen praktischen Teil der Arbeit dürfen Sie auf gar keinen Fall unterschätzen, er fließt mit entscheidendem Gewicht in die Gesamtnote ein.

> Zeitmangel ist keine Ausrede, sondern genau der Fehler, den es zu vermeiden gilt!

Denken Sie immer daran, dass eine Absicht hinter dem auf den ersten Blick kaum zu bewältigenden Umfang der Arbeit steht. Die Klausuren sind in der Regel nämlich darauf angelegt, Sie in zeitliche Bedrängnis zu bringen.

> Sie sollen zeigen, dass Sie unter Zeitdruck zu einer in der Praxis vertretbaren rechtlichen Bewertung eines Sachverhalts und zu einer brauchbaren Umsetzung in ein praktisches Ergebnis kommen können.

Das bedeutet, dass für die Benotung das A-Gutachten und der prozessuale Teil etwa gleichwertig nebeneinander stehen. Dennoch wird es meistens unvermeidlich sein, den größeren Teil der zur Verfügung stehenden Zeit auf das Gutachten zu verwenden, schon allein deshalb, weil es einfach mehr Schreibarbeit zu bewältigen gibt. Ein festes Zeitminimum, das Ihnen nach der Fertigstellung des A-Gutachtens für die Anfertigung des prozessualen Teils zur Verfügung stehen muss, lässt sich nicht nennen. Dafür sind die Aufgaben zu unterschiedlich. Es wird Klausuren geben, in denen 60 Minuten ohne weiteres ausreichen, in anderen Klausuren werden dagegen 90 Minuten schon zu knapp bemessen sein. Im Examen müssen Sie auf Ihre in vielen Übungsklausuren erworbene Erfahrung mit der Zeiteinteilung vertrauen können.

Viele Strafrechtsklausuren haben einen erschreckenden Umfang. Den Korrektor Ihrer Klausur werden Sie damit nicht beeindrucken können – im Gegenteil! Meist bestätigt sich beim Lesen einer besonders umfangreichen Klausur sehr schnell der anfängliche Verdacht, der Kandidat habe seine Klausur vor dem Niederschreiben nicht ausreichend durchdacht und deshalb nicht die richtigen Schwerpunkte gesetzt, sondern sich beim Ausformulieren wenig zielorientiert von den eigenen Gedanken treiben lassen. Auch für die Strafrechtsklausur gilt:

> **Merke:** Gute Arbeiten zeichnen sich durch einen begrenzten Umfang aus!

B. Erfassen des Sachverhalts

Nachdem Sie Ihre Klausurtexte erhalten haben, geht es für Sie zunächst darum, den Sachverhalt zu erfassen. Verfallen Sie nicht gleich in Panik, wenn der Aktenauszug aus vielen und noch dazu eng beschriebenen Seiten besteht. Auch das können Sie durch eine systematische Herangehensweise ohne weiteres in den Griff bekommen. Eine zeitliche Vorgabe für das Erfassen des Sachverhalts gibt es nicht, der Umfang der Aktenauszüge ist zu unterschiedlich.

> **Wichtig:** Lesen Sie unbedingt zunächst den Bearbeitervermerk, bevor Sie sich in den Aktenauszug vertiefen!

Der Bearbeitervermerk enthält über die Standardanweisungen hinaus oft sehr wichtige Hinweise. Häufig werden Sie nämlich gar nicht die Strafbarkeit aller Tatverdächtigen prüfen müssen. Mit diesem Wissen im Hinterkopf, wird sich mancher Sachverhalt schon viel einfacher lesen und erfassen lassen.

Natürlich werden Sie zum Erfassen des Sachverhalts mehr Zeit benötigen als während einer Strafrechtsklausur im Studium. Es geht nicht mehr um konstruierte Fälle, sondern um echte Lebenssachverhalte.

> **Achtung:** Sie werden deshalb auch immer wieder auf kleinere Ungenauigkeiten und Ungereimtheiten stoßen, die in der Praxis fast zwangsläufig sind. Häufig geben etwa von Polizeibeamten aufgenommene Strafanzeigen, mit denen die Klausursachverhalte meistens beginnen, das Geschehen ungenau oder unvollständig wieder, weil diese nur eine grobe Zusammenfassung der ihnen geschilderten Sachverhalte darstellen. Die wirklichen Beobachtungen des Zeugen werden Sie erst den nachfolgenden förmlichen Vernehmungen entnehmen können. Das ist dann die für Sie maßgebende Aussage. Kommen Sie in einer derartigen Konstellation wegen der vermeintlichen Widersprüche zu dem Ergebnis, der Zeuge habe gelogen, befinden Sie sich höchstwahrscheinlich auf einem Irrweg.

Sie können zwar sicher sein, dass Ihnen damit niemand bewusst eine Falle stellen will. Trotzdem können derartige Ungenauigkeiten auf den falschen Weg führen. Seien Sie also aufmerksam!

Manche Sachverhalte sind vom Klausurverfasser etwas aufgearbeitet. So werden manche Sachverhalte rechtlich etwas entschärft, in andere werden Rechtsprobleme eingearbeitet. Auch das kann einen Klausursachverhalt unrund machen. Keinesfalls will Sie aber jemand reinlegen. Das Gefühl für die richtige Interpretation des Sachverhalts können Sie nur durch ständige Übung und die regelmäßige Teilnahme an Klausurbesprechungen erwerben.

Geraten Sie auch dann nicht in Panik, wenn Sie schon beim Durchlesen des Aktenauszuges erkennen, dass das Gutachten auf die Prüfung lauter ungewöhnlicher und Ihnen völlig unbekannter Straftatbestände hinauslaufen wird. Denn in diesem Klausurtyp wird es nicht auf eine umfassende Erörterung der klassischen Klausurprobleme ankommen, sondern regelmäßig nur um sorgfältige Beweiswürdigung und Subsumtion gehen. Außerdem haben Sie einen Kommentar zur Hand.

C. Gedankliche Strukturierung

Schon beim ersten Durchlesen des Sachverhalts sollten Sie diesen gedanklich strukturieren und chronologisch aufgebaut in einzelne Handlungsabschnitte gliedern. Damit verschaffen Sie nicht zuletzt sich selbst eine bessere Übersicht.

Auf die Bedeutung dieser Strukturierung des Sachverhalts für den Aufbau des Gutachtens komme ich unten noch einmal ausführlicher zurück.

D. Das äußere Erscheinungsbild

6 Bevor Sie das erste Wort zu Papier bringen, sollten Sie sich noch einmal in Erinnerung rufen, wie wichtig für die Endnote auch das äußere Erscheinungsbild Ihrer Klausur ist.

Bedenken Sie immer, dass der Korrektor Ihrer Arbeit die Klausur nicht etwa probeweise selbst schreibt. Er wird also ohne weiteres davon ausgehen, dass es Ihnen bei richtiger Schwerpunktbildung gelingen muss, die Lösung in fünf Stunden in angemessener Form zu Papier zu bringen. Muss er bereits gegen Ende des materiellen Gutachtens nur noch stichwortartige, mit Plus- und Minuszeichen versehene Tatbestandsmerkmale lesen, wird er daraus für Sie negative Schlüsse ziehen. Er wird davon ausgehen, dass Sie falsche Schwerpunkte gesetzt, wegen mangelnder Rechtskenntnisse zu lange nachgedacht oder zu lange Zeit gebraucht haben, den Sachverhalt zu erfassen. Stichwortartige Lösungen stellen nie eine vollwertige Leistung dar. Sie haben Ihre Gedanken in vollständigen Sätzen zu formulieren.

Sie wollen eine möglichst hohe Punktzahl erreichen.

Werben Sie deshalb auch mit dem äußeren Erscheinungsbild Ihrer Klausur darum!

- Die schönste Gedankenführung nützt nichts, wenn der Prüfer Ihre **Schrift** nicht lesen kann. Eine lesbare Schrift müssen Sie schon im Rahmen Ihrer Examensvorbereitung üben.
- Lassen Sie unbedingt den erforderlichen **Korrekturrand**.
- Von stringenter Gedankenführung werden Sie den Korrektor nur dann wirklich überzeugen, wenn diese sich auch im äußeren Erscheinungsbild Ihrer Arbeit widerspiegelt. **Vermeiden Sie** deshalb möglichst **Einschübe** mit Sternchen und Nummern sowie **Verweisungen** von vorne nach hinten oder hinten nach vorne.
- Auch das nachträgliche **Streichen** ganzer Passagen zeugt nicht eben von großer Sicherheit. Bevor eine Seite völlig unleserlich wird, schreiben Sie diese lieber noch einmal.
- Das Ende eines Prüfungsabschnittes sollten Sie immer durch einen kleinen **Absatz** kenntlich machen. Nichts liest sich beim Korrigieren schlimmer als ein Gutachten ohne Absätze.
- **Stichworte** gehören **nicht** in ein Gutachten. Stichwortartige Darstellungen beinhalten keine vollwertige Leistung und zeigen dem Korrektor auf den ersten Blick an, dass mit Ihrem Zeitmanagement etwas nicht gestimmt haben kann, mithin an Ihrer Arbeit etwas faul sein dürfte.
- **Paginieren** Sie Ihre Arbeit.
- Denken Sie bei der Abgabe an die richtige **Reihenfolge** der einzelnen Klausurteile. Das Gutachten gehört vor den prozessualen Teil, es folgen prozessuales Gutachten und Abschlussverfügung. An das Ende gehört die Anklage.

3. Teil. Das Gutachten

Auf keinen Fall dürfen Sie gleich nach dem Erfassen des Sachverhalts mit dem Niederschreiben des Gutachtens beginnen. Sie sind nämlich mit den Vorarbeiten noch lange nicht fertig.

A. Der Aufbau

Jetzt gilt es für Sie, sich intensiv mit dem Aufbau des Gutachtens zu beschäftigen. Eine durchdachte Gliederung zeigt dem Korrektor auf den ersten Blick, dass Sie in der Lage sind, den Sachverhalt konsequent zu durchdenken und dass Sie nicht blind mit dem Schreiben des Gutachtens begonnen haben. Zudem wird eine durchdachte Gliederung Sie vor vielen möglichen Fehlern bewahren. Darauf werde ich bei Gelegenheit noch zurückkommen. 7

Nehmen Sie sich deshalb unbedingt die Zeit, zunächst eine zumindest grob gegliederte Lösungsskizze auf einem Schmierzettel zu entwerfen!

> Die Zeit, die Sie auf den Entwurf der Lösungsskizze verwenden, werden Sie beim Niederschreiben des Gutachtens mehr als zurückgewinnen!

I. Handlungsabschnitte

Jedes Gutachten sollte in Handlungsabschnitte gegliedert werden. Selten einmal ist das überflüssig. Wenn Sie meiner Anregung folgend den Sachverhalt bereits beim ersten Durchlesen gedanklich in Abschnitte zerlegt haben, wird es Ihnen leichter fallen, nunmehr eine grobe Gliederung zu Papier zu bringen. 8

Diese Grobgliederung wird Ihnen helfen, die Übersicht zu behalten. Denn es ist erheblich einfacher, alle in Betracht kommenden Straftatbestände innerhalb eines eng begrenzten Handlungsabschnittes als innerhalb eines mehraktigen und komplexen Gesamtgeschehens zu erkennen. Zudem ist der Aufbau innerhalb eines Handlungsabschnittes wegen der begrenzten Zahl in Betracht kommender Straftatbestände weniger anspruchsvoll. Unter wenigen Straftatbeständen fallen die mit der höheren Strafandrohung, die im Gutachten zuerst zu prüfen sind, viel eher ins Auge.

Als Mindestanforderung gilt:

> Zumindest selbständige prozessuale Taten müssen in selbständigen Handlungsabschnitten geprüft werden.

> Die Handlungsabschnitte müssen das Geschehen in der richtigen zeitlichen Abfolge abbilden.

Die einzelnen Handlungsabschnitte sind mit einer kurzen und prägnanten Überschrift zu versehen.

Im Zweifel sollten Sie jedoch noch viel übersichtlichere Abschnitte bilden.

> **Beachte:** Eine elegante Gliederung erfordert eine Vorabbewertung des tatsächlichen Geschehens und der Rechtslage. Nur mit einer Gliederung, die unter Berücksichtigung der Rechtslage das Geschehen zeitlich richtig abbildet, werden Sie den Prüfer wirklich überzeugen.

> Die Gliederung dient also nicht nur der eigenen gedanklichen Klarheit, sondern soll dem Prüfer zugleich zeigen, dass Sie in der Lage sind, souverän mit der Materie umzugehen.

3. Teil. Das Gutachten

Fall 1: Der Beschuldigte entwendet unter Alkoholeinfluss einen PKW, mit dem er nach dem Aufbrechen wegfährt. Als die Polizei die Verfolgung aufnimmt, rammt er eines der Polizeifahrzeuge. Danach kann er seine Flucht in dem PKW noch einige Kilometer fortsetzen, bevor er in einen Graben fährt. Auf der Flucht zu Fuß bedroht er einen Polizeibeamten mit einem Messer, das er bei Verlassen des Fahrzeugs an sich genommen hat, um diesen dadurch von der weiteren Verfolgung abzuhalten.

Diesen kleinen Beispielsfall, der einen examenstypischen Sachverhalt wiedergibt, sollten Sie in zumindest drei überschaubare Handlungsabschnitte gliedern.

1. Handlungsabschnitt: Das Verschaffen des Autos

2. Handlungsabschnitt: Die Flucht vor der Polizei

3. Handlungsabschnitt: Die weitere Flucht zu Fuß

Handlungsabschnitte sollten möglichst dort beginnen und enden, wo Tatmehrheit zum vorangegangenen oder nachfolgenden Handlungsabschnitt in Betracht kommt. Sie dürfen auch Hauptabschnitte für jeweils selbständige prozessuale Taten bilden und innerhalb dieser Hauptabschnitte tatmehrheitlich verwirklichtes Geschehen in Unterabschnitten prüfen.

Der voraussichtlich in den ersten beiden Handlungsabschnitten verwirklichte § 316 StGB kann diese wegen seines geringen Gewichts auch als Dauerdelikt nicht zur Tateinheit verklammern. Dagegen sollten Sie das Rammen des Polizeifahrzeugs und die sich daran anschließende Weiterfahrt nicht in selbständigen Handlungsabschnitten prüfen, weil in derartigen Fällen regelmäßig kein neuer Entschluss zur – von vornherein beabsichtigten – Weiterfahrt gefasst wird und deshalb keine Zäsur, die zur Tatmehrheit führen würde, vorliegt. Diesem Ergebnis, das voraussehbar ist, sollten Sie von Anfang an durch den zuvor dargestellten Aufbau Rechnung tragen.

Noch einmal: **Das Gutachten ist chronologisch aufzubauen!**

Fall 2: Die Beschuldigten A und B überfallen eine Bank. Beide haben Waffen in der Hand. Während A das Geld aus dem Tresor nimmt, bedroht B die Bankangestellten weiter. Als beide die Bank verlassen wollen, steht bereits die Polizei vor der Tür. A bringt daraufhin die Angestellte C in seine Gewalt und droht der Polizei für den Fall des Erstürmens der Bank mit der Tötung der Geisel. B fordert 10 Minuten später von der Polizei 100.000 € und ein Fluchtfahrzeug, sonst werde der Geisel etwas geschehen. Später gelingt den Beschuldigten mittels des Fluchtfahrzeugs und unter Mitnahme der Geisel zunächst die Flucht.

In dieser Examensklausur scheiterten viele Kandidaten schon daran, dass Sie den Sachverhalt nicht sorgfältig genug lasen und deshalb die zeitliche Zäsur von 10 Minuten vor der Forderung nach weiterem Geld und dem Fluchtfahrzeug nicht bemerkten.

Der Beispielsfall 2 zeigt, dass sich die Gliederung in Handlungsabschnitte auch dann anbietet, wenn im Endergebnis die verwirklichten Tatbestände in Tateinheit stehen werden. Das Geschehen nach dem eigentlichen Überfall diente den Beschuldigten nämlich im Wesentlichen zur Beutesicherung, die Bedrohungslage dauerte bis zum Ende an, was für die Annahme von Tateinheit spricht. Gleichwohl sollten Sie das Geschehen in drei Abschnitte gliedern, um sich so die Suche nach den in Betracht kommenden Straftatbeständen zu erleichtern und diese sauber abarbeiten zu können. Die mögliche Kritik, der Sachverhalt gäbe für diese Aufteilung nichts her, werden Sie leichter verschmerzen können als den Vorwurf, Sie hätten nicht alle verwirklichten Tatbestände gesehen oder falsch subsumiert.

Es bietet sich die Gliederung in die folgenden drei Handlungsabschnitte an:

1. Handlungsabschnitt: Der Überfall

2. Handlungsabschnitt: Die Forderung, die Bank nicht zu stürmen

3. Handlungsabschnitt: Die Forderung nach Geld und Fluchtfahrzeug

Bei Ihren Vorüberlegungen sollte nicht nur die Suche nach Zäsuren im Geschehen eine Rolle spielen. Sie sollten auch taktische Überlegungen anstellen. Eine der Grundregeln des Klausurschreibens ist, dass so genannte »**Inzidentprüfungen« als klassische Fehlerquellen vermieden werden müssen**. Immer wird sich das vielleicht nicht machen lassen. Jedoch ist das Gliedern in Handlungsabschnitte vielfach ein probates Mittel, um Inzidentprüfungen zu umgehen. Entwendet der Beschuldigte etwa ein angeschlossenes Fahrrad und wird er beim Wegfahren von einem Zeugen ertappt, den er schlägt, müssten Sie mit § 252 StGB als schwerstem Delikt beginnen und inzident § 242 StGB erörtern. Das lässt sich vermeiden, wenn Sie die Wegnahme und die Gewalt in jeweils selbständigen Handlungsabschnitten entsprechend der zeitlichen Abfolge prüfen.

II. Straftatbestände

1. Reihenfolge

Innerhalb der jeweiligen Handlungsabschnitte sind die einzelnen Straftatbestände zu prüfen. Das versteht sich von selbst. Sie haben zunächst Stoff – in diesem Fall Straftatbestände – zu sammeln und diesen Stoff innerhalb des jeweiligen Handlungsabschnittes in die richtige Reihenfolge zu bringen. Dabei haben Sie sich an der Arbeitsweise des Staatsanwalts zu orientieren und die schwersten in Betracht kommenden Tatbestände vor den weniger schweren zu prüfen. Deshalb gehören regelmäßig auch die Qualifikationstatbestände vor die Grundtatbestände, es sei denn, der jeweilige Qualifikationstatbestand ist erkennbar nicht gegeben. Die Schwere eines Tatbestandes richtet sich nach der Höhe der angedrohten Strafe. Nur zur Erinnerung: Die schwerere Strafandrohung ist nicht die mit der höheren Mindeststrafe, sondern die mit der höheren Höchststrafandrohung.

Die Gliederung nach zu prüfenden Straftatbeständen sollte mit arabischen Ziffern erfolgen. Die Gliederung in **Fall 1** könnte dann wie folgt aussehen:

1. Handlungsabschnitt: Das Verschaffen des Autos

    1. § 244 I Nr. 1a, b StGB
    2. §§ 242, 243 I Nr. 1 StGB
    3. § 303 StGB
    4. § 316 I StGB

2. Handlungsabschnitt: Die Flucht vor der Polizei

    1. §§ 315b I Nr. 2, 3, III, 315 III Nr. 1b StGB
    2. §§ 224 I, 22, 23 StGB
    3. § 113 I, II Nr. 1 StGB
    4. § 315c I Nr. 1a StGB
    5. § 305a I Nr. 2 StGB
    6. § 142 I Nr. 1 StGB
    7. §§ 303, 303c StGB
    8. § 316 I StGB

3. Handlungsabschnitt: Die weitere Flucht zu Fuß

    1. §§ 224 I, 22, 23 StGB
    2. § 113 I, II Nr. 1 StGB
    3. § 241 I StGB

Schauen Sie wegen der Schwere der Delikte immer wieder in das Gesetz. Ist Ihnen klar, dass § 303 StGB eine viel höhere Strafe als § 316 StGB androht? § 305a StGB führt zwar ein Schattendasein, gehört aber selten an das Ende eines Handlungsabschnittes, weil die Vorschrift eine Höchststrafe von immerhin fünf Jahren androht.

Aufpassen müssen Sie ferner, wenn Sie die Strafbarkeit mehrerer Beschuldigter zu untersuchen haben. Sie sollten es sich zur Regel machen, **bei mehreren Beschuldigten den hinreichenden Tatverdacht gegen jeden Beschuldigten selbständig zu prüfen**. Zwar mag es im

Einzelfall auch gut gehen, wenn Sie die Strafbarkeit mehrerer Beschuldigter zusammen erörtern, erfahrungsgemäß führt das aber viel häufiger zu Ungenauigkeiten oder sogar schweren Fehlern.

Innerhalb eines Handlungsabschnittes sollten Sie immer mit dem hinreichenden Tatverdacht gegen den tatnächsten Beteiligten beginnen. Das ist bei zwei oder mehr Beschuldigten, die als Mittäter in Betracht kommen, im Zweifel derjenige, der alle Tatbestandsmerkmale eigenhändig erfüllt hat. Dieser Aufbau macht die spätere Zurechnung über § 25 II StGB einfacher. Tatnäher als Anstifter und Gehilfe ist natürlich der Täter.

Für **Fall 2** bedeutet das:

1. Handlungsabschnitt: Der Überfall
    I. Hinreichender Tatverdacht gegen den Beschuldigten A
        1. §§ 250 II Nr. 1, 249 StGB
        2. § 241 I StGB
        3. § 123 StGB
    II. Hinreichender Tatverdacht gegen den Beschuldigten B
        1. §§ 250 II Nr. 1, 249, 25 II StGB
        2. § 241 I StGB
        3. § 123 StGB

2. Handlungsabschnitt: Die Forderung, die Bank nicht zu stürmen
    I. Hinreichender Tatverdacht gegen den Beschuldigten A
        1. §...
        2. §...
    II. Hinreichender Tatverdacht gegen den Beschuldigten B
        1. §...
        2. §...

3. Handlungsabschnitt: Die Forderung nach Geld und Fluchtfahrzeug
    I. ...

Jeden Handlungsabschnitt, in dem Sie den hinreichenden Verdacht der Verwirklichung mehrerer Straftatbestände bejaht haben, sollten Sie mit der Erörterung der **Konkurrenzen** unter der entsprechenden Überschrift beenden. Im Übrigen sind auch Straftatbestände, die ersichtlich der Gesetzeskonkurrenz zum Opfer fallen werden, zu prüfen. Weil derartige Tatbestände schon allein deshalb nicht den Schwerpunkt einer Klausur darstellen können, sollten sie diese nur in der gebotenen Kürze bejahen und auch das Verhältnis zu vorrangigen Delikten nur komprimiert darstellen.

Wichtig: Vergessen Sie die Erörterung der Konkurrenzen nicht!

Anfängerhaft und deshalb überflüssig ist es dagegen, nach dem Bejahen der Vollendung noch auf den Versuch einzugehen oder nach der Annahme von Täterschaft noch die Anstiftung eines späteren Mittäters zu prüfen.

Beim späteren Niederschreiben des Gutachtens denken Sie bitte daran, dass sich ein Tatverdacht immer nur _gegen_ einen Beschuldigten richten kann. Liest ein Prüfer gleich am Anfang eines Gutachtens, dass Sie den »*hinreichenden Verdacht für den Beschuldigten*« oder den »*hinreichenden Verdacht des Beschuldigten*« prüfen wollen, wird sein Wohlwollen sofort auf eine harte Probe gestellt.

Wichtig: Vermeiden Sie **umständliche** Einleitungssätze!

Viele Prüfer und Ausbilder sehen es gerne, wenn Sie die Prüfung der einzelnen Tatbestände mit einem einleitenden Satz beginnen, in dem der zu untersuchende Sachverhalt grob umrissen wird. So müsste es in Beispiel 1 etwa heißen: »*Indem der Beschuldigte in angetrunkenem*

Zustand mit dem Pkw die ...-Straße befuhr, könnte er sich einer vorsätzlichen Trunkenheit im Verkehr gemäß § 316 I StGB hinreichend verdächtig gemacht haben«. Ich halte derartige Einleitungssätze in den meisten Fällen für überflüssig. Denn immer dann, wenn Sie meiner Anregung folgend den Sachverhalt in übersichtliche Handlungsabschnitte gegliedert und diese entsprechend mit einer Überschrift versehen haben, wird völlig klar sein, welches Verhalten Sie gerade auf seine Strafbarkeit hin untersuchen. Lange Einleitungssätze stellen nur überflüssige Schreibarbeit dar, die sich summiert.

Etwas anderes sollte nur gelten, wenn Sie innerhalb eines Handlungsabschnittes ein mehraktiges Geschehen untersuchen wollen. Dann mögen Sie sich aber die Frage gefallen lassen, ob Sie Ihre Handlungsabschnitte klug genug gewählt haben.

Vermeiden Sie im Übrigen die folgende sprachliche Ungeschicklichkeit: *»Indem der Beschuldigte die Geschädigte mit dem Messer bedrohte, könnte er sich eines schweren Raubes gemäß § 250 II Nr. 1 StGB hinreichend verdächtig gemacht haben«.* Die Antwort darauf kann nur sein: Ganz sicher nicht! Denn bekanntlich ist für einen Raub neben einer Bedrohung auch die Wegnahme einer Sache erforderlich! Wenn Sie also längere Einleitungssätze formulieren, dann bitte sinnvolle und vollständige.

Ungeschickt ist zudem die Einleitung mit einem »Indem-Satz«, wenn das Verhalten des Beschuldigten nicht feststeht, sondern erst im Rahmen einer Beweiswürdigung ermittelt werden muss. Dann sollten Sie den Einleitungssatz besser mit einem »wenn« beginnen.

Ein Einleitungssatz in einer derartigen Konstellation könnte auch wie folgt aussehen:[1]

Formulierungsbeispiel:
Die Angaben des Zeugen B, A habe ihm eine Ohrfeige versetzt, geben Anlass zur Prüfung einer Körperverletzung nach § 223 StGB.

2. Sonderfall: Wahlfeststellung

Auf eine Wahlfeststellung werden Sie in einer Klausur nur selten zurückgreifen müssen. Wenn dann aber wirklich einmal eine Wahlfeststellung in Betracht kommt, haben viele Kandidaten große Probleme mit deren Darstellung.

a) Wahlfeststellung, Postpendenz und Stufenverhältnis

Klassischer Fall ist die Wahlfeststellung zwischen Diebstahl und Hehlerei. Rechtlich bereitet die Wahlfeststellung den Kandidaten regelmäßig keine größeren Probleme, weil die Voraussetzungen bekannt sind. Schwierigkeiten bereitet jedoch immer wieder die Abgrenzung zur Postpendenzfeststellung, als problematisch stellt sich zudem der Aufbau dar.

Merke: Die Wahlfeststellung setzt voraus, dass innerhalb des von § 264 StPO gezogenen Rahmens die angeklagte Tat nach Erschöpfung aller Beweismöglichkeiten nicht so eindeutig aufzuklären ist, dass ein bestimmter Tatbestand festgestellt werden kann, aber sicher festzustellen ist, dass der Täter einen von mehreren möglichen Tatbeständen verwirklicht hat und andere als die wahlweise festgestellten Handlungen ausgeschlossen sind.

Während die Wahlfeststellung eine »**zweiseitige Sachverhaltsungewissheit**« erfordert, geht es bei der **Postpendenzfeststellung** um eine nur »**einseitige Sachverhaltsungewissheit**«.

Merke: Eine Postpendenzfeststellung ist möglich, wenn von zwei Sachverhalten der zeitlich frühere nur möglicherweise, der zeitlich spätere aber sicher gegeben ist.[2] Die Möglichkeit der eindeutigen Verurteilung in Fällen der Postpendenz schließt eine Wahlfeststellung aus.

So wird wegen Hehlerei bestraft, wem **nachzuweisen ist**, dass er sich in Kenntnis der Herkunft aus einer Straftat einen Beuteanteil aus einem Vermögens- oder Eigentumsdelikt verschafft hat, **wenn lediglich ungewiss bleibt**, ob er schon an der Vortat beteiligt war. Einer

---
1 Hinweise für die Aufsichtsarbeiten des Landesjustizprüfungsamts Sachsen-Anhalt.
2 *Fischer* § 1 Rn. 30.

eindeutigen Verurteilung steht nach der Rechtsprechung in einem solchen Fall nicht einmal entgegen, dass Mittäter der Vortat nicht Täter einer Hehlerei sein können.

Dazu folgender

> **Fall:**[3] Die D beging eine räuberische Erpressung, bei der sie eine mit Geld gefüllte Geldbombe erbeutete. Ob die A bereits an dieser räuberischen Erpressung beteiligt war, konnte nicht sicher festgestellt werden. Dagegen konnten zum weiteren Geschehen folgende Feststellungen getroffen werden: Entweder fuhren die beiden Frauen nach dem Überfall gemeinsam zur Wohnung der D, wo Letztere sich nur kurz aufhielt, ohne sich noch um die Tasche mit der Geldbombe zu kümmern, und dann von der A zu einem Lokal gefahren wurde; oder die D fuhr, nachdem sie den Überfall allein verübt hatte, sogleich zu ihrer Wohnung und zeigte der A die Geldbombe mit dem Bemerken, sie könne sie nicht öffnen. Nachdem der A die Öffnung gelungen war, teilte man die Beute hälftig auf.

Der ungeklärten aber möglichen Beteiligung der A an der räuberischen Erpressung stand also die sichere – wenn auch alternative – Feststellung gegenüber, dass die A sich einen Teil der Beute nachträglich verschafft hatte. Die A konnte damit über die Postpendenzfeststellung wegen Hehlerei verurteilt werden.

> **Beachte:** Kein Raum für eine Wahlfeststellung ist auch dann, wenn die alternativ verwirklichten Delikte in einem Stufenverhältnis stehen. Ein Stufenverhältnis liegt vor, wenn der dem Täter günstigere Sachverhalt als ein rechtliches Minus in dem sonst in Betracht kommenden ungünstigeren Sachverhalt bereits enthalten ist

Ein derartiges Stufenverhältnis besteht etwa zwischen Privilegierungs-, Regel- und Qualifikationstatbeständen, Versuch und Vollendung, Täterschaft und Beihilfe, Vorsatz- und Fahrlässigkeitstaten.

b) Aufbau und Darstellung

13 Ergeben Ihre Vorüberlegungen, dass es tatsächlich um eine **Wahlfeststellung** gehen wird, müssen Sie sich entscheiden, wie Sie das Gutachten schlüssig aufbauen und das Problem darstellen.

Zur Veranschaulichung folgender kleiner

> **Fall:** Dem Geschädigten wurde ein teures Fahrrad gestohlen, das er mit einem Schloss angeschlossen hatte. Das Fahrrad wurde wenige Tage später leicht verändert, u.a. wurde die Fahrradnummer unkenntlich gemacht, bei dem Beschuldigten gefunden. Die Werkzeuge, mit denen diese Veränderungen vorgenommen wurden, wurden ebenfalls bei dem Beschuldigten sichergestellt. Dieser lässt sich nicht zur Sache ein.

14 Sie erkennen auf den ersten Blick, dass entweder ein Diebstahl gemäß §§ 242, 243 StGB oder eine Hehlerei gemäß § 259 StGB in Betracht kommt. Zudem übersehen Sie, dass Sie dem Beschuldigten weder den Diebstahl noch die Hehlerei werden nachweisen können und es im Gutachten auf eine Wahlfeststellung hinaus laufen wird. Das darf Sie aber keinesfalls zu dem Fehler verleiten, Ihr Gutachten nun sofort mit der Erörterung der Wahlfeststellung zu beginnen. Vielmehr muss das Gutachten logisch entwickelt werden:

15 Zunächst haben Sie zu prüfen, ob sich der Beschuldigte eines Diebstahls gemäß §§ 242, 243 StGB hinreichend verdächtig gemacht hat. Dass es sich bei dem Fahrrad um eine für den Beschuldigten fremde, bewegliche Sache gehandelt hat, werden Sie im Urteilsstil feststellen können. Dieses wurde dem Geschädigten, wie sich aus seiner Anzeige ergeben wird, auch weggenommen. Sie haben nun zu prüfen, ob das durch den Beschuldigten geschehen ist. Vorsicht, beschränken Sie sich dabei nicht auf die schlichte Feststellung, niemand habe den Beschuldigten bei der Tatausführung gesehen, so dass ihm die Tat nicht nachzuweisen sei. Überlegen Sie vielmehr sehr genau, ob es nicht vielleicht ausreichend Beweisanzeichen dafür gibt, dass der Beschuldigte das Fahrrad selbst weggenommen haben könnte. Vielleicht stellt sich dabei her-

---
3 BGHSt 35, 89.

A. Der Aufbau

aus, dass Ihre Vorüberlegung Sie auf den falschen Weg gebracht hat und sich der hinreichende Verdacht eines Diebstahls doch begründen lässt. Dann wäre für eine Wahlfeststellung kein Raum. Nur wenn Sie zu dem Ergebnis kommen, dem Beschuldigten die Tat nicht nachweisen zu können, befinden Sie sich weiterhin auf dem Weg zur Wahlfeststellung. Sie sollten nicht schon an dieser Stelle erörtern, ob gegebenenfalls die übrigen Tatbestandsmerkmale erfüllt wären. Diese Überlegung ist logisch nachrangig. Dafür ist erst später Raum, nachdem Sie auch bezüglich der Hehlerei den hinreichenden Tatverdacht abgelehnt haben.

Anschließend haben Sie also eine Hehlerei gemäß § 259 StGB zu prüfen. Den hinreichenden Tatverdacht werden Sie deshalb ablehnen müssen, weil nach der Beweislage der abgeleitete Erwerb vom Vortäter nicht festzustellen ist. Der Beschuldigte kann auch Täter des Diebstahls sein. Damit ist für Sie auch die Erörterung der Hehlerei zunächst abgeschlossen.

Erst jetzt sollte erstmals der Begriff »Wahlfeststellung« fallen. Sie sollten die Voraussetzungen einer Wahlfeststellung zunächst definieren.

Achtung: Keinesfalls haben Sie nunmehr die mögliche Wahlfeststellung gegenüber der Postpendenzfeststellung oder einem Stufenverhältnis abzugrenzen. Diese Abgrenzung haben Sie allein im Rahmen Ihrer gedanklichen Vorarbeiten zu leisten. Haben Sie sich an die vorstehenden Aufbauhinweise gehalten, sind Sie nämlich in Fällen der Postpendenz oder des Stufenverhältnisses bereits zu dem Ergebnis der Strafbarkeit des Beschuldigten gekommen.

Die Feststellung, dass nach Ausschöpfen aller Beweismittel weder der Diebstahl noch die Hehlerei nachzuweisen ist, wird Ihnen keine Schwierigkeiten mehr bereiten. Anschließend müssen Sie erörtern, ob hinreichend sicher festzustellen ist, dass der Beschuldigte entweder den einen oder den anderen Tatbestand verwirklicht hat. In diesem Zusammenhang haben Sie zu prüfen, ob der Beschuldigte unter der Prämisse, er habe das Fahrrad weggenommen, eines Diebstahls und unter der Prämisse, er sei nicht der Dieb, einer Hehlerei hinreichend verdächtig wäre. Der Diebstahl wird ohne weiteres zu bejahen sein. Im Rahmen der Hehlerei werden Sie in derartigen Konstellationen immer zu erörtern haben, ob der Beschuldigte die deliktische Herkunft des Gegenstandes kannte. Das wäre im Beispielsfall zu bejahen, weil nur das die von dem Beschuldigten an dem Fahrrad vorgenommenen Manipulationen erklärt.

Vergessen Sie auf keinen Fall die Feststellung, dass andere Handlungen, durch die sich der Beschuldigte in den Besitz des Fahrrades gebracht haben könnte, nicht in Betracht kommen.

Sodann haben Sie sich mit der **rechtsethischen und psychologischen Vergleichbarkeit** der wahlweise anzunehmenden Delikte auseinanderzusetzen. Diese ist gegeben, wenn die Schuldvorwürfe eine im Wesentlichen gleiche seelische Beziehung des Täters zu den Verhaltensalternativen aufweisen und ihn mit einer im Wesentlichen gleichen ethischen Missbilligung belasten. Sicherheit darüber, ob das der Fall ist, wird Ihnen nur ein Blick in die Übersicht im Ihnen vorliegenden Kommentar[4] verschaffen. Bei alternativer Verwirklichung der §§ 242 und 259 StGB ist diese jedenfalls gegeben.

An der rechtsethischen und psychologischen Vergleichbarkeit fehlt es im Übrigen auch nicht deshalb, weil der Beschuldigte im Beispielsfall in der Diebstahlsvariante zugleich ein Regelbeispiel gemäß § 243 I Nr. 1 StGB verwirklicht hätte.

Beachte: Vergleichbare Grundtatbestände verlieren ihre Vergleichbarkeit nicht dadurch, dass strafschärfende Umstände hinzutreten, die nur bei dem einen Tatbestand zu einer gesetzlichen Strafehöhung führen. Es kommt dann nur auf die Vergleichbarkeit der Kerntatbestände an.

Gleichwohl müssen Sie der Wahlfeststellung auf der einen Seite den schweren Diebstahl gemäß §§ 242, 243 I Nr. 1 StGB zu Grunde legen. Jedoch darf die Strafe nur dem Gesetz mit dem milderen Strafrahmen entnommen werden. Darauf sollten Sie am Ende Ihrer Ausführungen zur Wahlfeststellung unbedingt hinweisen.

---

4 *Fischer* § 1 Rn. 27–29.

Eine Wahlfeststellung kann auch zwischen Delikten mit unterschiedlichen Strafandrohungen – etwa Diebstahl und Pfandkehr – erfolgen, jedoch bestimmt sich der Strafrahmen dann ebenfalls nach dem milderen Gesetz.

Zusammenfassend wäre das Gutachten in dem **Beispielsfall** wie folgt aufzubauen:

> **Das Verschaffen des Fahrrads**
>
> 1. Diebstahl, §§ 242, 243 StGB
>   Täterschaft nicht nachweisbar
>
> 2. Hehlerei, §§ 259 StGB
>   Täterschaft nicht nachweisbar
>
> 3. Wahlfeststellung
>   a) eindeutige Feststellung nicht möglich
>   b) jede Möglichkeit muss zusammen mit dem eindeutigen Sachverhalt Gesetz verletzen
>   aa) Diebstahl im Übrigen verwirklicht?
>   bb) Hehlerei im Übrigen verwirklicht?
>   c) Ausschluss jeder weiteren Möglichkeit
>   d) psychologische und rechtsethische Vergleichbarkeit
>   e) ggf. Ausführungen zum Strafrahmen

III. Gliederung innerhalb des jeweiligen Straftatbestandes

19 Innerhalb des jeweiligen Tatbestandes bleibt es bei der klassischen Gliederung in objektiven und subjektiven Tatbestand, Rechtswidrigkeit und Schuld, an die sich gegebenenfalls die Erörterung einer Rücktrittsproblematik anschließen sollte (Abschnitt »Strafe«).

> Jedoch sind etwaige Prozessvoraussetzungen oder Prozesshindernisse bereits vor dem Tatbestand zu erörtern.

Am Ende haben Sie sich mit dem zu erwartenden Strafrahmen auseinanderzusetzen. Unter der Überschrift »Strafe« sind auch vertypte (z.B. § 21 StGB) und unbenannte (z.B. § 250 III StGB) Strafmilderungsgründe sowie Regelbeispiele (z.B. § 243 StGB) zu erörtern.

Die jeweiligen Abschnitte sollten Sie am besten mit einer stichwortartigen Überschrift versehen. Für den Leser wird das gar nicht mal mehr so wichtig sein. Jedoch halten Sie sich durch eine derart konsequente Gliederung selbst zum sauberen Arbeiten an. Der Fehler, zwischen objektiven und subjektiven Tatbestandsmerkmalen nicht sauber zu trennen, dürfte Ihnen dann nicht unterlaufen.

Häufig wird es sich anbieten, Rechtswidrigkeit und Schuld zusammenzufassen:

> **Formulierungsbeispiel:**
> Der Beschuldigte handelte auch rechtswidrig und schuldhaft.

Erwähnen sollten Sie Rechtswidrigkeit und Schuld auf jeden Fall, auch wenn es in einigen Anleitungen zu Strafrechtsklausuren heißt, darauf könne gegebenenfalls auch verzichtet werden. Das verleitet allerdings zur Oberflächlichkeit.

Schon hier einmal folgender Hinweis: Beweisergebnisse dürfen Sie nicht auf diese Art und Weise offen lassen!

IV. Darstellung der einzelnen Tatbestandsmerkmale

20 Konsequent wäre es, auch innerhalb der einzelnen Abschnitte schulmäßig zu gliedern. Doch wird das kaum einmal wirklich erforderlich sein, zumal Sie unzweifelhaft vorliegende Tatbestandsmerkmale – im Urteilsstil – zusammengefasst darstellen dürfen bzw. müssen. Wichtig ist es nur, den Leser unmissverständlich darüber zu informieren, welches Merkmal Sie unter-

A. Der Aufbau

suchen. Zu keinem Zeitpunkt darf sich der Korrektor fragen: Was prüft der Kandidat hier eigentlich?

Merke: Jedes im Gutachtenstil zu prüfende Merkmal ist einleitend zu nennen.

Formulierungsbeispiel:

Indem der Beschuldigte mit dem PKW ... die ...-Straße befuhr, hat er ein Kraftfahrzeug im Straßenverkehr geführt.

Fraglich ist, ob er infolge des Genusses alkoholischer Getränke **nicht in der Lage war, das Fahrzeug sicher zu führen.**

Ausnahmsweise ist es zulässig, vorrangig zu prüfende Tatbestandsmerkmale zu überspringen und auf ein nachrangiges Tatbestandsmerkmal einzugehen, wenn dieses ersichtlich nicht erfüllt ist. Wenn das Ergebnis allerdings so offensichtlich ist, sollten Sie sich die Kontrollfrage stellen, ob es dann überhaupt erforderlich ist, auf den Tatbestand einzugehen.

Keinesfalls dürfen Sie die Erörterung eines Straftatbestandes einleitend mit der Wiederholung des Gesetzeswortlauts beginnen. Dem Korrektor ist der Wortlaut der zu prüfenden Norm bekannt. Halten Sie sich im Übrigen einmal vor Augen, was das für Sie an zusätzlicher Schreibarbeit bedeutet. In Strafrechtsklausuren sind durchaus mal 20 und mehr einzelne Straftatbestände anzuprüfen. So kämen leicht zwei oder noch mehr Seiten an überflüssiger Schreibarbeit auf Sie zu. Rechnen Sie das einmal in die dabei verschwendete Zeit um!

B. Gutachten- und Urteilsstil

21 Gleichgültig, ob Sie einzelne Passagen im Gutachten- oder Urteilsstil schreiben, es kommt auf klaren und verständlichen Ausdruck und grammatikalische Richtigkeit an.

- Nicht nur in einem Urteil auch in einem Gutachten sind Bandwurmsätze verboten. Der Praktiker und somit der Korrektor Ihrer Arbeit liebt kurze und knackige Sätze. Bandwurmsätze legen zudem den Schluss auf eine unklare Gedankenführung nahe.
- Verstärkende Begriffe wie *offensichtlich* und *unzweifelhaft* sind sowohl in der Anklage als auch im Gutachten fehl am Platz. Ist ein Tatbestandsmerkmal *offensichtlich* erfüllt, machen Sie das durch den Gebrauch des Urteilsstils deutlich. *Fehlt* es *offensichtlich* an einem Tatbestandsmerkmal, ist im Zweifel schon jedes Wort zu diesem Tatbestand überflüssig.
- Zur Rechtswidrigkeit und Schuld lese ich immer wieder: »*Gegen Rechtswidrigkeit und Schuld bestehen keine Bedenken.*« Das ist Unsinn. Richtig muss es heißen: »Der Beschuldigte hat auch rechtswidrig und schuldhaft gehandelt.«
- Kommen Sie zu dem Ergebnis, dass der Beschuldigte nicht tatverdächtig ist, weil ein Tatbestandsmerkmal nicht erfüllt ist, darf es nicht heißen: »*Der hinreichende Tatverdacht entfällt.*« Denn tatsächlich hat ein hinreichender Tatverdacht, der entfallen könnte, nie vorgelegen. Richtig ist: »Der Beschuldigte ist . . . nicht hinreichend verdächtig.«

I. Urteilsstil

22 Für den Urteilsstil im Gutachten sind keine besonderen Regeln zu beachten. Sie bedienen sich des Urteilsstils bei der Subsumtion unter die gesetzlichen Merkmale, die offensichtlich erfüllt sind. Machen Sie von dieser Möglichkeit ausreichend Gebrauch, denn es wirkt nicht nur anfängerhaft, sondern *es ist anfängerhaft*, derartige Merkmale breit auszuwalzen.

II. Gutachtenstil

23 Leider unterliegen viele Referendare der Fehlvorstellung, den Gutachtenstil mit dem Eintritt in die zweite Ausbildungsphase vergessen zu können. Und so gleichen viele Strafrechtsklausuren eher Besinnungsaufsätzen denn juristischen Gutachten. Von diesem Irrglauben müssen Sie sich lösen, sonst werden Sie im Examen zwangsläufig scheitern.

Es gilt die Faustregel: Müssen Sie selbst darüber nachdenken, ob ein Tatbestandsmerkmal erfüllt ist, ist dieses in der Klausur im Gutachtenstil zu untersuchen.

Gutachtenstil bedeutet, dass Sie zu Beginn das zu prüfende Merkmal nennen, damit der Korrektor weiß, worum es geht. Nebenbei dient das auch Ihrer eigenen gedanklichen Klarheit, weil Sie so zwangsläufig die einzelnen Merkmale sauber gegeneinander abgrenzen.

Haben Sie das zu prüfende Merkmal genannt, folgen ein definierender Obersatz und anschließend die erläuternden Untersätze. Im Zweifel darf erst unter diese subsumiert werden.

> **Formulierungsbeispiel:**
>
> Der Beschuldigte könnte die Schnapsflasche **weggenommen** haben.
>
> Wegnahme bedeutet den **Bruch fremden und die Begründung neuen, nicht notwendig tätereigenen Gewahrsams**.
>
> Gewahrsam ist die von einem **Herrschaftswillen getragene tatsächliche Herrschaftsmacht**.
>
> Der geschädigte Ladeninhaber hat in diesem Sinne Gewahrsam an allen . . . . Fraglich ist, ob der Beschuldigte diesen Gewahrsam schon dadurch gebrochen hat, dass er die Flasche in die Innentasche seiner Jacke steckte. Zweifelhaft könnte das sein, weil . . .

B. Gutachten- und Urteilsstil

Zwei typische Fehler beim Gebrauch des Gutachtenstils:

- Sehr häufig wird in Klausuren der Fehler gemacht, den ein Tatbestandsmerkmal definierenden Obersatz zu formulieren, dann aber ohne nähere Erörterung ein Ergebnis zu behaupten. Beispiel: »*Bei der Fahrzeugidentifizierungsnummer müsste es sich um eine Urkunde handeln. Eine Urkunde ist eine verkörperte menschliche Gedankenerklärung, die bestimmt und geeignet ist, im Rechtsverkehr Beweis zu erbringen und die ihren Aussteller erkennen lässt. Die FIN ist ein Beweiszeichen und deshalb eine Urkunde.*« Damit kann niemand etwas anfangen, denn es fehlt die Subsumtion. Warum fällt ein Beweiszeichen unter den Begriff der Urkunde, welche Gedankenerklärung ist verkörpert, was soll im Rechtsverkehr bewiesen werden?

- Die einleitenden Worte »problematisch« oder »zweifelhaft« sollten keine Füllworte sein, sondern nur dort eingesetzt werden, wo wirklich ein Problem zu erörtern ist. Der Leser, der mit der Einleitung, »*Problematisch ist, ob es sich bei dem Schmuck um eine fremde bewegliche Sache handelt,*« an ein vermeintliches Problem herangeführt wird, dürfte überrascht sein, im nächsten Satz zu lesen: »*Der Schmuck ist eine fremde bewegliche Sache, weil er nicht dem Beschuldigten gehört.*« Hier gab es also gar kein Problem, eine Feststellung im Urteilsstil hätte ausgereicht. Diese Feststellung sollte dann auch sachlich richtig sein, denn wenn eine Sache nicht dem Beschuldigten gehört, heißt das nicht automatisch, dass diese im Sinne des § 242 StGB fremd ist. Sie könnte auch herrenlos sein. Um das auszuschließen müsste der Satz heißen: »*Der Schmuck ist eine für den Beschuldigten fremde bewegliche Sache, weil er im Eigentum des ... steht.*«

Stoßen Sie auf ein Problem, das ausnahmsweise die Erörterung eines Streitstandes erforderlich macht, so hat das schulmäßig abzulaufen. Jede der zur Diskussion stehenden Ansichten ist kurz darzustellen. Dann ist zu untersuchen, zu welchen Ergebnissen die verschiedenen Ansichten nach einer Subsumtion führen. Nur wenn die verschiedenen Ansichten am Ende zu unterschiedlichen Ergebnissen führen, ist der Streitstand zu entscheiden. Verschwenden Sie nicht zu viel Zeit darauf! Niemand erwartet von Ihnen, dass Sie das Rad neu erfinden. Denn immer werden Sie damit durchkommen, dass Sie wichtige Argumente der einen Seite aufgreifen und damit die Argumentation der anderen Seite aushebeln. Eigene und neue Argumente fließen in die Entscheidung also nicht ein. Welche neuen Argumente sollten Ihnen zu der seit vielen Jahren diskutierten Frage, ob § 255 StGB eine Vermögensverfügung erfordert, auch ausgerechnet in einer Examensklausur einfallen! Verschießen Sie ihr Argumentationspulver deshalb nicht schon bei der Darstellung der Ansicht, der Sie im Ergebnis folgen wollen, sondern heben Sie sich Argumente für den Streitentscheid auf.

Machen Sie es sich aber zur Regel, allenfalls die klassischen Streitstände auf diese Weise darzustellen und das auch nur in Klausuren, in denen die Erörterung ersichtlich von Ihnen erwartet wird. Im Übrigen müssen Sie die **Darstellung von Streitständen möglichst vermeiden**. Das ist in der Strafrechtsklausur des Zweiten Examens nicht Ihre Aufgabe. In den Kommentaren werden zu fast jedem Tatbestandsmerkmal zwei oder auch mehr abweichende Ansichten zitiert. Das können Sie nicht jedes Mal ausdiskutieren. Es reicht deshalb aus, wenn Sie Problembewusstsein zeigen und die abweichende Meinung in einem auf das Problem zuführenden Einleitungssatz aufgreifen, sich jedoch sofort darauf der Rechtsprechung anschließen.

Formulierungsbeispiel:

Dann müsste ... haben. Das könnte fraglich sein, weil ... (Gegenmeinung). Jedoch ...

C. Beweiswürdigung

28 Fast in jeder Strafrechtsklausur werden Sie irgendwann an den Punkt stoßen, an dem eine Beweiswürdigung erforderlich wird. Unterschätzen Sie deren Bedeutung niemals. Jeder Prüfer wird es als selbstverständlich voraussetzen, dass Sie den Gutachtenstil sicher beherrschen und auch die materielle Rechtslage in den Griff bekommen. Denn das ist es schließlich, was Sie über Jahre im Studium gelernt haben. Dagegen stellt der Umgang mit einem streitigen Sachverhalt ein wirklich neues Element dar. Sie sollen nachweisen, dass Sie dieses neue Element beherrschen.

I. Grundregeln

29 Bevor ich im Einzelnen auf die Darstellung der Beweiswürdigung eingehe, müssen Sie sich zunächst einige Grundregeln einprägen.

30 **Regel 1:** Eine Beweiswürdigung darf nur an dem Tatbestandsmerkmal erfolgen, für dessen Verwirklichung diese von Bedeutung ist.

Keinesfalls dürfen Sie die Beweiswürdigung vor die Klammer ziehen. Das heißt, Sie dürfen die Beweiswürdigung nicht etwa dem objektiven Tatbestand voranstellen, um so losgelöst von konkreten Tatbestandsmerkmalen zunächst einmal den beweisbaren Sachverhalt zu klären. Schon häufig habe ich in Klausuren folgende Sätze gelesen: »*Der Beschuldigte könnte sich eines Diebstahls nach § 242 StGB hinreichend verdächtig gemacht haben, indem er . . . . Dann müsste er Täter sein. Das ist zweifelhaft, weil er bestritten hat . . . .*« Ob der Beschuldigte Täter eines Diebstahls ist, werden Sie auch nach der Beweiswürdigung nicht wissen, denn dann haben Sie immer noch kein einziges Tatbestandsmerkmal geprüft. Im Übrigen ist zu diesem Zeitpunkt doch noch gar nicht absehbar, auf welches Verhalten des Beschuldigten es für die Tatbestandsverwirklichung überhaupt ankommt.

Formulierungsbeispiel:

Der Beschuldigte könnte sich eines Diebstahls nach § 242 StGB hinreichend verdächtig gemacht haben, indem er . . . .

Bei der Schnapsflasche handelte es sich um eine für den Beschuldigten fremde bewegliche Sache. Diese müsste er weggenommen haben. Wegnahme ist der Bruch fremden und die Begründung neuen . . . Gewahrsams. Gewahrsam ist die von einem Herrschaftswillen getragene tatsächliche Herrschaftsmacht. Nach allgemeiner Ansicht liegt eine Wegnahme auch dann schon vor, wenn der Beschuldigte sich zwar noch in den Räumen des letzten Gewahrsamsinhabers befindet, die Sache aber bereits in die körpereigene Gewahrsamssphäre . . . . **Der Beschuldigte hat allerdings bestritten**, die Schnapsflasche in seine Jacke gesteckt zu haben, ...

31 **Regel 2:** Das Ergebnis der Beweiswürdigung soll nicht Ihre sichere Überzeugung sein. Ihre Aufgabe ist lediglich, die **hinreichende Wahrscheinlichkeit** eines bestimmten Sachverhalts festzustellen. Diese ist für die Anklageerhebung ausreichend. Der Zweifelsgrundsatz gilt im Ermittlungsverfahren deshalb nur sehr eingeschränkt.

Sie dürfen an den Grad der Überzeugungsbildung keine zu hohen Anforderungen stellen. Der Staatsanwalt hat im Ermittlungsverfahren eine **Prognoseentscheidung** zu treffen, die sich daran zu orientieren hat, ob mit **den vorhandenen Beweismitteln eine Verurteilung des Beschuldigten hinreichend wahrscheinlich** sein wird. Das wird von vielen Kandidaten leider verkannt.[5]

32 **Regel 3:** Verwenden Sie die richtigen Begriffe.

---

5 Sie sollten unbedingt einmal die Entscheidung BGH NStZ-RR 2009, 90 lesen: Der Zweifelsgrundsatz gilt ohnehin nicht für einzelne Elemente der Beweiswürdigung und schon gar nicht für entlastende Indiztatsachen.

Glaubhaft oder **unglaubhaft** kann nur eine Einlassung oder Aussage sein, während ein Zeuge oder ein Angeklagter **glaubwürdig** oder **unglaubwürdig** sein können.

Ein Angeklagter wird sich im Zweifel zur Sache **einlassen**, er kann **gestehen**, Tatsachen **einräumen** oder **bestreiten** und **vorgeben**.

Zeugen **sagen aus, bekunden** oder **schildern**.

In diesem Zusammenhang ein weiterer Hinweis: Es ist eine stilistische Unart, an Stelle der möglichen Aktivform die Passivform zu benutzen. Es darf nicht heißen: »*Von dem Zeugen ist eine Aussage getätigt worden.*« Denn tatsächlich **hat er ausgesagt**.

Noch einmal: Ungeschickt ist es, den Beschuldigten im Rahmen der Beweiswürdigung bereits als **Täter** zu bezeichnen, wenn Sie nach der Beweiswürdigung noch weitere Tatbestandsmerkmale zu prüfen haben. Sind Sie beim Betrugstatbestand gerade bei der Täuschung angekommen und wollen Sie nun prüfen, ob der Beschuldigte auch der Täuschende war, dann darf es nicht heißen: »*Fraglich ist, ob D als Täter feststeht.*« Das mag zwar wirklich fraglich sein, nur werden Sie das allein durch die Beweiswürdigung nicht beantworten können, wenn danach noch weitere Tatbestandsmerkmale zu prüfen sind. Noch schlimmer wird es, wenn ein Kandidat dann am Ende dieser Beweiswürdigung auch noch zu dem Ergebnis kommt: »*Damit steht D als Täter fest.*«

Regel 4: Die Wiedergabe des Inhalts von Einlassungen und Aussagen erfolgt grundsätzlich im Konjunktiv.

Wollen Sie den Inhalt einer Einlassung oder Aussage darstellen, muss dies im **Konjunktiv** geschehen. Benutzen Sie den Indikativ, vermittelt das den Eindruck, als ginge es Ihnen um eine bereits feststehende Tatsache. Diesen Eindruck müssen Sie vermeiden, weil ja erst die nachfolgende Würdigung zu diesem Ergebnis führen kann. Zudem werden Sie durch den Gebrauch des Konjunktivs nicht aus den Augen verlieren, dass die Einlassung oder Aussage keineswegs als inhaltlich richtig feststeht, sondern noch zu würdigen ist. Denn an den Satz im Konjunktiv muss sich stets die Feststellung anschließen: »*Das ist un-/glaubhaft*«.

Sprachlich unrichtig ist der folgende Satz: »*Nach der Aussage des Zeugen hat der Beschuldigte ihm in das Gesicht geschlagen.*« Richtig muss es heißen:

Formulierungsbeispiel:
Der Zeuge hat bekundet, er sei von dem Beschuldigten in das Gesicht geschlagen worden. Diese Aussage ist glaubhaft, . . .

Unrichtig ist auch das: »*Der Beschuldigte sagt aus, dass er die Flasche nicht eingesteckt hat.*« Richtig heißt es:

Formulierungsbeispiel:
Der Beschuldigte hat sich dahin eingelassen, er habe die Flasche nicht eingesteckt.

Auch die folgenden Formulierungen wären nicht zu beanstanden:

Formulierungsbeispiel:
Der Beschuldigte hat sich dahin eingelassen, die Flasche nicht eingesteckt zu haben.

oder

Der Beschuldigte hat bestritten, die Flasche eingesteckt zu haben.

oder

Der Beschuldigte hat die Vorwürfe bestritten. Er will die Flasche nicht eingesteckt haben.

35 Regel 5: Hüten Sie sich bei der Würdigung von Einlassungen und Aussagen vor Leerformeln.

Schildert ein Zeuge, er habe gesehen, wie der Beschuldigte die Flasche eingesteckt habe, wird es kaum einen Leser Ihrer Klausur überzeugen, wenn Sie dem Zeugen glauben wollen, weil diese Aussage »*frei von Widersprüchen und in sich schlüssig*« sei. Dass mag zwar richtig sein, aussagekräftig wird das aber nur bei komplexen und umfangreichen Aussagen sein. Zu den klassischen Leerformeln, vor denen Sie sich in der Klausurlösung hüten sollten, gehört auch der Begriff »Belastungstendenz«.

36 Regel 6: Die Wiedergabe von Aussageinhalten ersetzt keine Beweiswürdigung.

Ihre Aufgabe bei der Beweiswürdigung besteht nicht darin, die Inhalte von Einlassungen und Aussagen umfangreich wiederzugeben, sondern diese zueinander und zu anderen Umständen in Beziehung zu setzen. Sie haben also die Frage zu beantworten, ob eine Einlassung oder Aussage durch andere Einlassungen oder Aussagen sowie andere Umstände gestützt oder widerlegt wird.

37 Regel 7: Die eigentliche Beweiswürdigung erfolgt im Urteilsstil.

Im Rahmen der Beweiswürdigung begründen Sie Ihre »Überzeugung«. Greifen Sie deshalb auf den Urteilsstil zurück. Keinesfalls dürfen Sie die Beweiswürdigung damit einleiten, dass eine bestimmte Aussage glaubhaft sei und im Anschluss an diese Feststellung sofort wieder Zweifel an deren Richtigkeit äußern. Das ist unlogisch.

II. Erforderlichkeit der Beweiswürdigung

38 Grundsatz: Eine Beweiswürdigung ist immer dann erforderlich, wenn es um **erhebliche** Tatsachen geht, die von dem Beschuldigten – sei es einfach, sei es qualifiziert – bestritten werden oder zu denen er sich nicht eingelassen hat. In seltenen Fällen kann auch ein Geständnis des Beschuldigten zu würdigen sein.

Von der eigentlichen Beweiswürdigung sind die Fälle zu unterscheiden, in denen Sie dem Korrektor mitteilen sollten, auf welche Erkenntnisquelle Sie sich stützen, wenn Sie Tatsachen ohne weiteres als erwiesen ansehen und dem weiteren Gutachten zu Grunde legen wollen. Mit anderen Worten:

Dem Leser ist mitzuteilen, mit welchen Beweismitteln Sie den von Ihnen ermittelten Sachverhalt in der Hauptverhandlung nachweisen wollen.

> **Formulierungsbeispiel:**
> Die Höhe des Schadens ergibt sich aus dem nachvollziehbaren schriftlichen Gutachten des Sachverständigen M.
>
> Die Blutalkoholkonzentration ergibt sich aus dem Gutachten . . . .

Ob der Sachverständige sein Gutachten persönlich und mündlich zu erstatten hat oder ob sein schriftliches Gutachten verlesen werden kann, sollten Sie besser im B-Gutachten erörtern.

Ein Kardinalfehler in sehr vielen Klausuren ist die **allzu kritiklose Übernahme der Beschuldigteneinlassungen**. Während den meisten Kandidaten klar ist, dass eine Beweiswürdigung erforderlich wird, wenn der Beschuldigte eine Tat insgesamt und ausdrücklich bestreitet, wird dies bei teilbestreitenden Einlassungen, die nicht auf den ersten Blick erkennbar im Gegensatz zu anderen Beweisergebnissen stehen, häufig übersehen. Hüten Sie sich davor!

> Ein **Beispiel**: Der Angeklagte findet verlorene Ausweispapiere eines anderen, der ihm täuschend ähnlich sieht, und steckt diese ein. Wochen später weist er sich mit diesen Papieren anlässlich einer Polizeikontrolle nach einer Trunkenheitsfahrt aus. Seine Einlassung, er habe vergessen, die Papiere – wie beabsichtigt – zurückzugeben, wird ungeprüft übernom-

C. Beweiswürdigung

men. Dabei ist bei genauem Hinsehen völlig klar, dass Zweifel an der Richtigkeit dieser Einlassung angebracht sind. Die Ähnlichkeit, der Umstand, dass die Papiere nicht zurückgegeben wurden und deren Vorlage bei der Kontrolle lassen es nahe liegend erscheinen, dass der Beschuldigte die Papiere nur zu diesem Zweck eingesteckt hat. Gleichgültig, ob Sie am Ende tatsächlich zu diesem Ergebnis kommen oder die Einlassung des Beschuldigten trotzdem als unwiderlegbar ansehen, muss das erörtert werden.

Weiter im **Beispiel**: Aufgrund der Vorlage der falschen Papiere wird gegen deren tatsächlichen Inhaber ein Strafverfahren durchgeführt. Der Beschuldigte lässt sich dahin ein, er habe ein derartiges Verfahren nicht gewollt und zudem darauf vertraut, dass der Schwindel auffliegen würde, weil die Polizeibeamten den vermeintlichen Täter nicht wiedererkennen würden. Auch diese Einlassung wurde durchweg ungeprüft übernommen.

Dabei ist seine Einlassung schon deshalb unglaubhaft, weil die Durchführung des Verfahrens gegen den Inhaber der Papiere die zwingende Folge des Verhaltens des Beschuldigten war und zum Erreichen seines Zieles auch gewollt sein musste. Wie soll der Beschuldigte darauf vertraut haben können, der Schwindel werde bei einer späteren Gegenüberstellung auffliegen, wenn es ihm aufgrund der Ähnlichkeit mit dem Inhaber der Papiere gelungen war, die Polizeibeamten schon im Rahmen der Kontrolle zu täuschen. Auch das muss erörtert werden!

Sie dürfen es sich auch nicht leicht machen und eine Beweiswürdigung dadurch umgehen, dass Sie die Glaubhaftigkeit einer Einlassung offen lassen, weil der Beschuldigte sich auf der Basis seiner Einlassung ebenfalls strafbar gemacht hätte. Auf diese Argumentation darf keine Anklage und keine Verurteilung gestützt werden. Im Strafverfahren steht die Wahrheitsermittlung im Vordergrund, der Anklage darf keine erkennbar falsche Einlassung zu Grunde gelegt werden.

Sie haben den **wahren Sachverhalt** zu ermitteln!

III. Darstellung der Beweiswürdigung

Im Rahmen der Beweiswürdigung können Sie von vier Grundkonstellationen ausgehen: 39

- Gestehen,
- Schweigen,
- Bestreiten,
- Teilbestreiten.

1. Der Beschuldigte gesteht

Diese Konstellation ist einfach zu bewältigen. Denn selten gibt es Anlass, an der Richtigkeit 40 eines Geständnisses zu zweifeln. Sie können den eingeräumten Sachverhalt ohne weiteres zu Grunde legen, sollten aber nicht vergessen, den Leser gegebenenfalls darauf hinzuweisen, welche Erkenntnisse auf dem Geständnis des Beschuldigten beruhen.[6] Dabei sollten sie nicht formelhaft den Hinweis auf dessen Glaubhaftigkeit wiederholen.

Formulierungsbeispiel:

Der Beschuldigte hat in seiner polizeilichen Vernehmung eingeräumt, die Flasche in seine Jacke gesteckt zu haben. Es gibt keinen Anlass, an der Richtigkeit seiner geständigen Einlassung zu zweifeln.

Sollte der Sachverhalt tatsächlich einmal Hinweise enthalten, die Zweifel an der Richtigkeit eines Geständnisses begründen könnten, könnten Sie Ihre Überlegungen wie folgt einleiten:

---

6 Denken Sie bitte daran, sprachlich zwischen richterlichem »Geständnis« und »geständigen Einlassungen« in polizeilichen Vernehmungen zu unterscheiden!

> **Formulierungsbeispiel:**
>
> Der Beschuldigte hat eingeräumt, ... Diese geständige Einlassung ist glaubhaft, denn sie wird durch die Aussage des Zeugen H. bestätigt, der bekundet hat, ... Zwar hat der Zeuge V ... angegeben, ... Das ändert jedoch an der Glaubhaftigkeit des Geständnisses nichts, denn ....
>
> oder
>
> Zwar hat der Beschuldigte U eingeräumt, ... Angesichts der Aussage des Zeugen V, ..., erscheint es aber zweifelhaft, ob der Beschuldigte tatsächlich .... Der Zeuge hat in seiner polizeilichen Vernehmung geschildert, ... Das ist glaubhaft, weil ...

2. Der Beschuldigte schweigt

41 Dass ein Beschuldigter von seinem Schweigerecht Gebrauch macht, wird in Klausursachverhalten eher selten geschehen. Auf den ersten Blick wird Ihnen diese Konstellation sehr einfach erscheinen, weil Sie sich nicht mit einer zu widerlegenden Einlassung auseinandersetzen müssen. Doch Vorsicht, lassen Sie sich nicht zu oberflächlichem Arbeiten verleiten. Die Beweise müssen genauso sorgfältig wie im Fall eines bestreitenden Beschuldigten gewürdigt werden. Der Klausurverfasser erwartet von Ihnen eine echte Leistung. Anderenfalls hätte er nämlich ohne weiteres ein kurzes Vernehmungsprotokoll, in dem der Beschuldigte alle Vorwürfe einräumt, in den Klausursachverhalt stellen können.

> **Formulierungsbeispiel:**
>
> Fraglich ist, ob der Beschuldigte auf den Geschädigten eingeschlagen hat. Der Beschuldigte hat sich nicht zur Sache eingelassen. Er wird jedoch durch die Aussage des Geschädigten überführt werden. Dieser hat bekundet, ... Diese Aussage ist glaubhaft, weil sie mit der Aussage des Zeugen M ... übereinstimmt, der geschildert hat .... Im Übrigen erklärt die Aussage des - Geschädigten die Verletzungen, die dieser nach dem ärztlichen Attest des ... am 12.03.1999 hatte. Das Attest kann in der Hauptverhandlung gemäß § 256 I Nr. 2 StPO verlesen werden.

Achtung: Auf gar keinen Fall sollten Sie sich bei einem schweigenden Beschuldigten mit den Grundlagen seines Schweigerechts auseinandersetzen. Das wäre anfängerhaft!

3. Der Beschuldigte bestreitet

42 Auf diese Konstellation werden Sie sehr häufig stoßen. Weil eine Beweiswürdigung nur am konkreten Tatbestandsmerkmal erfolgen darf und sich damit immer nur auf einzelne bestrittene Tatsachen bezieht, werden Sie möglicherweise an verschiedenen Stellen Ihres Gutachtens würdigen müssen. Denken Sie daran, dass mit dem Widerlegen einer Einlassung des Beschuldigten nicht automatisch die zur Erfüllung eines Tatbestandsmerkmals erforderlichen Tatsachen bewiesen sind.

Als Ergebnis der Beweiswürdigung müssen Sie sich auf *einen bestimmten* Sachverhalt festlegen. Wenn sich der hinreichende Tatverdacht sowohl aufgrund eines vom Beschuldigten geschilderten Sachverhalts als auch aufgrund eines von einem Zeugen geschilderten anderen Sachverhalts ergibt, müssen Sie deshalb entscheiden, wem Sie glauben wollen. Sie dürfen sich nicht auf die Feststellung beschränken, schon nach der Einlassung des Beschuldigten bestehe ein hinreichender Tatverdacht. Denn dann hätten Sie keinen bestimmten Sachverhalt ermittelt, den Sie der Anklage zu Grunde legen könnten. Von einer Tatsachenalternativität dürften Sie nur im Rahmen einer unechten Wahlfeststellung ausgehen, wenn der wahre Sachverhalt nicht zu ermitteln ist. Auch das erfordert aber einen Versuch der Wahrheitsermittlung im Rahmen der Beweiswürdigung.

Achtung: Schreiben Sie die Beweiswürdigung auf keinen Fall nieder, bevor Sie diese nicht gedanklich durchgespielt und strukturiert haben.

43 Anderenfalls läuft Ihre Darstellung nämlich Gefahr, chaotisch und für den Leser nicht mehr nachvollziehbar zu werden.

C. Beweiswürdigung

Ihre Vorüberlegungen können zu zwei verschiedenen Ergebnissen führen:

- Sie legen die Einlassung des Beschuldigten Ihrem Gutachten zu Grunde,
  - weil Sie diese nicht widerlegen können,
  - weil Sie diese glauben.
- Sie glauben diese nicht.

Mit Bedacht ist im ersten Obersatz nicht davon die Rede, dass Sie dem Beschuldigten *glauben*. Natürlich können Sie zu diesem Ergebnis kommen, nur müssen Sie zuvor sehr sorgfältig unterscheiden. Denn nicht immer legen Sie die Einlassung eines Beschuldigten deshalb Ihrem weiteren Gutachten zu Grunde, weil Sie dieser Glauben schenken. Zum selben Ergebnis können Sie nämlich auch kommen, wenn Sie zwar Zweifel an der Richtigkeit der Einlassung haben, diese aber nicht widerlegen können. Das wird in Klausuren häufig nicht sauber genug herausgearbeitet. Für den Praktiker ist deshalb oft überraschend zu lesen, was die Kandidaten den Beschuldigten alles glauben.

Auf die *Unwiderlegbarkeit* einer Einlassung wird eine Beweiswürdigung meist hinauslaufen, wenn diese weder eindeutig widerlegt noch bestätigt wird aber immerhin gewisse Anhaltspunkte für deren Richtigkeit sprechen.

Beispiel: Bricht der Beschuldigte ein Auto auf und behauptet nach seiner späteren Festnahme, er habe es später zurückbringen wollen, so ist das im Zweifel nicht glaubhaft. Behauptet er zudem, das Fahrzeug vorübergehend benötigt zu haben, um einen Streit mit seiner in einem anderen Ort wohnenden Freundin beizulegen und bekunden Polizeibeamte, er sei vor seiner Festnahme in Richtung auf den Tatort gefahren, so wird man weiterhin Zweifel an der Richtigkeit seiner Einlassung haben, diese aber wohl nicht widerlegen können. Es könnte dann im Gutachten nach Erörterung der Zueignungsproblematik heißen:

Formulierungsbeispiel:

Der Beschuldigte hat sich dahin eingelassen, er habe das Fahrzeug in B ... nur deshalb an sich gebracht, weil er nach einem Streit zu seiner Freundin in M ... habe fahren wollen, um sich wieder mit ihr zu vertragen. Er habe das Fahrzeug anschließend zurückbringen wollen. Auch wenn Zweifel an der Richtigkeit dieser Einlassung bestehen, weil der Beschuldigte das Fahrzeug aufgebrochen hat und bei seiner Rückkehr an den Tatort mit seiner Entdeckung oder gar Festnahme rechnen musste, wird sie **letztlich nicht zu widerlegen** sein, zumal die ermittelnden Polizeibeamten bekundet haben, dass er mit dem Fahrzeug aus M ... kommend in Fahrtrichtung B ... gefahren sei.

Ist die bestreitende Einlassung des Beschuldigten wirklich glaubhaft, dann müssen Sie das im Gutachten zum Ausdruck bringen.

Formulierungsbeispiel:

Die Einlassung des Beschuldigten, er sei zur Tatzeit nicht Fahrer des Fahrzeugs gewesen, ist glaubhaft. Denn der unbeteiligte Zeuge, dessen Aussage keinen Anlass zu Zweifeln an deren Richtigkeit gibt, hat bekundet, das Fahrzeug sei von einer Frau geführt worden.

Sehr häufig werden Sie in Klausuren jedoch bestreitende Einlassungen des Beschuldigten widerlegen können und müssen. Beschränken Sie sich dabei nicht auf die Gegenüberstellung von Einlassungen und Zeugenaussagen.

Wichtig: Das gesamte Ermittlungsergebnis kann und muss gegebenenfalls in die Beweiswürdigung einfließen!

Der Inhalt von Urkunden und Sachverständigengutachten wird oftmals große Bedeutung haben. Auch einfache Auskünfte von Polizeibeamten und Zeugen, der Inhalt von Ermittlungsberichten und Vermerken, selbst Hinweise aus dem Bearbeitervermerk müssen gegebenenfalls berücksichtigt werden. Einlassungen und Aussagen sind auf deren Plausibilität abzuklopfen. **Wichtig im Rahmen der Beweiswürdigung ist auch die Frage nach möglichen Motiven** des Beschuldigten für die Tat und eines Zeugen für ein bestimmtes Aussageverhalten. Dagegen spielen persönliche Eindrücke von Beschuldigten und Zeugen in der Klausur naturgemäß keine Rolle. Eher selten werden Sie deshalb Gelegenheit haben, Ihre im Referendariat erworbenen Kenntnisse der Aussagepsychologie anzuwenden.

> **Formulierungsbeispiel:**
>
> Der Beschuldigte hat zwar bestritten, das Fahrzeug geführt zu haben. Er wird jedoch durch die Aussage des Zeugen ... überführt werden. Der Zeuge hat bekundet.... Diese Aussage ist glaubhaft. Der Zeuge hatte kein erkennbares Motiv.... Im Übrigen wird die Aussage durch die Angaben des Zeugen ... gestützt. Dagegen hatte der Beschuldigte durchaus ein Motiv, ...

Keinesfalls dürfen Sie sich auf die schlichte Feststellung beschränken, es stehe »**Aussage gegen Aussage**«, ein hinreichender Tatverdacht liege deshalb nicht vor. Das ist keine Beweiswürdigung! Diese Konstellation ist ohnehin eher selten, denn streng genommen geht es nur dann darum, wenn es für die belastende Aussage keine stützenden Indizien gibt.

4. Der Beschuldigte gesteht und bestreitet teilweise

46 Für diese Konstellation kann auf die vorstehenden Ausführungen verwiesen werden, weil es weder für den gestehenden noch für den bestreitenden Teil der Einlassung Besonderheiten zu beachten gibt.

> **Formulierungsbeispiel:**
>
> Der Beschuldigte hat glaubhaft eingeräumt, ... zu haben. Soweit er sich dahin eingelassen hat, er habe ..., ist dies unglaubhaft. Denn die Zeugen haben übereinstimmend und deshalb glaubhaft bekundet, ...

Möglicherweise können Sie allerletzte Zweifel am Ende nicht ausräumen. Das steht der Annahme des hinreichenden Verdachts und damit der Anklageerhebung jedoch nicht entgegen, weil die sichere Überzeugung nur zur Verurteilung erforderlich ist. Sätze, wie »*Das Ausräumen letzter Zweifel muss der Hauptverhandlung vorbehalten bleiben*«, haben im Gutachten jedoch nichts zu suchen.

IV. Die Beweismittel

47 Die klassischen Beweismittel im Strafverfahren sind **Sachverständige, Augenschein, Urkunden** und **Zeugen** (»S A U Z«). Natürlich ist auch eine Einlassung des Beschuldigten im Rahmen der Beweiswürdigung zu würdigen.

1. Zeugen

48 Häufigstes Beweismittel in Ihren Klausuren wird der Zeuge sein.

Beachten Sie im Rahmen der Beweiswürdigung immer das sich aus § 250 StPO ergebende »**Unmittelbarkeitsprinzip**«.

> Beruht der Beweis einer Tatsache auf der Wahrnehmung einer Person, so ist diese zu vernehmen.

49 Keinesfalls dürfen Sie die Reichweite dieses Grundsatzes überdehnen. Denn der Unmittelbarkeitsgrundsatz bedeutet lediglich den **Vorrang des Personalbeweises vor dem Urkundenbeweis.** Der Zeuge, der eine Beobachtung gemacht hat, ist also im Zweifel zu vernehmen. Diese Vernehmung darf, soweit sich **nicht** ausnahmsweise aus den §§ 251 ff. StPO etwas anderes ergibt, nicht durch Verlesung eines Vernehmungsprotokolls oder einer schriftlichen Erklärung des Zeugen ersetzt werden. **Ein weitergehender Grundsatz, nach dem immer das sachnächste Beweismittel benutzt werden müsste, lässt sich nach h.M. aus § 250 StPO nicht ableiten.**[7] Zeugen vom Hörensagen dürfen also vernommen werden, wenn die von ihnen

---
7 *Meyer-Goßner* § 250 Rn. 3.

wahrgenommenen Äußerungen als Indiz für die Richtigkeit der ihnen mitgeteilten Tatsachen dienen sollen.[8]

Für Sie erwachsen in der Staatsanwaltsklausur daraus keine besonderen Probleme. **Sie sollten sich an der Aufklärungspflicht des Gerichts orientieren, die regelmäßig die Vernehmung des sachnächsten Beweismittels gebieten wird.** Andererseits sollten Sie nie aus den Augen verlieren, dass Sie für die Anklageerhebung nur einen hinreichenden Verdacht benötigen. Greifen Sie also, soweit das möglich ist, auf das sachnächste Beweismittel zurück. Ist der Zeuge noch nicht als solcher vernommen worden, sondern liegen Ihnen nur Vermerke eines Polizeibeamten über formlose Zeugenbefragungen oder schriftliche Angaben eines Zeugen vor, würdigen Sie diese, als sei der Zeuge vernommen worden und benennen Sie den Zeugen anschließend in der Anklage. 50

Zum Schluss sei auf einen häufigen, leicht vermeidbaren Fehler hingewiesen: Schildert ein Zeuge seine Beobachtung eines Geschehens und gibt er dabei seiner Überzeugung Ausdruck, der Täter habe vorsätzlich oder absichtlich gehandelt, so dürfen Sie das dem weiteren Gutachten nicht einfach als Tatsache zu Grunde legen. Es darf nicht heißen: »*Nach der Aussage des Zeugen hat der Beschuldigte vorsätzlich gehandelt.*« Denn tatsächlich handelt es sich nicht um eine Wahrnehmung, sondern nur um einen Schluss des Zeugen. Ob aufgrund der Beobachtungen des Zeugen dieser Schluss gerechtfertigt ist, haben nur Sie selbst zu beurteilen. Das ist ein wesentlicher Teil der Aufgabe, die Sie im Rahmen der Beweiswürdigung zu bewältigen haben. 51

> **Beachte:** In der Beweiswürdigung sind nur Wahrnehmungen eines Zeugen von Bedeutung; was dieser vermutet oder welche Rückschlüsse er zieht, spielt keine Rolle!

2. Sachverständige

Die Würdigung von Sachverständigengutachten wird in den Klausuren eine eher untergeordnete Rolle spielen. Soweit die Sachverhalte sachverständige Äußerungen enthalten, werden Sie diese ohne weiteres Ihrem Gutachten zu Grunde legen können. Für eine Würdigung wird kaum je Raum sein. Am häufigsten werden Sie es mit Sachverständigengutachten zu tun haben, wenn es um das Bestimmen der Tatzeit-BAK aufgrund einer dem Beschuldigten entnommenen Blutprobe oder auf der Basis von Trinkmengenangaben des Beschuldigten oder eines Zeugen geht. Schriftliche Gutachten dazu werden die Sachverhalte nur selten enthalten. Oft werden die Klausursachverhalte Vermerke der ermittelnden Polizeibeamten über gutachterliche Äußerungen eines Sachverständigen enthalten. Sie können dann davon ausgehen, dass der Sachverständige ein entsprechendes Gutachten in der Hauptverhandlung erstatten wird. Dann ist natürlich auch nichts zu würdigen. 52

Vergessen Sie nicht, dass Behördengutachten und insbesondere BAK-Gutachten gemäß § 256 StPO durch Verlesung eingeführt werden können.

Weil Sie im Rahmen der Beweiswürdigung Ihre Erkenntnisquelle immer einem bestimmten Beweismitteltyp zuordnen müssen, kann im Einzelfall die Abgrenzung zwischen Sachverständigen- und Zeugenbeweis Bedeutung erlangen. Zur Sachverständigentätigkeit gehört nicht nur die Vermittlung der Rückschlüsse, die der Sachverständige zieht, sondern auch die Vermittlung der so genannten »**Befundtatsachen**«, die der Sachverständige für das Gutachten **aufgrund seiner Sachkunde** festgestellt hat. Demgegenüber berichtet der Sachverständige über so genannte »**Zusatztatsachen**« und Zufallsbeobachtungen **als Zeuge**. Zusatztatsachen sind Anknüpfungstatsachen, zu deren Ermittlung der Sachverständige **ohne Sachkunde** in der Lage ist. Typischer Fall ist der Inhalt eines Geständnisses, das der Beschuldigte gegenüber dem Sachverständigen abgelegt hat und über dessen Inhalt der Sachverständige als Zeuge vernommen werden muss. 53

---

8 BGHSt 1, 373.

3. Urkunden

54 Beim Urkundenbeweis müssen Sie auf die Abgrenzung zum Augenscheinsbeweis achten, auf die im Zusammenhang mit den in der Anklage zu benennenden Beweismitteln noch eingegangen wird. Zunächst nur so viel:

- Die Verlesung von Urkunden dient der Ermittlung des gedanklichen Inhalts eines Schriftstückes.
- Eine Urkunde kann auch Gegenstand des Augenscheinsbeweises sein, wenn es nicht auf ihren Inhalt, sondern auf ihr Vorhandensein und ihre Beschaffenheit ankommt.

4. Augenschein

55 Der Augenscheinsbeweis wird Ihnen im Rahmen der Beweiswürdigung keinerlei Probleme bereiten.

5. Einlassung des Beschuldigten

56 Selbstverständlich haben Sie auch die Einlassung des Beschuldigten zu würdigen, die sowohl im Verfahren gegen ihn selbst als auch gegen Mitbeschuldigte eine Rolle spielen kann.

Wollen Sie die Einlassung eines Beschuldigten gegen einen Mitbeschuldigten verwerten, müssen Sie zeigen, dass Sie sich des regelmäßig **geringeren Beweiswerts** einer belastenden Aussage bewusst sind. Manch Beschuldigter neigt nun einmal dazu, sich zu Lasten eines anderen Beschuldigten eine Strafmilderung verdienen zu wollen, auch wenn das auf Kosten der Wahrheit geht. Auf jeden Fall sollte in Ihrem Gutachten das Stichwort **Beweiswert** fallen.

Denken Sie immer daran, dass den Beschuldigten keine Pflicht zur aktiven Mitwirkung im Strafverfahren trifft. Schweigt ein Beschuldigter etwa und macht von einer nahe liegenden Entlastungsmöglichkeit keinen Gebrauch, darf das in die Beweiswürdigung nicht zu seinen Lasten einfließen. Hat er sich dagegen teilweise eingelassen, sieht das schon ganz anders aus. Beruft sich der Beschuldigte darauf, im Besitz entlastender Beweismittel zu sein, die er dann nicht vorlegt oder beruft er sich zur Untermauerung seiner Einlassung auf Zeugen, deren Namen er dann verschweigt, dürfen aus diesem Verhalten jedoch für ihn nachteilige Schlüsse gezogen werden.

4. Teil. Häufige Rechtsprobleme im A-Gutachten

In diesem Abschnitt soll auf häufige prozessuale Rechtsprobleme und Fehlerquellen eingegangen werden. Ich möchte Sie noch einmal darauf hinweisen, dass die Darstellung dieser Rechtsprobleme keinesfalls abschließend ist.

57

Ich habe mich bemüht, gleichzeitig die mit Rechtsproblemen einhergehenden Aufbau- und Darstellungsprobleme zu erörtern. Die Ihnen angebotenen Lösungswege sollen als Anregungen verstanden werden, andere Lösungen und Lösungswege sind genauso denkbar. Die von mir vorgeschlagenen Lösungswege sind darauf angelegt, Sie mit geringstem Risiko die vor Ihnen auftauchenden Klippen umschiffen zu lassen. Die möglichen Fehlerquellen sollen minimiert werden. Rechtsprobleme müssen in Klausuren zudem nicht in ihrer vollen Tiefe ausgelotet werden, Sie sollen diese lediglich erkennen und in der erforderlichen Kürze diskutieren. Dabei sollen Ihnen die nachfolgenden Darstellungen helfen.

Im Rahmen Ihres Gutachtens werden Sie immer wieder auf streitige Rechtsfragen stoßen. Sie können davon ausgehen, dass jede halbwegs vernünftig begründbare Ansicht auch vertretbar ist. Das heißt also, dass auch von der Rechtsprechung abweichende Literaturmeinungen zu vertretbaren Lösungen führen können. Halten Sie sich aber immer vor Augen: Der Korrektor Ihrer Arbeit kommt aus der Praxis, ist womöglich Richter oder Staatsanwalt. Und dieser muss nun in Ihrer Klausur über viele Seiten lesen, dass er in seinem Berufsleben alles falsch macht, weil Sie die jeweils von der Rechtsprechung vertretene Gesetzesauslegung als nicht zutreffend abgelehnt haben. Ich wage die Behauptung, dass es Ihnen kaum je gelingen wird, den Korrektor von Ihrer Argumentation zu begeistern. Also machen Sie das, was auch der Korrektor täglich macht, schließen Sie sich der höchstrichterlichen Rechtsprechung an. Im Übrigen soll der Staatsanwalt, in dessen Rolle Sie ja schlüpfen, sich ohnehin an der höchstrichterlichen Rechtsprechung orientieren.[9] Daran werden auch die folgenden Darstellungen orientiert sein.

Im Übrigen müssen Sie sich in Ihrer Klausur keinesfalls mit jeder abweichenden Meinung, auf die Sie Hinweise in der Kommentierung finden, auseinandersetzen. Das würde den Rahmen jeder Klausur sprengen. Es genügt vielmehr, dass Sie das Problem anreißen und sich dann mit einer kurzen Begründung entscheiden.

A. Fehlerhafte Beweiserhebung und Verwertungsverbote

Die meisten prozessualen Probleme, auf die Sie im A-Gutachten stoßen können, hängen unmittelbar mit der Tatsachenfeststellung zusammen.

58

> **Achtung:** Jedes Beweismittel, das Sie für Ihre Beweisführung benötigen, muss auch **verwertbar** sein.

Die Probleme sind überschaubar und beschränken sich im Wesentlichen auf folgende Fragestellungen:

- Sind – frühere – **Angaben eines Beschuldigten verwertbar** und wie können diese in die Hauptverhandlung eingeführt werden?
- Ist eine – frühere – **Aussage eines Zeugen verwertbar** und wie kann sie ggf. in die Hauptverhandlung eingeführt werden?
- Sind Erkenntnisse, die auf **sonstige Beweismittel** gestützt werden, **verwertbar** und wie können diese ggf. in die Hauptverhandlung eingeführt werden?

---

9 Zur Bindung an die höchstrichterliche Rspr.: BGHSt 15, 155.

4. Teil. Häufige Rechtsprobleme im A-Gutachten

> **Merke:** Prozessuale Fragestellungen im A-Gutachten werden im Kern also meistens darauf hinauslaufen, ob ein festgestellter Verfahrensfehler im Ermittlungsverfahren ein Verwertungsverbot zur Folge hat.

I. Allgemeines

1. Verdachtslage und Verurteilungswahrscheinlichkeit

59 In den bisherigen Ausführungen zur Beweiswürdigung bin ich davon ausgegangen, dass die sich aus dem Klausursachverhalt ergebenden Beweiserkenntnisse auch verwertbar sind, bin also allein von der **materiellen Verdachtslage** ausgegangen. Weil aber Verwertungsverbote denkbar sind und in den Examensklausuren eine bedeutende Rolle spielen, muss die materielle Verdachtslage nicht immer der **Verurteilungswahrscheinlichkeit** entsprechen. Maßgebend für die Anklageerhebung ist nicht die materielle Verdachtslage, sondern eben diese Verurteilungswahrscheinlichkeit:

> Nach vorläufiger Tatbewertung muss die Verurteilung in der Hauptverhandlung **mit vollgültigen Beweisen** möglich und wahrscheinlich sein.

60 Sie haben also für die Beantwortung der Frage, ob ein hinreichender Tatverdacht i.S.d. §§ 170, 203 StPO gegen den Beschuldigten begründet ist, auch mögliche Beweisverwertungsverbote zu berücksichtigen.

61 • Das ist dann einfach, wenn Sie zu dem Ergebnis gekommen sind, dass eine Beweiserkenntnis aufgrund eines im Gesetz ausdrücklich geregelten Verwertungsverbots gesperrt ist.

62 • Schwieriger ist die Lage zu beurteilen, wenn Sie ein Verwertungsverbot aus der Anwendung der nachfolgend dargestellten Grundsätze abgeleitet haben. Viele der ungeschriebenen Verwertungsverbote entfalten ihre Wirkung nämlich nur, wenn der Angeklagte der Verwertung in der Hauptverhandlung ausdrücklich widerspricht (sog. **Widerspruchslösung**). Sie müssen sich also Gedanken darüber machen, wie sich der Angeklagte in der Hauptverhandlung verhalten wird, denn **nur der in der Hauptverhandlung selbst erhobene Verwertungswiderspruch ist beachtlich**.

– Hat der Tatverdächtige schon als Beschuldigter – selbst oder durch seinen Verteidiger – im Ermittlungsverfahren der Verwertung einer Beweiserkenntnis **widersprochen**, dürfen und müssen Sie davon ausgehen, dass es auch in der Hauptverhandlung bei diesem Widerspruch bleibt. Es wird dann an der Verurteilungswahrscheinlichkeit und damit dem für die Anklageerhebung erforderlichen hinreichenden Tatverdacht fehlen.

– Ist ein derartiger **Widerspruch** nicht schon im Ermittlungsverfahren erfolgt, kann die Prognose schwierig sein. Die Staatsanwaltschaft hat zwar bezüglich des hinreichenden Tatverdachts im Einzelfall jeweils einen nicht unerheblichen Beurteilungsspielraum,[10] gleichwohl sollten Sie wie folgt vorgehen:

– **Bestreitet** der Beschuldigte die Tat, liegt es in seinem Interesse, das kontaminierte Beweismittel aus der Hauptverhandlung herauszuhalten. Er wird also von seinem Verteidiger oder, sollte er nicht verteidigt sein, vom Gericht informiert der Verwertung widersprechen. Von einer derartigen Konstellation haben Sie in aller Regel in den Klausuren auszugehen. Der für die Anklageerhebung erforderliche hinreichende Tatverdacht liegt dann ebenfalls nicht vor.

– **Räumt** der Beschuldigte das ihm vorgeworfene Geschehen **ein** und dient das kontaminierte Beweismittel lediglich dem Zweck, das Geständnis/die geständige Einlassung des Beschuldigten zu untermauern, ist sein Widerspruch in der Hauptverhandlung weniger wahrscheinlich. Auf eine derartige Konstellation werden Sie jedoch kaum stoßen.

---

10 *Meyer-Goßner* § 170 Rn. 1 m.w.N.

A. Fehlerhafte Beweiserhebung und Verwertungsverbote

- **Die Widerspruchslösung** gilt nicht ohne weiteres für alle Verfahrensfehler, die Verwertungsverbote begründen können:
  - Insbesondere bei Verstößen gegen § 136a StPO ist ein Widerspruch gegen die Verwertung der dadurch gewonnenen Erkenntnisse nicht erforderlich.
  - Auch bedarf es wegen eines Verstoßes gegen § 252 StPO weder eines Verwertungswiderspruchs noch einer Beanstandung nach § 238 II StPO, weil die Ausübung des Zeugnisverweigerungsrechts allein zur Disposition des Zeugen steht.[11]
  - Ebenso wenig erforderlich ist ein Verwertungswiderspruch bei Verstößen gegen §§ 100c, 100d StPO.

- Die **Widerspruchslösung gilt** in den folgenden klausurrelevanten Konstellationen:
  - Zunächst seien die **Verstöße gegen § 136 StPO** genannt, die nur auf den Widerspruch des Angeklagten zu einem Verwertungsverbot führen.
  - Ferner soll auch ein Verstoß gegen die sich aus **§ 168c II und V StPO** ergebende **Benachrichtigungspflicht** bei richterlichen Zeugenvernehmungen nur auf Widerspruch in der Hauptverhandlung beachtlich sein.
  - Auch **Verfahrensfehler im Zusammenhang mit § 81a StPO** können nur dann zu einem Verwertungsverbot führen, wenn der Angeklagte der Verwertung von Erkenntnissen in der Hauptverhandlung widersprochen hat.[12]
  - Der Schutz des **§ 100a StPO** soll für den Angeklagten disponibel sein. Die Unverwertbarkeit der Erkenntnisse aus **fehlerhaft zustande gekommenen Telefonüberwachungen** soll deshalb ebenfalls einen Widerspruch des Angeklagten erfordern.
  - Auch im Zusammenhang mit **Verstößen gegen § 105 StPO** dürfte ein Widerspruch gegen die Verwertung von gewonnenen Erkenntnissen zu fordern sein.[13]
  - Daneben ist im Falle von Verfahrensfehlern im Zusammenhang mit den **§§ 100f, 100g StPO** zur Begründung eines Verwertungsverbots ein Verwertungswiderspruch erforderlich.[14]
  - Schließlich soll die Widerspruchslösung auch gelten, wenn es um die Verwertbarkeit der Erkenntnisse durch den **Einsatz verdeckter Ermittler** (§§ 110a und 110b StPO) geht.

2. Begründung eines Verwertungsverbots

Führt ein Verfahrensfehler nicht zu einem im Gesetz ausdrücklich geregelten Verwertungsverbot, müssen Sie eine Einzelfallabwägung vornehmen. Denn **eine rechtsfehlerhafte Beweiserhebung führt nicht automatisch zur Unzulässigkeit der Verwertung der so gewonnenen Beweise.**[15]

63

Die folgenden Grundsätze sollten Sie sich deshalb unbedingt einprägen:

64

> Weil die Strafprozessordnung keine abschließende Regelung über Verwertungsverbote enthält, muss die Frage, ob ein Beweiserhebungsverbot zu einem Verwertungsverbot führt, für jede Vorschrift und für jede Fallgestaltung besonders entschieden werden. Die Entscheidung für oder gegen ein Verwertungsverbot ist aufgrund einer umfassenden Abwägung zu treffen:
>
> - Dient die Verfahrensvorschrift, die verletzt worden ist, nicht oder nicht in erster Linie dem Schutz des Beschuldigten, so liegt ein Verwertungsverbot fern.

---

11 *Meyer-Goßner* § 252 Rn. 12.
12 Hans. OLG NJW 2008, 2597.
13 In diese Richtung BGHSt 51, 285 (296).
14 *Meyer-Goßner* § 100f Rn. 20, § 100g Rn. 34.
15 BVerfG NStZ 2006, 46.

> Andererseits liegt ein Verwertungsverbot nahe, wenn die verletzte Verfahrensvorschrift dazu bestimmt ist, die Grundlagen der verfahrensrechtlichen Stellung des Beschuldigten oder Angeklagten im Strafverfahren zu sichern.

Die Entscheidung des 5. Senats des BGH,[16] der diese Grundsätze entnommen sind, sollten Sie unbedingt einmal – vollständig – gelesen haben.

> Ist die verletzte Verfahrensvorschrift dazu bestimmt, die Grundlagen der verfahrensrechtlichen Stellung des Beschuldigten im Strafverfahren zu sichern, ist das gegen die Wahrheitserforschungspflicht und das Interesse der Allgemeinheit am Funktionieren der Strafrechtspflege abzuwägen.

Lernen Sie die vorstehenden Grundsätze auswendig. Mit deren Hilfe werden Sie die Frage, ob ein Verfahrensfehler zu einem Verwertungsverbot führt, auch dann vertretbar beantworten können, wenn Sie einmal auf andere Konstellationen als die nachfolgend dargestellten stoßen sollten.

> Denken Sie auch klausurtaktisch: Die Annahme eines Verwertungsverbots wird regelmäßig fern liegen, wenn sich unter Berücksichtigung des Verwertungsverbots der hinreichende Tatverdacht gegen den Beschuldigten insgesamt nicht mehr begründen lassen würde. Sie sollen am Ende eine Anklage schreiben! Anders sieht es deshalb nur aus, wenn das Verwertungsverbot einen von mehreren Beschuldigten oder einen von mehreren Tatvorwürfen betrifft.

II. Verwertbarkeit von Beschuldigtenangaben

65 Mit Bedacht verwende ich den Begriff »Beschuldigtenangaben« und vermeide den Begriff »Geständnis«. Denn teilweise wird der Begriff dahingehend verstanden, dass ein Geständnis nur in einer richterlichen Vernehmung abgelegt werden könne, während der Beschuldigte sich gegenüber der Polizei nur »geständig einlasse«. Außerdem umreißt der Begriff Geständnis das Problem nur unvollständig, weil der Beschuldigte seine Tatbeteiligung auch gegenüber Dritten, die außerhalb der Strafverfolgungsbehörden stehen, einräumen kann.

1. Verstöße gegen die Belehrungspflicht

a) Belehrungspflicht bei Vernehmungen
aa) Vernehmung

66 Die Belehrung hat am Beginn der **ersten Vernehmung** des Beschuldigten zu erfolgen.

> **Merke:** Eine Vernehmung liegt vor, wenn der Vernehmende dem Beschuldigten in amtlicher Eigenschaft gegenübertritt und in dieser Eigenschaft von ihm Auskunft verlangt.[17]

(1) Beschuldigteneigenschaft

67 Die Belehrungspflicht über die Aussagefreiheit besteht nur, wenn der Verdächtige bereits Beschuldigter ist.

68 Der **Beschuldigtenbegriff enthält sowohl subjektive als auch objektive** Elemente.[18] **Subjektiv** ist der **Verfolgungswillen** der Strafverfolgungsbehörden erforderlich, der sich **objektiv in einem Verfolgungsakt manifestieren** muss.

- Das ist der Fall, wenn bereits ein **förmliches Ermittlungsverfahren** gegen einen Verdächtigen eingeleitet wurde.

- In anderen Fällen hängt es davon ab, **wie sich das Verhalten des ermittelnden Beamten nach außen, insbesondere in der Wahrnehmung des davon Betroffenen, darstellt.**

---

16 BGHSt 38, 214 ff.
17 GrS BGHSt 42, 139.
18 BGH NStZ 2008, 48 m.w.N.

A. Fehlerhafte Beweiserhebung und Verwertungsverbote

In der Klausur sind vor allem zwei Konstellationen denkbar:

- Wird eine Person zunächst als Zeuge vernommen und macht sie später in der Rolle des Beschuldigten von ihrem Schweigerecht Gebrauch, wird regelmäßig zu diskutieren sein, ob die Angaben, die sie als Zeuge gemacht hat, im weiteren Verfahren verwertbar sind.

  Das ist der Fall, wenn die Vernehmung als Zeuge nicht zu beanstanden ist. **Auch ein Verdächtiger darf im Einzelfall als Zeuge vernommen werden**, wie sich aus den §§ 55 II, 60 Nr. 2 StPO ergibt. Die Verfolgungsbehörden sind – zumal bei Tötungsdelikten – erst bei einem konkreten und ernsthaften Tatverdacht zur Vernehmung des Verdächtigen als Beschuldigten verpflichtet.[19] Dies dient auch dem Schutz des Verdächtigen, der nicht vorschnell mit allen nachteiligen Konsequenzen mit einem Ermittlungsverfahren überzogen werden muss.

  Ob ein Verdächtiger als Beschuldigter vernommen oder von einer Zeugen- zu einer Beschuldigtenvernehmung übergegangen werden muss, unterliegt der pflichtgemäßen Beurteilung der Verfolgungsbehörden, die bei starkem Tatverdacht aber nicht willkürlich die Grenze des Beurteilungsspielraums überschreiten dürfen.

- Möglicherweise haben Sie auch zu erörtern, ob statt einer förmlichen Vernehmung eine lediglich informatorische Befragung stattgefunden hat und zulässig war.

  Beispiel: Ein herbeigerufener Polizeibeamter trifft am Unfallort mehrere Personen an und befragt diese formlos, ob sie das Geschehen beobachtet hätten, um so zu ermitteln, was geschehen ist. Der Beschuldigte räumt ein, Fahrer des Fahrzeugs gewesen zu sein, und hat, wie später ermittelt wird, infolge Trunkenheit die Unfallursache gesetzt.

- Auch wenn der Polizeibeamte den Anwesenden in amtlicher Eigenschaft entgegengetreten ist und in dieser Eigenschaft Auskunft verlangt hat, ist nach h.M. eine derartige formlose Befragung zulässig. Die Angaben des Beschuldigten sind verwertbar.[20] **Letztlich hängt auch die Zulässigkeit einer formlosen Befragung immer davon ab, wie konkret die Verdachtsgründe gegen den späteren Beschuldigten bereits waren und wie sich das Verhalten des Beamten auch in der Wahrnehmung des Beschuldigten darstellte.** Keinesfalls darf die informatorische Befragung missbräuchlich, etwa gerade zur Vermeidung von Belehrungspflichten, erfolgen.

Traf der Polizeibeamte am Unfallort dagegen nur auf eine Person, die aufgrund der Umstände von vornherein als Täter einer Straftat in Betracht kam, dürfte kaum Raum für eine formlose Befragung gewesen sein. Die anwesende Person muss als Beschuldigter belehrt worden sein.

Kein Verstoß gegen das Belehrungsgebot liegt vor, wenn der Polizeibeamte einen Beschuldigten vor der Befragung zur Sache ordnungsgemäß belehren will, dieser aber von sich aus – ohne Zutun des Polizeibeamten – ein spontanes Geständnis (**Spontanäußerung**) ablegt. Dann kann diese geständige Äußerung ohne weiteres durch Vernehmung des Polizeibeamten, der Zeuge ist, verwertet werden.[21]

Ergänzend sollten Sie sich merken, dass der 3. Senat des BGH[22] darauf hingewiesen hat, dass auch eine sofortige Nachfrage auf die Spontanäußerung, die ohne sofortige Belehrung erfolge, nicht zu einem Verwertungsverbot bezüglich der daraufhin abgegebenen Äußerung führen müsse. Wenn darin ein Verfahrensverstoß liege, habe dieser jedenfalls nicht das Gewicht, das ein Verwertungsverbot begründen könne.

Denken Sie unbedingt daran, dem Leser mitzuteilen, wie Sie den Inhalt der Äußerungen des Beschuldigten in die Hauptverhandlung einführen wollen. Denn die Verwertbarkeit der Angaben diskutieren Sie nur deshalb, weil der Beschuldigte seine Angaben in einer späteren förmlichen Vernehmung nicht wiederholt hat und Sie davon ausgehen müssen, dass das auch

---

19 BGH NStZ-RR 2004, 368 f.
20 BGH NStZ 1983, 86.
21 BGH NStZ 1990, 43 (44).
22 BGH NStZ 1990, 43 (44).

in der Hauptverhandlung nicht geschehen wird. Der Inhalt der Äußerungen des Beschuldigten kann dann regelmäßig durch die Vernehmung der Verhörsperson und nur ausnahmsweise durch eine Protokollverlesung eingeführt werden.

(2) Amtliches Auskunftsverlangen

70 In den zuvor dargestellten Fallkonstellationen werden Sie mit diesem Merkmal keine Probleme haben, weil die fragenden Personen regelmäßig offen als Polizeibeamte auftreten werden. Geschieht das ausnahmsweise nicht, weil der Tatverdächtige von einem in Zivil gekleideten Beamten, der sich nicht als Polizist zu erkennen gibt, befragt wird, fehlt es an einem aus der Sicht des Tatverdächtigen amtlichen Auskunftsverlangen. Das gilt auch für verdeckte polizeiliche Ermittlungsmaßnahmen, bei denen sich der Ermittler nicht als Polizeibeamter zu erkennen gibt. Darauf soll jedoch erst im Zusammenhang mit den jeweiligen Ermittlungsmaßnahmen näher eingegangen werden.

Ein von der Staatsanwaltschaft oder vom Gericht bestellter Sachverständiger muss den Beschuldigten selbst dann nicht gemäß § 136 StPO belehren, wenn er ihn zu den Tatvorwürfen befragt.[23] Der Sachverständige handelt auch dann nicht amtlich.

bb) Belehrungspflicht

(1) Erste Vernehmung

71 Gemäß § 136 StPO ist der Beschuldigte vor seiner **ersten** richterlichen Vernehmung über den Gegenstand des Verfahrens sowie seine Aussagefreiheit zu **belehren**. Die Einzelheiten regelt § 136 I StPO. Die Belehrung muss folgende Bestandteile enthalten:

- die Eröffnung des Tatvorwurfs, Abs. 1 S. 1,
- die **Belehrung über die Aussagefreiheit**, Abs. 1 S. 2,
- die **Belehrung über das Recht zur Verteidigerkonsultation**, Abs. 1 S. 2,
- den Hinweis auf das Beweisantragsrecht, Abs. 1 S. 3,
- in geeigneten Fällen den Hinweis auf das Recht zur schriftlichen Äußerung, Abs. 1 S. 4.

Nach § 163a III 2 und IV StPO sind auch **Staatsanwaltschaft** und **Polizei** verpflichtet, den Beschuldigten zu Beginn der ersten Vernehmung im gleichen Umfang zu **belehren**. Anders als bei einer richterlichen Vernehmung müssen die Ermittlungsbeamten dem Beschuldigten aber nicht die in Betracht kommenden Vorschriften nennen. Eine entsprechende Belehrung ist von dem Verweis in § 163a IV StPO ausgenommen.

Ist in einer Vernehmungsniederschrift vermerkt, der Beschuldigte sei »belehrt« worden und wird der Umfang der Belehrung von keinem Verfahrensbeteiligten beanstandet, so müssen Sie davon ausgehen, dass die Belehrung den gesetzlichen Anforderungen entsprochen hat. Erwartet man dagegen von Ihnen eine Erörterung der Problematik, wird der Klausursachverhalt eindeutige Hinweise darauf enthalten. Aufpassen müssen Sie lediglich dann, wenn es um den Grenzbereich zwischen informatorischer Befragung und Vernehmung geht. Eine förmliche Vernehmung nach Ladung und ohne vorausgegangene Belehrung durch den Vernehmenden kann ich mir dagegen in einem Klausursachverhalt kaum vorstellen. Dennoch sollten Sie Vernehmungsprotokolle immer darauf kontrollieren, ob das Erteilen einer Belehrung darin vermerkt ist.

Verlangt der Beschuldigte nach der Belehrung über das **Recht zur Verteidigerkonsultation**, mit einem Verteidiger zu sprechen, ist die Vernehmung aufzuschieben und ihm die Gelegenheit zu geben, sich telefonisch mit dem Verteidiger in Verbindung zu setzen. Telefonbuch oder Verteidigerliste und Telefon müssen ihm zur Verfügung gestellt werden. Eine Fortsetzung der Vernehmung in Abwesenheit seines Verteidigers ist dann nur zulässig, wenn

- der Beschuldigte **nach erneuter Belehrung** über das Recht zur Verteidigerkonsultation ausdrücklich damit einverstanden ist und

---

[23] BGH StV 1995, 564 (565).

A. Fehlerhafte Beweiserhebung und Verwertungsverbote

- dem **ernsthafte Bemühungen** des Vernehmungsbeamten vorangegangen sind, dem Beschuldigten bei der Herstellung des Kontaktes zu einem Verteidiger zu helfen.

Kündigt der Verteidiger sein kurzfristiges Erscheinen an, hat der Vernehmungsbeamte aber in aller Regel mit dem Beginn der Vernehmung abzuwarten.[24]

(2) Wiederholte Vernehmung

Für wiederholte Vernehmungen gilt: 72

- Bei richterlichen Vernehmungen
  - ist der Beschuldigte über seine Aussagefreiheit zu belehren, was auch dann gilt, wenn der richterlichen Vernehmung bereits eine polizeiliche oder staatsanwaltschaftliche Vernehmung mit Belehrung vorausgegangen ist,
  - muss dann keine weitere Belehrung über die Aussagefreiheit erfolgen, wenn bereits eine richterliche Vernehmung voraus gegangen ist.

- Bei Vernehmungen durch die Polizei, die richterlichen Vernehmungen regelmäßig vorausgehen, ist § 136 I 2 StPO über § 163a IV 2 StPO anwendbar, was bedeutet, dass der Beschuldigte lediglich in seiner ersten polizeilichen Vernehmung zu belehren ist. Die einmal erteilte Belehrung über die Aussagefreiheit wirkt für die weiteren polizeilichen (und staatsanwaltschaftlichen) Vernehmungen fort.

- In einer Klausur können Sie auch auf die Konstellation stoßen, dass nach einer Vernehmung mit ordnungsgemäßer Belehrung ein weiterer selbständiger Verfahrenskomplex gegen den Beschuldigten hinzukommt und der Beschuldigte anschließend ohne weitere Belehrung zu beiden Komplexen erneut vernommen wird. Dann soll der ausdrückliche Hinweis auf den neuen Tatvorwurf ausreichen,[25] einer erneuten Belehrung über die Aussagefreiheit bedarf es nicht. Selbst wenn dieser Hinweis unterblieben ist, liegt die Annahme eines Verwertungsverbots wegen der geringen Schwere des Verfahrensverstoßes fern.

b) Verwertungsverbot
aa) Gegenüber dem Beschuldigten

Die Folge eines Verstoßes gegen die §§ 136, 163a III 2 StPO ist ein **Verwertungsverbot**[26] gegenüber dem Beschuldigten. 73

Der Verstoß gegen das Belehrungsgebot ist dagegen folgenlos, wenn

- **feststeht**, dass der Beschuldigte sein Schweigerecht auch ohne Belehrung **gekannt** hat,[27]

- der **verteidigte** Angeklagte in der Hauptverhandlung ausdrücklich der Verwertung zugestimmt oder ihr nicht widersprochen hat (sog. »Widerspruchslösung«).

Die Frage, wie sich der Angeklagte in der Hauptverhandlung verhält, spielt für die Anklageklausur naturgemäß keine Rolle. Jedenfalls dann, wenn der Beschuldigte oder sein Verteidiger einen Verstoß gegen die §§ 136, 163a StPO bereits im Ermittlungsverfahren gerügt haben, können Sie auch für die Hauptverhandlung mit einem entsprechenden Verwertungswiderspruch ausgehen.

Eventuell werden Sie zu überlegen haben, ob der Beschuldigte sein Schweigerecht kannte. Das werden sie regelmäßig bei Polizeibeamten, Staatsanwälten und Richtern wie auch bei Rechtsanwälten bejahen dürfen. Zweifelhaft ist dagegen, ob das auch für einen Beschuldigten gilt, der bereits in einem früheren Verfahren in anderer Sache über sein Schweigerecht belehrt worden ist. Der Gesetzgeber geht für den Regelfall vom Gegenteil – nämlich der Belehrungspflicht – aus, so dass Sie bei Zweifeln zugunsten des Beschuldigten ein Verwertungsverbot annehmen sollten.

---

24 Der BGH (NStZ 2008, 643) hat im Fall, dass ein Vernehmungsbeamter das für 30 Minuten später angekündigte Erscheinen eines Verteidigers nicht abgewartet hatte, die Annahme eines Verwertungsverbots (nach Widerspruch in der Hauptverhandlung) als nahe liegend bezeichnet.
25 LR/*Hanack* § 136 Rn. 9a.
26 Allgem. Ansicht; BGHSt 38, 214 (220, 221).
27 BGHSt 38, 214 (224, 225).

> **Beachte:** Angaben, die ein **Verdächtiger als Zeuge** gemacht hat, sind **ebenfalls verwertbar**, wenn der Übergang zur Beschuldigtenvernehmung zu Recht unterblieben ist.

Streitig, wie alles in diesem Zusammenhang, ist auch, ob ein Verwertungsverbot gegeben ist, *wenn sich nicht aufklären lässt*, ob die Belehrung erteilt worden ist. Der 5. Senat des BGH hat das in der zitierten Entscheidung zur Eingrenzung des Verwertungsverbots **abgelehnt**. Gibt es hingegen überhaupt keine konkreten Anhaltspunkte dafür, dass eine Belehrung erteilt worden ist, darf die Aussage nicht verwertet werden. In diesem Zusammenhang wird es zulässig sein, Polizeibeamte an ihrer Dokumentationspflicht nach Nr. 45 I RiStBV festzuhalten.[28] Der sich daraus ergebende Schluss lautet: Hat der Polizeibeamte die Erteilung einer Belehrung pflichtwidrig nicht dokumentiert, wird er den Beschuldigten auch nicht belehrt haben.

Zu einem **Verwertungsverbot** führen auch das **Unterlassen der Belehrung** oder eine **fehlerhafte Belehrung** über das Recht zur Verteidigerkonsultation. Die gleiche Konsequenz für den Vernehmungsinhalt hat die Verweigerung der von dem Beschuldigten geforderten Rücksprache mit einem Verteidiger.

Verstöße gegen Abs. 1 S. 3, 4 führen dagegen nicht zu einem Verwertungsverbot.

bb) Gegenüber Dritten

74 Sie können auch vor dem Problem stehen, ob Angaben des Beschuldigten, die unter Verletzung des Belehrungsgebots zustande gekommen sind, zumindest gegen Mitbeschuldigte oder im Verfahren gegen Dritte, in dem der rechtswidrig nicht belehrte frühere Beschuldigte ausschließlich als Zeuge beteiligt ist, verwertet werden dürfen.

Für das Verfahren gegen Dritte wird das überwiegend mit dem Hinweis bejaht, es könne nichts anderes gelten als im Fall einer unterlassenen Belehrung nach § 55 StPO, die ebenfalls nicht zu einem Verwertungsverbot führe. Diese Fallkonstellation wird in der Klausur allerdings kaum eine Rolle spielen.

Auch die Interessen eines Mitbeschuldigten werden durch die Verletzung des Belehrungsgebots nicht berührt, so dass **die Angaben eines nicht belehrten Beschuldigten zur Tat eines Mitbeschuldigten ohne weiteres gegen diesen Mitbeschuldigten verwertet werden dürfen.** Denn die Regelung des § 136 StPO dient ausschließlich dem Schutz des zu vernehmenden Beschuldigten.[29] Auch das ist allerdings streitig.

Entsprechend hat der BGH für den Fall entschieden, dass der Verteidiger eines Beschuldigten unter **Verstoß gegen § 168c I und V StPO** nicht vom Termin einer richterlichen Vernehmung informiert wurde. Auch in dieser Konstellation entsteht zu Gunsten eines Mitbeschuldigten kein Verwertungsverbot,[30] weil sein Rechtskreis durch die Vorschrift nicht geschützt wird.

c) Fortwirkung des Verwertungsverbots

75 Hinter dem Stichwort »Fortwirkung« des Verwertungsverbots verbirgt sich das Problem, ob sich im Falle einer erneuten Vernehmung des Beschuldigten ein für die Erkenntnisse aus der ersten Vernehmung geltendes Verwertungsverbot auch auf die Erkenntnisse aus der zweiten Vernehmung erstreckt.

aa) Qualifizierte Belehrung

76 Allgemein anerkannt ist, dass ein Verwertungsverbot nach einem Verstoß gegen die Belehrungspflicht der erneuten Vernehmung des Beschuldigten nicht entgegensteht. In der Literatur wird als Voraussetzung für die Verwertbarkeit der Angaben in einer erneuten Vernehmung jedoch schon seit langer Zeit eine vorher zu erteilende **qualifizierte Belehrung** gefordert.

> Unter **qualifizierter Belehrung** ist die Belehrung nach § 136 StPO mit dem **ergänzenden Hinweis, die Angaben aus der früheren Vernehmung dürften wegen eines Verstoßes gegen § 136 StPO nicht verwertet werden,** zu verstehen.

---

28 So auch BGH NStZ-RR 2007, 80–81.
29 BGH NStZ 1994, 595 (596).
30 BGH, Beschl. vom 17.02.2009, 1 StR 691/08, NStZ 2009, 345–346.

Eine derartige Belehrung soll dem Beschuldigten seine Entscheidungsfreiheit erhalten. Er soll nicht dem Irrtum unterliegen, aufgrund seiner früheren Angaben, die er nicht mehr aus der Welt schaffen könne, ohnehin schon überführt zu sein.

In der jüngeren Rechtsprechung fordern auch der BGH und mit ihm auch Oberlandesgerichte eine derartige qualifizierte Belehrung im Fall einer erneuten Vernehmung. So ist eine qualifizierte Belehrung erforderlich, wenn

- der Beschuldigte in der ersten Vernehmung gar nicht gemäß § 136 StPO belehrt wurde,[31]
- nach vorangegangenen Spontanäußerungen des Beschuldigten sich ein Gespräch mit den Polizeibeamten zu einer Vernehmung verdichtete, ohne dass eine Belehrung nach § 136 StPO erfolgte,[32]
- der Tatverdächtige zu Unrecht zunächst als Zeuge und nicht schon als Beschuldigter vernommen wurde.[33]

Nach einem Verstoß gegen § 136 StPO muss der Beschuldigte zu Beginn einer weiteren Vernehmung nach § 136 StPO qualifiziert belehrt worden sein.

In Ihrer Klausurlösung sollten Sie sich unbedingt dieser neueren Rechtsprechung anschließen.

bb) Folge des Unterlassens einer qualifizierten Belehrung

Ist eine derartige qualifizierte Vernehmung unterblieben, folgt daraus nicht automatisch die Unverwertbarkeit der Angaben des Beschuldigten in der erneuten Vernehmung.

Sie haben vielmehr zunächst den Klausursachverhalt daraufhin zu untersuchen, ob der Beschuldigte zu Beginn der erneuten Vernehmung entsprechend § 136 StPO belehrt wurde. Ist das der Fall, haben Sie zu beachten, dass **der Verstoß gegen die Pflicht zur qualifizierten Belehrung nicht dasselbe Gewicht hat wie der Verstoß gegen die sich aus § 136 I 2 StPO ergebende Belehrungspflicht**.[34] Vielmehr hängt die Verwertbarkeit der Angaben in der erneuten Vernehmung von einer Einzelfallabwägung ab. Auch im Rahmen dieser Abwägung sind von Ihnen gegenüber zu stellen:

- das Interesse an der Sachaufklärung (Schwere der Tat) einerseits,
- das Gewicht des Verfahrensverstoßes andererseits.

Insoweit haben Sie zu untersuchen, ob es Anhaltspunkte für die bewusste Umgehung der Belehrungspflicht durch die vernehmenden Beamten gibt. Gegebenenfalls würde das die Annahme der Fortwirkung nahe legen. Auch soll es eine Rolle spielen, ob es Anhaltspunkte für die Vorstellung des Beschuldigten, sein Schweigen sei sinnlos, weil er von seinen ursprünglichen Angaben nicht mehr abrücken könne, gibt.[35] Ferner sollten Sie in Ihre Überlegungen einfließen lassen, dass eine Fortwirkung des Verwertungsverbots fern liegt, wenn die Angaben des Beschuldigten in der erneuten Vernehmung über eine bloße Wiederholung durch pauschale Bestätigung oder schlichte Bezugnahme auf die bereits gemachten Angaben hinausgehen.

In den bereits zitierten Entscheidungen sind weder der BGH noch das OLG Hamm zu einer Fortwirkung des Verwertungsverbots gelangt.

Ist der Beschuldigte in der erneuten Vernehmung nach § 136 I 2 StPO belehrt worden, wird die Fortwirkung des Verwertungsverbots nur ausnahmsweise anzunehmen sein.

---

31 OLG Hamm, Beschl. vom 07.05.2009, 3 Ss 85/08, NStZ-RR 2009, 283 ff.
32 BGH, Beschl. vom 09.06.2009, 4 StR 170/09, NStZ 2009, 702.
33 BGH, Urteil vom 18.12.2008, 4 StR 455/08, BGHSt 53, 112–118.
34 BGH, Urteil vom 18.12.2008, 4 StR 455/08, BGHSt 53, 112–118 und OLG Hamm, Beschl. vom 07.05.2009, 3 Ss 85/08, NStZ-RR 2009, 283 ff.
35 Kritisch OLG Hamm, Beschl. vom 07.05.2009, 3 Ss 85/08, NStZ-RR 2009, 283 ff.

4. Teil. Häufige Rechtsprobleme im A-Gutachten

Denken Sie unbedingt an Folgendes: Haben Sie ausnahmsweise davon auszugehen, dass der Beschuldigte sein Schweigerecht trotz des Unterlassens der Belehrung nach § 136 StPO in der ersten Vernehmung bereits kannte, gibt es keinen Grund für die Annahme eines Verwertungsverbotes, so dass auch dessen Fortwirkung nicht in Frage stehen kann.

Zum Schluss ein wichtiger Aufbauhinweis: Müssen Sie sich in einer Klausur mit einer derartigen Problematik auseinandersetzen, empfiehlt es sich, diese in zwei Schritten zu untersuchen:

- Verwertungsverbot für die Erkenntnisse aus der ersten Vernehmung wegen der unterbliebenen Beschuldigtenbelehrung?
- Fortwirkung des Verwertungsverbots auf die Erkenntnisse aus der zweiten Vernehmung wegen der unterbliebenen qualifizierten Belehrung?

d) Fernwirkung

78 Ob das Verwertungsverbot eine **Fernwirkung** entfaltet, ist streitig. Bekanntlich hat der Bundesgerichtshof in anderen Konstellationen schon mehrfach ausgeführt:[36]

> Ein Verfahrensfehler, der ein Verwertungsverbot für ein Beweismittel zur Folge hat, darf nicht ohne weiteres dazu führen, dass das gesamte Strafverfahren lahm gelegt und damit die Wahrheitserforschungspflicht des Gerichts, die zu den tragenden Grundsätzen des Strafverfahrensrechts gehört, ausgehöhlt wird.

Letztendlich wird es eine Einzelfallentscheidung bleiben müssen, die Annahme einer Fernwirkung wird jedoch bei einem Verstoß gegen § 136 StPO eine Ausnahme darstellen.[37]

In der Literatur wird teilweise vertreten, dass auch mittelbare Beweisergebnisse dem Verwertungsverbot unterliegen. Abgeleitet wird dieses weitgehende Verwertungsverbot aus der amerikanischen »fruit of the poisonous tree-doctrine«. Diese kann jedoch nicht ohne weiteres übertragen werden, weil Verwertungsverbote, anders als in den USA, wo sie der Disziplinierung der Polizei dienen, hier die Rechtsstaatlichkeit des Verfahrens sichern sollen.

> **Klausurtipp:** Fast jede der hier aufgeworfenen Fragen wird in der zum Teil uneinheitlichen Rechtsprechung und im Schrifttum streitig diskutiert. Eine Darstellung all dieser Streitstände würde Sie in der Klausur bei weitem überfordern. Auch der Ihnen zur Verfügung stehende Kommentar beschränkt sich weitgehend darauf, die Fundstellen abweichender Meinungen zu zitieren. Ich halte es deshalb regelmäßig für ausreichend, wenn Sie im Gutachten Problembewusstsein zeigen und dann die Argumentation aus der Rechtsprechung des BGH übernehmen.

2. Verbotene Vernehmungsmethoden

79 Dem Schutz der Aussage- und Entschließungsfreiheit des Beschuldigten dient auch § 136a StPO mit dem Verbot bestimmter Vernehmungsmethoden. **Adressaten dieser Verbote** sind nur die **staatlichen Strafverfolgungsbehörden** und zwar auch, wenn diese sich privater Helfer bedienen. Dagegen betrifft die Vorschrift Privatpersonen, die privat ermitteln, nicht.

a) Unzulässige Methoden

In der Klausur werden die meisten verbotenen Vernehmungsmethoden keine Rolle spielen. Wenn, dann werden Sie vor der Frage stehen, ob der Beschuldigte durch eine

- unzulässige Täuschung

oder

- das Versprechen eines gesetzlich nicht vorgesehenen Vorteils

zu seiner Einlassung gebracht worden ist.

---

[36] Etwa BGHR § 100b Verwertungsverbot 1 Fernwirkung.
[37] So hat das OLG Oldenburg (NStZ 1995, 412) die Annahme einer Fernwirkung unter Hinweis auf die jeweils im Einzelfall erforderliche Abwägung nicht beanstandet.

aa) Täuschung

Der Beschuldigte kann sowohl in **rechtlicher Hinsicht** als auch in **tatsächlicher Hinsicht** getäuscht werden.

- Wird dem Beschuldigten etwa erklärt, er müsse wahrheitsgemäß aussagen oder sein Schweigen könne gegen ihn verwendet werden, so wird er in **rechtlicher Hinsicht getäuscht**. Falsche Rechtserklärungen des Vernehmenden sind immer unzulässige Täuschungen, gleich, ob der Vernehmende den Beschuldigten bewusst oder unbewusst irregeführt hat.

- Wird dem Zeugen dagegen eine tatsächlich nicht vorhandene »erdrückende« Beweislage vorgespiegelt, wird er in **tatsächlicher Hinsicht getäuscht**. Nach der Rechtsprechung des BGH sollen **unbeabsichtigte** Irreführungen dagegen **keine** unzulässigen Täuschungen im Sinne des § 136a StPO darstellen.

Auch die so genannte »kriminalistische« List ist in engen Grenzen zulässig. Der Vernehmungsbeamte darf Fangfragen stellen und doppeldeutige Erklärungen abgeben (was zweifelhaft erscheint). Die Abgrenzung kann im Einzelfall sehr schwierig sein. Das Problem dürfte aber keine große Klausurrelevanz haben.

bb) Versprechen eines Vorteils

Sie können auch auf einen Sachverhalt stoßen, in dem einem Beschuldigten **gesetzlich nicht vorgesehene Vorteile versprochen** wurden. Das Versprechen eines Vorteils erfordert eine **bindende Zusage, auf deren Einhaltung der Beschuldigte vertrauen kann.**

- Unzulässig in diesem Sinne wäre im Rahmen einer polizeilichen Vernehmung die **bindende** Zusage einer Strafmilderung im Falle eines Geständnisses oder einer Bewährungsstrafe.

- Weist der Vernehmende den Beschuldigten dagegen lediglich auf die **Möglichkeit der Strafmilderung** im Falle eines Geständnisses hin, verspricht er ihm keinen gesetzlich nicht vorgesehenen Vorteil. Zulässig soll auch die Zusage einer Verfahrenseinstellung nach § 154 StPO oder einer Strafmilderung nach § 31 BtMG im Falle eines Geständnisses sein. Die Zulässigkeit etwaiger Zusagen wird natürlich immer auch davon abhängen, wer diese Zusagen erteilt. Das Absehen von der Verfolgung im Sinne des § 154 I StPO wird nur der Staatsanwalt, die Verfahrenseinstellung gemäß § 154 II StPO werden nur der Staatsanwalt und das erkennende Gericht gemeinsam zusagen können. Eine Strafmilderung gemäß § 31 BtMG kann allenfalls das erkennende Gericht zusagen. Polizei und Staatsanwaltschaft dürfen den Beschuldigten lediglich auf die sich aus § 31 BtMG ergebende Strafmilderungsmöglichkeit hinweisen.

b) Verwertungsverbot

Die Folge eines Verstoßes gegen das Verbot unerlaubter Vernehmungsmethoden ist ein **gesetzliches Verwertungsverbot** gemäß § 136a III 2 StPO. Das Verbot der Verwertung der unzulässig erlangten Aussage gilt selbst dann, wenn der Beschuldigte der Verwertung später zustimmt.

Das Verwertungsverbot ist **umfassend**. Es spielt keine Rolle, ob die Aussage des Beschuldigten be- oder entlastend, richtig oder falsch ist. Die auf verbotenem Wege erlangte Aussage **darf weder unmittelbar noch mittelbar verwertet** werden.

c) Fortwirkung

Die Frage, ob der Beschuldigte vor seiner erneuten Vernehmung über die Unverwertbarkeit seiner früheren Vernehmung **qualifiziert** zu **belehren** ist, wird mit der neueren Rechtsprechung zu § 136 I 2 StPO ohne weiteres zu bejahen sein. Auch in dieser Konstellation ist eine Belehrung ausreichend qualifiziert, wenn dem Beschuldigten unmissverständlich die Unverwertbarkeit seiner ursprünglichen Angaben vor Augen geführt wurde. Fehlt es an einer derartigen qualifizierten Belehrung in der zweiten Vernehmung werden Sie die mögliche Konsequenz zu diskutieren haben. Die Fortwirkung des Verwertungsverbots wird allerdings auch dann nur nach einer umfassenden Gesamtabwägung im bereits dargestellten Sinne zu begründen sein. Gegen die Fortwirkung kann es dann insbesondere sprechen, wenn die unverwertbare Aussage schon längere Zeit zurück liegt und/oder die Einwirkung auf die Willensfreiheit nicht allzu schwerwiegend war.[38]

---

38 *Meyer-Goßner* § 136a Rn. 30.

d) Fernwirkung

84 Nach der Rechtsprechung soll es auch **keine Fernwirkung** des Verwertungsverbots geben. Beweismittel, die aufgrund einer durch unzulässige Vernehmungsmethoden zu Stande gekommenen Aussage erlangt wurden, dürfen verwendet werden.

Auch das ist sehr streitig. Wegen der Einzelheiten kann hier auf die Darstellung zur Fernwirkung eines Verwertungsverbots beim Verstoß gegen das Belehrungsgebot verwiesen werden.

e) Sonderfall: Hörfalle

Bei der klassischen Hörfalle »**veranlassen die Ermittlungsbehörden eine Privatperson, mit einem Tatverdächtigen ohne Aufdeckung der Ermittlungsabsicht ein auf die Erlangung von Angaben zum Untersuchungsgegenstand gerichtetes Gespräch zu führen**«, das ein Beamter oder ein beauftragter Dolmetscher mithört.

Die Hörfallenentscheidung des Großen Senats des BGH[39] aus dem Jahre 1996 sollten Sie unbedingt kennen.

Haben die Ermittlungsbehörden mit Hilfe einer Hörfalle Angaben des Beschuldigten zur Tat erhalten, sollten Sie in Ihrem Gutachten angelehnt an die Entscheidung des Großen Senats die folgenden Fragen erörtern (Achtung: Jede der aufgeworfenen Fragen wird höchst streitig diskutiert!):

- **Unmittelbare Geltung des § 136 StPO?**

85 Die Belehrungspflicht wäre nur ausgelöst, wenn das Gespräch der Privatperson mit dem Beschuldigten eine Vernehmung wäre. Das ist nicht der Fall, weil die Privatperson als Vernehmender der Auskunftsperson nicht in amtlicher Eigenschaft gegenübergetreten ist und nicht in dieser Eigenschaft von ihr Auskunft verlangt hat.

Eine teilweise geforderte Erweiterung des Vernehmungsbegriffs in dem Sinn, dass dazu alle Äußerungen des Beschuldigten gehören, welche ein Strafverfolgungsorgan direkt oder indirekt herbeigeführt hat, lässt sich nicht auf das Gesetz stützen. Ein derartiger Vernehmungsbegriff würde auch Äußerungen eines Beschuldigten erfassen, die ein verdeckter Ermittler veranlasst hat. Das wäre mit dem Sinn und Zweck der §§ 110a ff. StPO nicht vereinbar.

- **Entsprechende Anwendung des § 136 StPO?**

86 Das Belehrungsgebot soll sicherstellen, dass der Beschuldigte vor der irrtümlichen Annahme einer Aussagepflicht bewahrt wird, zu der er durch die Konfrontation mit dem amtlichen Auskunftsverlangen veranlasst werden könnte. Davon kann aber in einer derartigen Konstellation nicht die Rede sein. Der Beschuldigte weiß, dass er sich gegenüber einer Privatperson nicht zu äußern braucht. Für eine entsprechende Anwendung des § 136 StPO ist deshalb kein Raum.

- **Unzulässige Umgehung des § 136 StPO?**

87 Auch von einer unzulässigen Umgehung des Belehrungsgebots kann nicht die Rede sein. Der Schutz des Beschuldigten vor der irrigen Annahme eines Aussagezwangs aufgrund des amtlichen Charakters einer Befragung wird nicht dadurch umgangen, dass die vorgeschriebene Belehrung in einer Situation unterbleibt, in der ein solcher Zwang – auch in der Vorstellung des Beschuldigten – nicht bestehen kann.

- **Verbotene Täuschung im Sinne des § 136a StPO?**

88 Die Hörfalle in diesem Sinne stellt auch keine verbotene Täuschung dar. Der Begriff der Täuschung muss einschränkend und an den übrigen verbotenen Mitteln orientiert ausgelegt werden. Mit den übrigen verbotenen Mitteln lässt sich eine Befragung des Beschuldigten, die das Ermittlungsinteresse nicht aufdeckt, nicht gleichstellen.

---

[39] BGHSt 42, 139.

A. Fehlerhafte Beweiserhebung und Verwertungsverbote

- **Verstoß gegen den »nemo tenetur-Grundsatz«?**

Auch gegen den Grundsatz, dass niemand gezwungen werden darf, sich selbst zu belasten, wird ersichtlich nicht verstoßen. Der Beschuldigte äußert sich nicht aufgrund eines tatsächlichen oder vorgetäuschten Zwanges. Über die Freiwilligkeit seiner Äußerungen gegenüber einer Privatperson kann er nicht im Zweifel sein. 90

- **Rechtsstaatliche Grenzen?**

Dennoch ergeben sich vor allem aus dem allgemeinen Persönlichkeitsrecht, dem Rechtsstaatsprinzip und dem daraus hervorgehenden Grundsatz des fairen Verfahrens Bedenken, wenn die Ermittlungsbehörden den Beschuldigten durch eine Hörfalle zu Äußerungen veranlassen. 91

Dagegen steht die mit dem notwendigen Schutz des Gemeinwesens und seiner Bürger begründete Pflicht des Staates zur effektiven Strafverfolgung, die ebenfalls Verfassungsrang hat. Daraus ergibt sich folgende Konsequenz:

> Der Inhalt der durch eine Hörfalle erlangten Angaben eines Beschuldigten darf durch Zeugenbeweis jedenfalls dann verwertet werden, wenn es um die Aufklärung einer Straftat von erheblicher Bedeutung (orientiert an den Katalogen der §§ 98a, 100a, 110a StPO) geht und die Erforschung des Sachverhalts unter Einsatz anderer Ermittlungsmethoden erheblich weniger Erfolg versprechend oder wesentlich erschwert gewesen wäre.

Vergessen Sie nicht, in Ihrem Gutachten mitzuteilen, dass der Inhalt des Gesprächs durch Zeugenbeweis eingeführt werden kann. Als Zeugen kommen sowohl die Privatperson, die das Gespräch geführt hat, als auch der mithörende Beamte in Betracht.

III. Verwertbarkeit von Zeugenaussagen

Neben der Frage nach der Verwertbarkeit von Beschuldigtenangaben kann in der Klausur auch die Frage nach der Verwertbarkeit von Zeugenaussagen eine große Rolle spielen. Im Wesentlichen sind drei Fallgruppen zu unterscheiden: 92

- Dürfen die Angaben eines Zeugen, der nicht über ein ihm zustehendes **Auskunftsverweigerungsrecht** belehrt wurde, verwertet werden und wie können diese ggf. eingeführt werden?
- Dürfen die Angaben eines über ein **Zeugnisweigerungsrecht** belehrten oder zu Unrecht nicht belehrten Zeugen verwertet werden, wenn dieser sich später auf sein Zeugnisverweigerungsrecht beruft?
- Können Zeugenaussagen aufgrund einer **Fernwirkung** des **Verwertungsverbots** unverwertbar sein?

Die letzte Frage ist bereits durch die vorangegangene Darstellung zur Reichweite eines Verwertungsverbots beantwortet.

1. Die Belehrungspflicht gemäß § 57 StPO

Wird ein Zeuge unter Verstoß gegen § 57 StPO nicht über seine Wahrheitspflicht und die Folgen einer falschen Aussage belehrt, führt dieses Unterlassen keinesfalls zu einem Verwertungsverbot im Verfahren gegen den Beschuldigten. 93

> **Merke:** Bei § 57 StPO handelt es sich um eine ausschließlich im Interesse des Zeugen erlassene Ordnungsvorschrift.

2. Das Auskunftsverweigerungsrecht nach § 55 StPO

Das Recht zur Auskunftsverweigerung nach § 55 I StPO beruht auf dem rechtsstaatlichen Grundsatz, dass **niemand gezwungen werden darf, gegen sich selbst oder gegen nahe An-** 94

4. Teil. Häufige Rechtsprobleme im A-Gutachten

gehörige, die nicht Beschuldigte des Verfahrens sind (§ 52 StPO), **auszusagen**. Die Vorschrift dient allein dem Schutz des Zeugen vor Verfolgung wegen einer Straftat oder Ordnungswidrigkeit, die er bereits **vor** seiner Vernehmung begangen hat. Die Vorschrift soll den Zeugen dagegen nicht davor schützen, eine falsche Aussage zu machen.

In der Staatsanwaltsklausur wird sich Ihnen die Frage nicht stellen, ob ein Zeuge Auskünfte zu Recht verweigert hat. Angaben, die Sie nicht haben und auch nach einer theoretischen Erörterung nicht haben werden, helfen Ihnen nicht weiter. Ausführungen zur Reichweite des § 55 StPO verbieten sich deshalb, falls der Zeuge – wenn auch zu Unrecht – nicht ausgesagt hat. In Ihrem Gutachten werden Sie sich nur mit § 55 StPO auseinandersetzen müssen, wenn sich die Frage stellt, ob ein zur Sache aussagender Zeuge über das Auskunftsverweigerungsrecht hätte belehrt werden müssen.

In einer Revisionsklausur kann das ganz anders aussehen. Durch ein vom Gericht zu Unrecht angenommenes Auskunftsverweigerungsrecht kann dieses seine Aufklärungspflicht verletzt haben.

a) Gefahr der Verfolgung

95 Dem Zeugen oder seinem Angehörigen muss durch eine wahrheitsgemäße Aussage die **Gefahr der Verfolgung wegen einer Straftat oder Ordnungswidrigkeit, die er bereits begangen hat,** drohen. Keinesfalls ausreichend ist, dass sich der Zeuge erst durch die Aussage einer Straftat schuldig macht.

Die **Gefahr der Verfolgung** besteht, wenn sich aus der wahrheitsgemäßen Aussage des Zeugen für die Ermittlungsbehörden Tatsachen ergeben, die den Anfangsverdacht einer Straftat oder Ordnungswidrigkeit begründen. Bloße, nicht durch konkrete Umstände belegte Vermutungen oder rein denktheoretische Möglichkeiten reichen weder für einen prozessual ausreichenden Anfangsverdacht noch für ein Auskunftsverweigerungsrecht nach § 55 StPO aus.[40] **Ein solcher Anfangsverdacht muss sich auf zureichende tatsächliche Anhaltspunkte und damit auf konkrete Tatsachen stützen,** die dafür sprechen, dass gerade der zu untersuchende Lebenssachverhalt eine Straftat enthält. Dagegen ist die sichere Erwartung eines Straf- und Bußgeldverfahrens nicht erforderlich.

Nur wenn die Gefahr einer Verfolgung zweifellos ausgeschlossen ist, entfällt das Auskunftsverweigerungsrecht.[41] An der Verfolgungsgefahr fehlt es sowohl bei offensichtlichem Vorliegen eines Rechtfertigungs- oder Entschuldigungsgrundes als auch bei fehlender Strafmündigkeit.

b) Belehrungspflicht

96 Das Bestehen eines Auskunftsverweigerungsrechts löst die Belehrungspflicht nach § 55 II StPO aus.

c) Folgen des Verstoßes

97 Das Unterlassen der Belehrung des Zeugen nach § 55 II StPO begründet **kein Verwertungsverbot im Verfahren gegen den Beschuldigten.**[42]

Das ist jedoch streitig. In der Klausur werden Sie deshalb gegebenenfalls einige Worte zu dem Problem verlieren müssen. Gegen den BGH und die h.M. wird zum Teil angeführt, jeder Verstoß gegen Regeln über zulässige Methoden der Wahrheitsfindung berühre auch den Rechtskreis des Beschuldigten. Zudem solle der Beschuldigte durch das Auskunftsverweigerungsrecht vor Falschaussagen des Zeugen geschützt werden.

Indes soll dem **Zeugen**, und nur ihm, durch das **Auskunftsverweigerungsrecht** der **Konflikt** erspart werden, sich oder seine Angehörigen durch wahrheitsgemäße Angaben bloßzustellen. § 55 StPO dient nicht dem Schutz des Beschuldigten (sog. **Rechtskreistheorie**).

---

[40] BGH NStZ 1994, 499.
[41] Zu Einzelheiten *Meyer-Goßner* § 55 Rn. 8.
[42] GrS BGHSt 11, 213 (218).

Angaben, die der Zeuge, dem ein Auskunftsverweigerungsrecht nach § 55 StPO zusteht, einmal gemacht hat, sind im weiteren Verfahren verwertbar. Es ist gleichgültig, ob der Zeuge gemäß § 55 II StPO belehrt worden ist oder nicht. Beruft sich ein Zeuge erst in einer späteren Vernehmung auf sein Auskunftsverweigerungsrecht, bleiben seine früheren Angaben verwertbar.

> Einmal gemachte Angaben bleiben verwertbar. § 252 StPO findet keine entsprechende Anwendung.

Deshalb sind Vorhalte aus der früheren Vernehmung zulässig, auch kann die Verhörsperson als Zeuge über den Inhalt der früheren Angaben vernommen werden.

Zur Klarstellung sei darauf hingewiesen, dass das Unterlassen der Belehrung in einem späteren Verfahren gegen den Zeugen selbst sehr wohl zu einem Verwertungsverbot führen kann.

3. Das Zeugnisverweigerungsrecht nach § 52 StPO

Grund für das Zeugnisverweigerungsrecht des § 52 StPO ist die Rücksicht auf die Zwangslage des Zeugen, der zur Wahrheit verpflichtet ist, aber befürchten muss, dadurch dem beschuldigten Angehörigen zu schaden.[43]

In der Klausur können Sie in verschiedenen Konstellationen mit den Wirkungen des Zeugnisverweigerungsrechts konfrontiert werden:

- Liegt ein Verstoß gegen die Belehrungspflicht vor und welche Auswirkungen hat dieser Verstoß gegebenenfalls?
- Welche Auswirkungen hat es, wenn sich der Zeuge, der bereits einmal ausgesagt hat, bei bereits ursprünglich vorhandenem oder auch nachträglich entstandenem Zeugnisverweigerungsrecht in einer späteren Vernehmung auf dieses beruft?

a) Kreis der Zeugnisverweigerungsberechtigten

Zur Zeugnisverweigerung berechtigt sind Angehörige des Beschuldigten. Zu den Angehörigen i.S.d. § 52 StPO gehören:

- **Verlobte, Nr. 1**

  Das **Verlöbnis** ist ein, **nicht notwendig öffentliches**, gegenseitiges und von beiden Seiten **ernst gemeintes Eheversprechen**. Es ist unwirksam, wenn es, wie bei noch bestehendem anderweitigem Verlöbnis oder bestehender Ehe, gegen die guten Sitten verstößt.

  In Klausuren stellte sich wiederholt das Problem, dass eine geschädigte Frau gegen einen »Freund« Körperverletzungsanzeige erstattete und dann kurze Zeit später unter Hinweis auf ein Verlöbnis keine weitere Aussage mehr machen wollte. Nehmen Sie das behauptete Verlöbnis dann nicht völlig kritiklos hin. Die Annahme, dass ein Verlöbnis tatsächlich gar nicht besteht und die Behauptung nur unter dem Druck des Beschuldigten zu Stande gekommen ist, ist nahe liegend. Sie sollten zumindest kurz diskutieren, ob und in welchem Umfang die Behauptung der Zeugin zu überprüfen ist. Die daran anzulegenden Maßstäbe dürfen jedenfalls nicht zu streng sein, denn die Zeugin müsste das von ihr behauptete Verlöbnis gemäß § 56 StPO nur glaubhaft machen. Eine Tatsache ist schon dann glaubhaft gemacht, wenn das Gericht sie für wahrscheinlich hält. Wenn in der Hauptverhandlung niemand widerspricht, darf das Gericht die Behauptung ohnehin als richtig hinnehmen. Nur wenn es wirklich handfeste Anhaltspunkte dafür gibt, dass das behauptete Verlöbnis nicht besteht, sollten Sie ein Zeugnisverweigerungsrecht ablehnen. Dann können Sie auf die Angaben der Verhörsperson über den Inhalt der ursprünglichen Aussage der Zeugin zurückgreifen.

  Mit **Auflösung** des Verlöbnisses **entfällt** das Zeugnisverweigerungsrecht.

- **Ehegatten und Lebenspartner, Nr. 2, 2a**

  Die Ehe muss gültig geschlossen worden sein. Das **Zeugnisverweigerungsrecht besteht auch nach Scheidung** oder **Auflösung** der Ehe **fort**.

---

43 BGHSt 2, 351 (354).

Ob auch das Zusammenleben in »eheähnlicher Lebensgemeinschaft« zur Zeugnisverweigerung berechtigt, ist umstritten. Die h.M. lehnt das im Hinblick auf den Gesetzeswortlaut ab.

Im Übrigen werden nur Lebenspartnerschaften im Sinne des Lebenspartnerschaftsgesetzes anerkannt.

- **Verwandte oder Verschwägerte, Nr. 3**

102 Geht es um Verwandtschaft oder Schwägerschaft, sichern Sie sich durch einen Blick in den Ihnen vorliegenden Kommentar[44] ab.

Beachte: Für ein Zeugnisverweigerungsrecht muss das begründende Verhältnis nicht bereits zum Zeitpunkt der Tat bestanden haben. Maßgebend ist der Zeitpunkt der Vernehmung.

103 **Zeugnisverweigerungsberechtigt** ist daneben der in **§ 53 StPO** genannte Personenkreis. Die Vorschrift spielt im Examen jedoch kaum eine Rolle. Lediglich auf das Zeugnisverweigerungsrecht der Ärzte (§ 53 I Nr. 3 StPO) sei hingewiesen, weil es für dieses eine wichtige Einschränkung gibt: Ist der Arzt nämlich als gerichtlich bestellter Sachverständiger tätig geworden, hat er kein Zeugnisverweigerungsrecht und muss deshalb selbst dann aussagen, wenn der Beschuldigte ihn nicht von der Verschwiegenheitspflicht entbindet. Die **Angaben** des Arztes, die dieser **als Sachverständiger oder auch als Zeuge** gemacht hat, sind dann **auch bei ausdrücklichem Widerspruch** des Beschuldigten **verwertbar**.

In diesem Zusammenhang sei auch auf § 160a StPO hingewiesen. Diese Vorschrift **schützt das Zeugnisverweigerungsrecht von Berufsgeheimnisträgern vor anderen Ermittlungsmaßnahmen** als Zeugenvernehmungen.

- **Geistliche, Verteidiger und Abgeordnete** genießen nach Abs. 1 einen **vollständigen Schutz vor das Zeugnisverweigerungsrecht unterlaufenden Ermittlungsmaßnahmen.** Die Vorschrift enthält neben einem **Verwertungsverbot** auch bereits das **Verbot der Beweiserhebung.**

- Das Zeugnisverweigerungsrecht der **übrigen Berufsgeheimnisträger** genießt geringeren Schutz. Eine Beweiserhebung ist nach Abs. 2 regelmäßig dann **unzulässig, wenn die zu gewinnenden Erkenntnisse keine Straftaten von erheblicher Bedeutung betreffen würden, weil das schutzwürdige Interesse das Strafverfolgungsinteresse dann nicht überwiegt.** Daraus folgt für diesen Fall das ausdrücklich angeordnete Verwertungsverbot (Abs. 2 S. 3).

Richtet sich das Verfahren gegen **mehrere Beschuldigte**, steht dem Zeugen ein Zeugnisverweigerungsrecht zu, wenn seine Aussage **auch seinen Angehörigen** betrifft. Das ist bereits der Fall, wenn **in irgendeinem Verfahrensabschnitt** ein gegen mehrere Beschuldigte gerichtetes zusammenhängendes einheitliches Verfahren anhängig war.

Das Zeugnisverweigerungsrecht erlischt regelmäßig erst, wenn das Verfahren gegen den Angehörigen rechtskräftig abgeschlossen ist. Das gleiche gilt für Tatvorwürfe, hinsichtlich derer das Verfahren gemäß § 154 Abs. 1 oder Abs. 2 StPO vorläufig eingestellt worden ist, wenn die in Bezug genommene Verurteilung rechtskräftig geworden ist[45].

b) Belehrungspflicht

104 Gemäß § 52 III 1 StPO ist der Zeuge vor **jeder** Vernehmung – und damit auch vor einer wiederholten – über sein Zeugnisverweigerungsrecht zu belehren.

Wie bei einer Beschuldigtenvernehmung stellt sich auch bei einer Zeugenvernehmung die Frage, wie mit »freiwilligen« Angaben umzugehen ist.

Ist ein Angehöriger von sich aus bei der Polizei erschienen und hat eine Straftat eines Angehörigen angezeigt, so ist von Ihnen zu erörtern, ob und gegebenenfalls wann er, sollte das unterblieben sein, hätte belehrt werden müssen.

---

[44] *Meyer-Goßner* § 52 Rn. 6 ff.
[45] BGH, Beschl. vom 30.04.2009, 1 StR 745/08, NStZ 2009, 515.

A. Fehlerhafte Beweiserhebung und Verwertungsverbote

Die Rechtsprechung fasst den Begriff der **Zeugenvernehmung** sehr weit. Nicht nur förmliche und protokollierte Vernehmungen, sondern auch nicht protokollierte Anhörungen durch Polizeibeamte und informatorische Befragungen gehören dazu. Allenfalls Spontanäußerungen (etwa vor einer Vernehmung), Äußerungen bei Bitten um polizeiliche Hilfe und **Strafanzeigen, mit denen keine Vernehmung verbunden ist,** fallen heraus. Die Einzelheiten sind indes streitig, müssen in der Klausur aber kaum erörtert werden.

In einem Fall, wie dem oben genannten Beispielsfall, sollten Sie dennoch kritisch überdenken, ob mit der freiwilligen Anzeige tatsächlich keine Vernehmung verbunden war. Aufschluss darüber kann die Form der Dokumentation durch den Aufnehmenden der Anzeige geben. Hat dieser knappe Äußerungen eines Zeugen in Form eines Vermerkes niedergelegt, mag in der Tat einiges dafür sprechen, dass es sich um freiwillige Angaben gehandelt hat. Hat der Aufnehmende dagegen eine »Strafanzeige« mit den Personalien des Anzeigenden, des Beschuldigten und eines Geschädigten angefertigt, so dürfte es fast lebensfremd sein anzunehmen, das könne ohne Rückfragen zur Sachverhaltsschilderung geschehen sein. Die Annahme einer Vernehmungssituation liegt dann nahe[46].

Eine Belehrung über ein Auskunftsverweigerungsrecht nach § 55 StPO kann im Übrigen die notwendige Belehrung über ein Zeugnisverweigerungsrecht nach § 52 StPO nicht ersetzen.

c) Verwertungsverbot

Der Verstoß gegen das Belehrungsgebot führt zu einem **Verwertungsverbot**.

105

Das Verwertungsverbot soll nur dann entfallen, wenn der Zeuge seine Rechte gekannt hat und auch nach Belehrung ausgesagt hätte. Das werden Sie in der Klausur allerdings kaum je feststellen können.

d) Folge der Zeugnisverweigerung und § 252 StPO

Einen Zeugen, der das Zeugnis von Anfang an verweigert, wird es in keinem Klausursachverhalt geben, weil es damit an einer Aussage fehlen würde. Examensrelevant wird ein Zeugnisverweigerungsrecht erst dann, wenn der Zeuge, bevor er sich darauf beruft, bereits eine den Beschuldigten belastende Aussage gemacht hat. Es stellt sich dann nämlich die Frage, ob und wie diese frühere Aussage zu verwerten ist.

106

Verweigert ein Zeuge, der zuvor noch Angaben zur Sache gemacht hat, in einer späteren Vernehmung unter Hinweis auf sein Zeugnisverweigerungsrecht nach § 52 StPO berechtigt das Zeugnis, so richtet sich die Verwertbarkeit seiner früheren Angaben nach **§ 252 StPO**.

Beachte: Die in einer früheren *Vernehmung* gemachte Aussage darf bei berechtigter Zeugnisverweigerung nicht verlesen werden. Ein Widerspruch gegen die Verwertung ist nicht erforderlich.

Verwertbar bleiben damit Angaben des Zeugen, die dieser **außerhalb einer Vernehmung** gemacht hat. Zum Begriff der Zeugenvernehmung kann auf die vorstehende Darstellung verwiesen werden. Zu den trotz Zeugnisverweigerung jederzeit verwertbaren Angaben des Zeugen gehören auch schriftliche Mitteilungen und Erklärungen in dem anhängigen Verfahren oder einem anderen Straf-, Zivil- oder Verwaltungsgerichtsverfahren. Das gilt jedenfalls dann, wenn sie spontan und aus eigener Initiative des Zeugen, also ohne gezielte Nachfrage der Ermittlungsbehörden, gemacht wurden (Spontanäußerung).[47] Verwertbar sind auch Erklärungen des Zeugen in Briefen an den Angeklagten oder gegenüber anderen Zeugen.

107

Handelt es sich um schriftliche Äußerungen des Zeugen, können diese als Urkunden eingeführt werden. Spontane Äußerungen und ähnliches werden regelmäßig nur durch Vernehmung des wahrnehmenden Zeugen eingeführt werden können.

Angaben, die der **Zeuge** in Vernehmungen gemacht hat, vor denen er **zu Unrecht nicht belehrt** worden ist, dürfen ohnehin **nicht verwertet werden**.

---

46 Vgl. BGHSt 53, 112–118 zur vergleichbaren Situation bei vernehmungsähnlichen Gesprächen mit Beschuldigten.
47 BGH NStZ 1998, 26.

> Beruft sich der Zeuge in einer späteren Vernehmung zu Recht auf sein Zeugnisverweigerungsrecht, so darf die frühere Aussage auch dann nicht verlesen werden, wenn das Zeugnisverweigerungsrecht *erst danach* entstanden ist.

> **Achtung:** Dieses Verlesungsverbot gilt auch für Schriftstücke, die der Zeuge bei seiner Vernehmung übergeben und damit zum Gegenstand seiner Vernehmung gemacht hat.

108 Auch das **Protokoll einer richterlichen Vernehmung** darf **nicht verlesen** werden. Das gilt selbst dann, wenn der Zeuge von dem Richter ordnungsgemäß über sein Zeugnisverweigerungsrecht belehrt wurde.

Aus der Unzulässigkeit der Umgehung des Schutzzwecks der §§ 52 ff. StPO – nicht des § 252 StPO – ergibt sich zudem Folgendes:

> Auch jede andere Art der Verwertung – insbesondere die Vernehmung von Verhörspersonen und die Verlesung von auf der Vernehmung beruhenden Schriftstücken (etwa Haftbefehlen) – ist unzulässig.

Damit ist es verboten, den Inhalt der Vernehmung auf dem Umweg über die Vernehmung von Polizeibeamten und Staatsanwälten einzuführen. Unverwertbar sind auch Angaben eines Zeugen, die dieser als Zusatztatsachen gegenüber einem gerichtlich beauftragten Sachverständigen gemacht hat.[48] Von dem Grundsatz des Verbots der Verhörsperson gibt es allerdings eine wichtige Ausnahme:

109
> Der Inhalt der Aussage eines Zeugen in einer **richterlichen Vernehmung** darf nach der ständigen Rechtsprechung des BGH durch die Vernehmung der mitwirkenden Richter eingeführt werden[49]
> - wenn das Zeugnisverweigerungsrecht bereits bestand
> - und der Zeuge ordnungsgemäß belehrt wurde.

Die Einführung des Aussageinhalts auf diesem Wege ist also an folgende Bedingungen geknüpft:

- Das Zeugnisverweigerungsrecht muss bereits zum Zeitpunkt der richterlichen Vernehmung bestanden haben. Ist das **Zeugnisverweigerungsrecht** dagegen erst **nach** der richterlichen Vernehmung entstanden, bleibt die Aussage des Zeugen **unverwertbar**.[50]
- Zudem muss die Vernehmung des Zeugen in einem gegen den Angehörigen des Zeugen gerichteten Straf- oder Bußgeldverfahren erfolgt sein.
- Und selbstverständlich muss der Zeugnisverweigerungsberechtigte in der früheren Vernehmung **als Zeuge** gehört und ordnungsgemäß nach § 52 StPO belehrt worden sein.

110 Die Rechtsprechung des BGH ist sehr umstritten. Dagegen wird angeführt, dass damit der Schutzgedanke des § 252 StPO umgangen werde. Im Gutachten sollten Sie mit der Rechtsprechung des BGH die Zulässigkeit einer Vernehmung der richterlichen Verhörsperson mit einer **Güterabwägung** begründen: Angesichts eines nach Belehrung **bewusst erklärten Verzichts** auf die Ausübung des Zeugnisverweigerungsrechts **in der verfahrensrechtlich hervorgehobenen Situation einer richterlichen Vernehmung** ist das öffentliche Interesse an einer effektiven Strafrechtspflege von größerer Bedeutung als das Interesse des Zeugen, sich die Entscheidungsfreiheit über die Ausübung des Zeugnisverweigerungsrechts bis zur späteren Hauptverhandlung erhalten zu können.

In der zuletzt zitierten Entscheidung hat der BGH darauf hingewiesen, dass ein Verwertungsverbot – unabhängig von der Vernehmungsform – jedenfalls dann nicht entsteht, wenn die Angehörigeneigenschaft **gezielt** zur Vereitelung der Wahrheitsermittlung im Strafverfahren herbeigeführt wird (etwa eine Verlobung).

---

48 BGH NStZ 2007, 353; dazu unten mehr.
49 U.a. BGHSt 45, 342.
50 In der Tendenz anders BGHSt 45, 342.

A. Fehlerhafte Beweiserhebung und Verwertungsverbote

Besondere Probleme können sich auch aus der **Zeugenbefragung durch – vor allem ärztliche – Sachverständige** ergeben, wenn der befragte Zeuge anschließend von einem Zeugnisverweigerungsrecht Gebrauch macht. Die Verwertbarkeit der Angaben hängt davon ab, zu welcher Art der Anknüpfungstatsachen sie gehören.

- **Befundtatsachen** darf der Sachverständige seinem Gutachten als Anknüpfungstatsachen zu Grunde legen, wenn
  - dass Zeugnisverweigerungsrecht zum Zeitpunkt der Angaben des Zeugen gegenüber dem Sachverständigen **bereits bestand** und
  - der Zeuge **von einem Richter** (!) nach § 52 III 1 StPO belehrt wurde, auch wenn die Angaben gegenüber dem Sachverständigen nicht in einer richterlichen Vernehmung gemacht wurden.[51]
- **Zusatztatsachen:** Mitteilungen über Zusatztatsachen stehen wegen der vernehmungsähnlichen Situation für den Zeugen einer Aussage gleich, so dass der Sachverständige weder als Zeuge dazu vernommen werden noch sein Gutachten auf diese Anknüpfungstatsachen stützen darf. Sind die Zusatztatsachen für die Gutachtenerstattung essentiell, ist das Gutachten sogar insgesamt unverwertbar.[52]

4. Übersicht

Zur Verdeutlichung der Probleme um die Verwertbarkeit von Zeugenaussagen folgendes Schaubild:

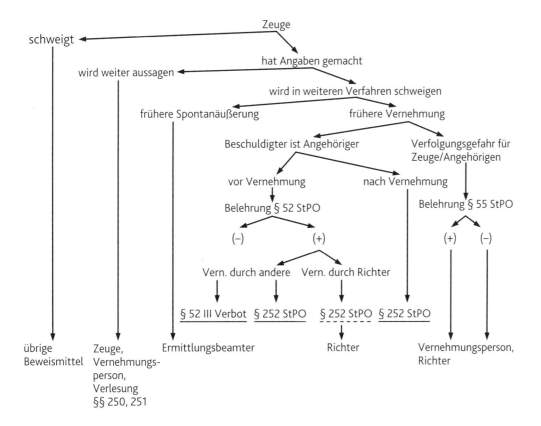

---

[51] BGH StV 1995, 564.
[52] BGHSt 18, 107; in der Entscheidung StV 1995, 564 hat der BGH allerdings auch Zusatztatsachen als nach richterlicher Belehrung verwertbar angesehen. Diese betreffen allerdings ausschließlich den Werdegang des Angeklagten.

IV. Verwertbarkeit sonstiger Beweismittel und Erkenntnisse

112 Für viele der nachfolgend dargestellten Konstellationen gilt allgemein:

Auch wenn Wahrheitserforschungspflicht und Interesse der Allgemeinheit am Funktionieren der Strafrechtspflege nicht schon der Annahme eines Verwertungsverbots entgegen stehen, kommt immer, wenn es an einer richterlichen Anordnung oder Bestätigung einer Ermittlungsmaßnahme fehlt oder diese zwar eingeholt wurde, jedoch nicht den inhaltlichen Anforderungen der Obergerichte entsprach, ein weiterer Gesichtspunkt hinzu:

- Ein **Verwertungsverbot** soll dann **nicht entstehen, wenn der Richter bei Kenntnis des Ermittlungsstandes zu dem Zeitpunkt, an dem seine Entscheidung erforderlich war, eine Anordnung oder Bestätigung hätte erlassen müssen** (hypothetischer Ersatzeingriff). Außerdem darf die Annahme von Gefahr in Verzug durch Polizei und Staatsanwaltschaft nicht willkürlich oder unter grober Verkennung der Rechtslage erfolgt sein.

- **Fehlt** es dagegen an einer der **materiellen Voraussetzungen** für die Beweisgewinnung, wird die **Annahme eines Verwertungsverbots nahe liegen**.

1. Durchsuchung

113 Typisches Klausurproblem ist die Zulässigkeit von Durchsuchungen und Beschlagnahmen und die sich daraus ergebenden Konsequenzen.

Die Zulässigkeit einer Durchsuchung beim Beschuldigten richtet sich nach den §§ 102, 105 StPO. Für Durchsuchungen bei anderen Personen gelten die §§ 103, 105 StPO.

> **Beispiel:** Im klassischen Klausursachverhalt durchsuchen Polizeibeamte unmittelbar nach der Festnahme des Beschuldigten ohne richterliche Anordnung dessen verschlossen aufgefundenes Fahrzeug und stellen Beweismittel sicher, die für den Tatnachweis von großer Bedeutung sind. Sie werden in Ihrem Gutachten die Frage zu beantworten haben, ob diese Beweismittel verwertbar sind.

a) Durchsuchung beim Beschuldigten

114 **Durchsuchung** im Sinne von Art. 13 GG ist das **Betreten von geschützten Räumen** verbunden mit dem **Augenschein** an Personen, Sachen und Spuren.[53]

aa) Tatverdacht

115 Die Durchsuchung setzt einen **Tatverdacht** voraus, der aber noch nicht so weit konkretisiert sein muss, dass die Beschuldigteneigenschaft schon begründet werden kann. Bloße Vermutungen, die nicht auf tatsächliche Anhaltspunkte oder kriminalistische Erfahrung gestützt werden können, reichen dagegen nicht aus. Weil Ihnen in der Klausur die Argumentation auf der Basis kriminalistischer Erfahrung schwer fallen dürfte, sollten Sie immer nach tatsächlichen Anhaltspunkten für den Tatverdacht suchen. Im Hinblick auf die geringen Anforderungen an den Tatverdacht, werden diese kaum jemals fehlen.

bb) Durchsuchungsgegenstand

116 Durchsucht werden dürfen **Wohnungen und Räume**, die der Verdächtige tatsächlich innehat. Dazu gehören auch Arbeits- und Geschäftsräume sowie bloß vorübergehend genutzte Räume wie Hotelzimmer.

Das im Beispielsfall genannte Kraftfahrzeug gehört zu den dem Verdächtigen **gehörenden Sachen**, die ebenfalls nur unter den Voraussetzungen der §§ 102, 105 StPO durchsucht werden dürfen.

Im Gutachten werden Sie Ihre Ausführungen darauf beschränken können, der durchsuchte Gegenstand gehöre zu den in § 102 StPO genannten Gegenständen.

---

53 *Maunz/Dürig* Art. 13 Rn. 22.

cc) Durchsuchungszweck

Es reicht aus, wenn die kriminalistische Erfahrung die Vermutung, die Durchsuchung werde zum **Auffinden von Beweismitteln** führen, stützt. Das ergibt sich aus einem Vergleich mit § 103 StPO, der – anders als § 102 StPO für Durchsuchungen beim Verdächtigen – für Durchsuchungen bei Dritten fordert, dass **Tatsachen** vorliegen, die eine Aussicht auf einen Durchsuchungserfolg begründen. 117

In der Klausur sollten Sie sich meistens mit der schlichten Feststellung begnügen können, das Auffinden von Beweismitteln sei zu vermuten gewesen.

dd) Verhältnismäßigkeit

Die Durchsuchung bedarf einer Rechtfertigung nach dem Grundsatz der Verhältnismäßigkeit.[54] 118

Der Verhältnismäßigkeitsgrundsatz ist von Ihnen unbedingt zu erörtern und erfordert,

- dass die Durchsuchung im Blick auf den bei der Anordnung verfolgten Zweck **Erfolg versprechend** ist,
- dass die Zwangsmaßnahme zur Ermittlung und Verfolgung der Straftat **erforderlich** ist,
- dass der jeweilige Eingriff in **angemessenem Verhältnis zur** Schwere der **Tat und** der Stärke des **Tatverdachts** steht.

Besonderes Augenmerk ist dabei auf die Erforderlichkeit der Zwangsmaßnahme zu richten, an der es fehlt, wenn **andere, weniger einschneidende Mittel zur Verfügung stehen**. Zu denken dürfte dabei vor allem an die Aufforderung zur freiwilligen Herausgabe sein. Geht es etwa um Beweismittel, in deren Besitz zu sein der Beschuldigte zu seiner Entlastung behauptet, kann er ohne weiteres zur Herausgabe aufgefordert werden. Kommt er dieser Aufforderung nämlich nicht nach, können aus der etwaigen Nichtvorlage zu seinem Nachteil verwertbare Schlüsse gezogen werden. Dem steht nicht entgegen, dass der Tatverdächtige nicht verpflichtet ist, durch aktives Handeln an der Strafverfolgung mitzuwirken, wenn er sich in dem vorgenannten Sinne zumindest teilweise eingelassen hat. Geht es dagegen um belastende Beweismittel, wird eine Durchsuchung vor dem Hintergrund der Aufklärungspflicht meist erforderlich sein. Ob es dann vielleicht am angemessenen Verhältnis zur Schwere der Tat fehlt, ist Tatfrage. Das BVerfG hat das in der zitierten Entscheidung, bei der es um hinterzogene Steuern in Höhe von 172 DM ging, offen gelassen.

ee) Anordnungskompetenz

Die Durchsuchung bedarf der Anordnung (§ 105 I StPO), es sei denn, der Verdächtige erklärt sich damit ausdrücklich einverstanden. Die stillschweigende Duldung dürfte nicht ausreichen. 119

Von Freiwilligkeit kann auch dann nicht die Rede sein, wenn der Beschuldigte in die Durchsuchung deshalb einwilligt, weil die Polizei unter Hinweis auf eine bereits ergangene Durchsuchungsanordnung Einlass begehrt.

Wegen des damit verbundenen Grundrechtseingriffs unterliegt die Durchsuchungsanordnung dem **Richtervorbehalt**.

Genauer werden Sie die Anordnungskompetenz regelmäßig dann untersuchen müssen, wenn die Anordnung von einem Staatsanwalt oder einem Polizeibeamten getroffen worden ist. Denn die **Staatsanwaltschaft und Polizeibeamte als deren Ermittlungsbeamte** i.S.d. § 152 GVG dürfen Durchsuchungen **nur bei Gefahr in Verzug** anordnen. Ein Rangverhältnis in dem Sinne, dass Polizeibeamte zunächst versuchen müssen, eine Entscheidung der Staatsanwaltschaft zu erreichen, gibt es nach ganz herrschender Meinung nicht. Beachten Sie, dass eine nachträgliche richterliche Bestätigung derartiger Anordnungen – anders als bei der Beschlagnahme nach § 98 II StPO – nicht vorgesehen ist. Allerdings kann in entsprechender Anwendung des § 98 II StPO die richterliche Entscheidung über die Rechtmäßigkeit der Durchsuchung beantragt und so herbeigeführt werden.

---

54 BVerfG wistra 2005, 135.

Ob ein eine Durchsuchung anordnender Polizeibeamter als Ermittlungsbeamter im Sinne des § 152 GVG handelte, wird sich durchweg aus dem Hinweis für den Bearbeiter, der dem Klausursachverhalt angefügt ist, ergeben.

> Gefahr in Verzug besteht, wenn die richterliche Anordnung nicht eingeholt werden kann, ohne dass der Zweck der Maßnahme gefährdet wird.[55]

Gefahr in Verzug ist ein **unbestimmter Rechtsbegriff**, so dass der Beamte keinen Beurteilungsspielraum hat und die Gefahr in Verzug mit einzelfallbezogenen Tatsachen begründet werden muss. Das Bundesverfassungsgericht[56] fordert, dass die **Ermittlungsbehörden zum Zwecke der Überprüfbarkeit die maßgeblichen Umstände und ihre behördliche Bewertung zeitnah dokumentieren**. Ob daraus in letzter Konsequenz der Schluss zu ziehen ist, dass bei fehlender Dokumentation das Vorliegen der Voraussetzungen für die Annahme von Gefahr in Verzug zu verneinen ist, hat das Bundesverfassungsgericht[57] noch offen gelassen.

Die richterliche Anordnung ist jedoch die Regel, so dass versucht worden sein muss, diese zu erlangen. Dies muss so rechtzeitig wie möglich geschehen sein. Keinesfalls dürfen die Strafverfolgungsbehörden mit dem Durchsuchungsantrag an den Ermittlungsrichter so lange zuwarten, bis die Gefahr eines Beweismittelverlusts tatsächlich entstanden ist, um dann ihre Eilkompetenz anzunehmen.

Ist der Beschuldigte etwa – wie im Beispielsfall – vor der Durchsuchungsanordnung von der Polizei festgenommen worden, werden Sie besonders sorgfältig darüber nachzudenken haben, warum bis zu einer richterlichen Durchsuchungsanordnung der Verlust von Beweismitteln zu besorgen gewesen wäre. Der festgenommene Beschuldigte hätte kaum dazu beitragen können. Die Annahme von Gefahr in Verzug wäre nur zu vertreten gewesen, wenn Anhaltspunkte dafür vorgelegen hätten, dass sich Mitbeschuldigte oder Dritte Zugang zum Fahrzeug zur Beseitigung der Beweismittel hätten verschaffen können.

ff) Inhalt der Durchsuchungsanordnung

120 Ob eine Durchsuchungsanordnung den inhaltlichen Anforderungen genügt, die sich insbesondere aus der Rechtsprechung des Bundesverfassungsgerichts ergeben, können Sie natürlich nur überprüfen, wenn Ihnen der Inhalt eines derartigen Beschlusses im Klausursachverhalt mitgeteilt wird. Ist das ausnahmsweise der Fall und wird die Rechtmäßigkeit der Durchsuchung auch noch durch den Verteidiger angegriffen, müssen Sie sich damit auseinandersetzen.

An eine Durchsuchungsanordnung sind folgende inhaltliche Anforderungen[58] zu stellen:

- Die Durchsuchungsanordnung muss die Straftat bezeichnen, wegen der die Durchsuchung durchgeführt werden soll.[59]

- Zumindest bei Wohnungsdurchsuchungen sind Angaben zum Inhalt des Tatvorwurfs erforderlich, wenn diese nach dem Stand des Ermittlungsverfahrens ohne weiteres möglich sind und den Zwecken des Strafverfahrens nicht zuwiderlaufen.[60]

- **Zweck und Ausmaß der Durchsuchung müssen genannt und zumindest annäherungsweise** (ggf. durch Beispiele) **begrenzt werden**[61] (Begrenzungsfunktion). Der Hinweis auf die »Bedeutung für das Ermittlungsverfahren« wird regelmäßig zu unbestimmt sein.

  Im Fall des § 103 StPO muss der gesuchte Gegenstand konkret bezeichnet werden.

- Die Verdachtsgründe müssen zumindest grob in tatsächlicher und rechtlicher Hinsicht umrissen werden.

---

55 BVerfGE 51, 97 (111); *Meyer-Goßner* § 98 Rn. 6.
56 BVerfGE 103, 142 (160).
57 BVerfG NStZ 2003, 319.
58 Unbedingt lesen: BVerfG NStZ-RR 2005, 203 ff.
59 BVerfG NStZ 2002, 212.
60 BVerfGE 20, 162 (227).
61 BVerfGE 20, 162 (227).

Denken Sie immer daran, dass durch zu hohe Anforderungen an den Inhalt der Durchsuchungsanordnung deren Zweck ad absurdum geführt werden kann, weil die Durchsuchung naturgemäß oft erst dem Ziel dient, den Inhalt des Tatvorwurfs und den Tatverdacht weiter konkretisieren zu können.

Durchsuchungsanordnungen der Staatsanwaltschaft und ihrer Hilfsbeamten können auch mündlich erfolgen. Die Anordnung mit der Begründung für die Annahme der Eilkompetenz muss jedoch in den Akten dokumentiert werden.

Ob auch eine richterliche Durchsuchungsanordnung **mündlich** erfolgen kann oder stets schriftlich abgefasst werden muss, ist umstritten. Der BGH hat jedoch anerkannt, dass **in Eilfällen die fernmündliche Gestattung durch den Ermittlungsrichter den Anforderungen an einen richterlichen Durchsuchungsbeschluss im Sinne des § 105 I StPO genügt**.[62] Denn auch diese Art der vorbeugenden Kontrolle ist ein effektiverer Rechtsschutz als die Wahrnehmung der Eilkompetenz mit nachträglicher richterlicher Bestätigung. An einer schriftlichen Durchsuchungsanordnung wird es in der Klausur jedoch kaum fehlen.

gg) Folgen eines Verfahrensverstoßes

Mit den Folgen eines Verfahrensverstoßes bei der Anordnung einer Durchsuchung werden Sie sich in der Klausur regelmäßig dann auseinanderzusetzen haben, wenn es um die Frage geht, ob ein durch eine rechtsfehlerhafte Durchsuchungsanordnung erlangter Gegenstand als Beweismittel verwertbar ist.

121

Die Folgen einer fehlerhaften Durchsuchungsanordnung sind sehr umstritten. In der Klausur können Sie den Streitstand unmöglich umfassend darstellen, weshalb dieser auch hier nur grob umrissen werden soll: Zum Teil wird auch in diesem Zusammenhang vertreten, dass jeder Verstoß zu einem Verwertungsverbot führen müsse. Dagegen wird vor allem in der Rechtsprechung vertreten, eine rechtsfehlerhafte Durchsuchung stehe der Beschlagnahme eines Gegenstandes und dessen Verwertung als Beweismittel nicht entgegen. Das Bundesverfassungsgericht[63] hat davon allerdings **besonders schwere Verstöße** ausgenommen. Beim Fehlen einer richterlichen Durchsuchungsanordnung hatte der BGH[64] zuvor darauf abgestellt, **ob die Durchsuchungsanordnung in der konkreten Verfahrenslage hätte erlassen werden dürfen**.

In der Klausur empfiehlt sich folgende Vorgehensweise:

- Haben Hilfsbeamte **irrig Gefahr in Verzug** angenommen und fehlt es deshalb an einer richterlichen Durchsuchungsanordnung, sollten Sie die Frage aufwerfen, ob derartige Verfahrensverstöße generell zu einem Verwertungsverbot führen können und das unter Hinweis auf die Verpflichtung der Gerichte zur Erforschung der Wahrheit ablehnen. Nur bei besonders groben Verfahrensverstößen wäre ein Verwertungsverbot begründbar. Ein besonders grober Verfahrensverstoß kann das Unterlassen der Einholung einer richterlichen Durchsuchungsanordnung aber nicht sein, wenn **der Richter die Durchsuchung ohne weiteres hätte anordnen müssen**, weil die Voraussetzungen dafür erfüllt waren (hypothetischer Ersatzeingriff), die Durchsuchung **nicht unter bewusster Missachtung des Richtervorbehalts oder in grober Verkennung der Rechtslage**[65] erfolgt ist. Für Letzteres dürften kaum jemals konkrete Anhaltspunkte vorliegen. Anschließend haben Sie nur noch die Voraussetzungen für eine Durchsuchungsanordnung zu erörtern.

- Ähnlich wäre zu argumentieren, wenn ein Durchsuchungsbeschluss **inhaltliche Mängel** hätte. Ein besonders grober Verfahrensmangel wäre in dieser Konstellation jedenfalls dann nicht gegeben, wenn trotz der inhaltlichen Mängel die Voraussetzungen für eine Durchsuchung vorgelegen hätten.

---

62 BGH EBE 2005, 83.
63 BVerfG NJW 1999, 273.
64 BGH NJW 1989, 1744.
65 BGH NStZ 2007, 601.

- Wird eine mündliche Durchsuchungsanordnung durch den Richter von diesem nicht oder nicht ausreichend dokumentiert, führt das **nicht** zu einem Verwertungsverbot.[66] Trotz der vom Bundesverfassungsgericht[67] immer wieder geforderten **Dokumentation** der Anordnung der Durchsuchung wegen Gefahr in Verzug durch den Staatsanwalt (oder durch die Polizei) **führt deren Fehlen** nach der Rechtssprechung des BGH **nicht zu einem Verwertungsverbot**.[68] Dagegen soll die Annahme von Gefahr in Verzug nach einer Entscheidung des OLG Hamm[69] aber objektiv willkürlich sein können, wenn die Beamten diese Annahme weder begründen noch dokumentieren. Dann soll eine Gesamtabwägung erforderlich sein, in der auch das Strafverfolgungsinteresse orientiert an der Schwere der Straftat und der Grad des Tatverdachts zum Zeitpunkt der Anordnung der Durchsuchung eine Rolle spielen sollen. Folgen Sie in der Klausur dem Bundesgerichtshof!
- **Selbst wenn es an der Verhältnismäßigkeit der Durchsuchungsanordnung oder gar einem ausreichenden Tatverdacht fehlte, wird sich daraus ein Verwertungsverbot für die aufgrund der fehlerhaften Anordnung erlangten Erkenntnisse nicht zwingend ergeben.**[70]

hh) Zufallsfunde

122 Für während einer Durchsuchung gemachte **Zufallsfunde**, die auf andere Straftaten hindeuten, ordnet § 108 I StPO an, dass diese sicherzustellen sind.

Beachten Sie ggf. die Sonderregelung für Zufallsfunde bei Wohnungsdurchsuchungen von Presse- und Rundfunkmitarbeitern in Abs. 3.

b) Durchsuchung bei Dritten

123 Auch wenn die Durchsuchung bei Dritten in der Klausur regelmäßig keine Rolle spielt, soll auf einige Besonderheiten hingewiesen werden.

aa) Durchsuchungsgegenstand

Zum Durchsuchungsgegenstand kann auf die obigen Ausführungen verwiesen werden. **Anderer** im Sinne des § 103 StPO ist derjenige, der nicht tat- oder teilnahmeverdächtig ist oder wegen des Vorliegens von Schuld- und Strafausschließungsgründen nicht verfolgt werden könnte. **Anderer** kann auch eine juristische Person sein.

bb) Durchsuchungszweck

Die Durchsuchung darf nur stattfinden

- zur Ergreifung des Beschuldigten,
- zum Auffinden **bestimmter** Beweismittel oder Spuren.

Allenfalls die zweite Konstellation kann für das Ergebnis der Beweiswürdigung von Bedeutung sein.

> **Merke:** Die Durchsuchung ist nur zulässig, wenn aufgrund bestimmter – erwiesener – Tatsachen die Annahme gerechtfertigt ist, dass die Durchsuchung zum Auffinden der Spur oder des bestimmten Beweismittels führen wird.

Anders als bei der Durchsuchung bei einem Beschuldigten reicht eine bloße Vermutung also nicht aus. Die Durchsuchung darf sich nicht auf beschlagnahmefreie Gegenstände (§ 97 StPO) beziehen. Die Regelung für die Sicherstellung von **Zufallsfunden** in **§ 108 I 1 StPO gilt nicht**, § 108 I 3 StPO.

cc) Anordnungskompetenz, Inhalt der Durchsuchungsanordnung

Insoweit wird auf die Ausführungen zur Durchsuchung beim Beschuldigten verwiesen.

---

[66] BGH wistra 2005, 182 f.
[67] BVerfG NJW 2006, 3267.
[68] BGH NStZ-RR 2007, 242.
[69] BGH NStZ 2007, 353 (354).
[70] BVerfG NJW 2009, 3225–3226.

dd) Folgen eines Verfahrensverstoßes

Auch bei der Anordnung einer Durchsuchung gegen Dritte führen Verfahrensverstöße in der Regel nicht zu einem Verwertungsverbot der aus der Durchsuchung erlangten Erkenntnisse. Die **besonderen** Anforderungen des § 103 StPO dienen ohnehin nur dem Schutz des nicht an der Tat beteiligten Dritten, so dass, sollten diese Voraussetzungen nicht erfüllt sein, der **Rechtskreis** des Beschuldigten **nicht berührt** sein kann.

2. Beschlagnahme

Die Zulässigkeit der Beschlagnahme von Beweismitteln richtet sich nach den §§ 94 ff., 98 StPO.

a) Beschlagnahmegegenstand

Beschlagnahmt werden dürfen **Gegenstände, die eine potentielle Beweisbedeutung für die konkrete Untersuchung haben**, für die ein Anfangsverdacht ausreicht.

b) Verhältnismäßigkeit

Die Beschlagnahme muss in einem angemessenen Verhältnis zur Tat und zur Stärke des Tatverdachts stehen und für die Ermittlungen notwendig sein.[71]

An der Verhältnismäßigkeit einer Beschlagnahme wird es in einem Klausursachverhalt kaum je fehlen. Deshalb sollten Sie die Verhältnismäßigkeit im Gutachten regelmäßig mit einem schlichten, nicht näher begründeten Satz feststellen.

c) Beschlagnahmeverbote

Unbedingt beachten müssen Sie die sich aus § 97 StPO ergebenden Beschlagnahmeverbote, mit denen die Umgehung der Zeugnisverweigerungsrechte nach den §§ 52 ff. StPO verhindert werden soll.

Merke: Der Verstoß gegen ein Beschlagnahmeverbot begründet ein Verwertungsverbot.[72]

Beschlagnahmefreie Gegenstände können sein:

- **schriftliche Mitteilungen**, d.h., schriftliche Gedankenäußerungen, die ein Absender einem Empfänger zur Kenntnisnahme zukommen lässt,
- **Aufzeichnungen**, d.h., auf Papier oder anderem Material festgehaltene mündliche Mitteilungen oder andere sinnliche Wahrnehmungen, die keine schriftlichen Mitteilungen i.S.d. Nr. 1 sind,
- **andere Gegenstände**,[73]
- **Ton-, Bild- und Datenträger, Abbildungen** und andere Darstellungen.

Um tatsächlich **beschlagnahmefrei zu sein, müssen sich die Gegenstände im Gewahrsam zeugnisverweigerungsberechtigter Personen befinden**, gegen die sich das Verfahren nicht selbst richtet. Ist der Zeugnisverweigerungsberechtigte dagegen selbst Beschuldigter des Verfahrens, ist § 97 I StPO nicht anwendbar, so dass die Gegenstände beschlagnahmt werden dürfen. Weitere Einschränkungen der Beschlagnahmefreiheit ergeben sich aus § 97 II 3 StPO.

Zum Kreis der Zeugnisverweigerungsberechtigten (§§ 52–53a StPO) gehören:

- Angehörige,
- Geistliche,
- Verteidiger,
- Rechtsanwälte, Notare, Steuerberater und andere

---

71 BVerfGE 20, 162 (186).
72 BGHSt 18, 227.
73 Vgl. *Meyer-Goßner* § 97 Rn. 30.

- Angehörige der Heilberufe,
- Berater im Sinne des § 53 I 1 Nr. 3a, 3b StPO,
- Abgeordnete,
- Hilfspersonen,
- Mitarbeiter von Presse und Rundfunk.

Der Zeugnisverweigerungsberechtigte kann die Gegenstände **freiwillig** herausgeben und damit auf das Beschlagnahme- und Verwertungsverbot verzichten. Geht der freiwilligen Herausgabe allerdings ein Herausgabeverlangen voraus, muss dies mit einer Belehrung darüber verbunden werden, dass eine zwangsweise Durchsetzung des Herausgabeverlangens nicht zulässig sei.

d) Anordnungskompetenz

126 Die Beschlagnahme unterliegt dem **Richtervorbehalt**. Allerdings kann sie bei Gefahr in Verzug durch die Staatsanwaltschaft und deren Hilfsbeamte angeordnet werden. Ist in Ihrem Klausursachverhalt die Beschlagnahme durch die Staatsanwaltschaft oder deren Hilfsbeamte angeordnet und noch nicht richterlich bestätigt worden, hindert das die Verwertung nicht. Im Gutachten werden Sie, wenn der Gegenstand für den Tatnachweis Bedeutung hat, allenfalls kurz darlegen müssen, ob die Voraussetzungen für eine richterliche Bestätigung erfüllt sind. In Ihrer Abschlussverfügung müssen Sie dann einen Antrag auf richterliche Bestätigung der Beschlagnahme stellen.

e) Sonderfall: Beschlagnahme von Tagebüchern

127 Auch ordnungsgemäß beschlagnahmte Tagebuchaufzeichnungen können unverwertbar sein, wenn durch deren Verlesung in den Bereich privater Lebensgestaltung eingegriffen wird, der unantastbar und jeder Einwirkung öffentlicher Gewalt entzogen ist.[74] Deshalb können insbesondere **Tagebuchaufzeichnungen, die die Intimsphäre eines Beschuldigten oder Zeugen betreffen, einem Beweisverbot unterliegen**. Maßgebend ist die inhaltliche Qualität der Aufzeichnungen.

- Aufzeichnungen, die nur äußeres Geschehen festhalten, dürfen verwertet werden.
- Auch Aufzeichnungen über begangene oder bevorstehende schwere Straftaten dürfen verwertet werden.
- Geht es um **intime Aufzeichnungen** aus dem **Kernbereich persönlicher Lebensgestaltung**, lässt sich in der Klausur ein Beweisverwertungsverbot ohne weiteres vertreten. Der BGH[75] fordert grundsätzlich eine Abwägung zwischen dem Persönlichkeitsschutz und dem Interesse an einer »funktionsfähigen Rechtspflege, ohne die der Gerechtigkeit nicht zum Durchbruch verholfen werden kann«. Jedenfalls in Fällen der Schwerstkriminalität kann das Interesse am Funktionieren der Strafrechtspflege die Persönlichkeitsrechte überwiegen.

f) Sonderfall: Postbeschlagnahme

128 Die Voraussetzungen für eine Postbeschlagnahme beim Postunternehmen sind in § 99 StPO geregelt.

> Postbeschlagnahme ist die Weisung an ein Postunternehmen die bereits vorliegenden oder künftig zu erwartenden Postsendungen oder einzelne von ihnen auszusondern und auszuliefern oder (als Minus) Auskunft darüber zu erteilen.[76]

Eine Postbeschlagnahme in diesem Sinne ist zulässig, wenn

- sich das Verfahren bereits **gegen einen bestimmten Beschuldigten** richtet,

---

74 BVerfGE 34, 238 (245).
75 BGHSt 34, 397 ff.
76 *Meyer-Goßner* § 99 Rn. 5, 14.

A. Fehlerhafte Beweiserhebung und Verwertungsverbote

- die Sendung **an ihn gerichtet** ist
- oder sich aus konkreten Tatsachen ergibt, dass die Sendung
  - **von ihm herrührt** oder
  - **obwohl nicht an ihn adressiert für ihn bestimmt ist**,
- der **Verhältnismäßigkeitsgrundsatz** beachtet wird
  - konkretisierter Verdacht
  - hinsichtlich einer nicht nur geringfügigen Tat
- die **Verteidigerpost im Hinblick auf § 148 StPO ausgenommen** ist.

Hat die Sendung bereits den Empfänger erreicht, der nicht Beschuldigter ist, kann diese im Sinne des § 97 StPO beschlagnahmefrei sein, wenn der Empfänger gemäß §§ 52, 53 StPO zeugnisverweigerungsberechtigt ist.

Das Verfahren für die Postbeschlagnahme ist in § 100 StPO und ergänzend in Nr. 77 ff. RiStBV geregelt.

- Die Postbeschlagnahme unterliegt dem **Richtervorbehalt**, § 100 I Hs. 1 StPO
- Die **Staatsanwaltschaft** ist zur Beschlagnahme befugt,
  - bei **Gefahr in Verzug**,
  - wenn **innerhalb von drei Tagen gerichtliche Bestätigung** erfolgt.

Beachte: Lagen die materiellen Voraussetzungen für eine Postbeschlagnahme nicht vor, besteht ein Verwertungsverbot.

Verstöße gegen § 100 I StPO sollen sich dagegen nur auswirken, wenn die Staatsanwaltschaft **willkürlich** Gefahr in Verzug angenommen hat (vgl. die Darstellung zur Durchsuchung). Wird die **Anordnung** der Staatsanwaltschaft **nicht innerhalb der Dreitagesfrist richterlich bestätigt**, verliert sie ihre **Wirksamkeit**. Jedoch geschieht das nicht rückwirkend, so dass bereits beschlagnahmte Post beschlagnahmt bleibt.

129

Wie Sie an der vorstehenden Darstellung erkannt haben werden, birgt die Anordnung der Postbeschlagnahme nach §§ 99, 100 StPO kaum wirkliche Probleme. Seien Sie deshalb sehr aufmerksam, wenn in einem Klausursachverhalt Briefverkehr beschlagnahmt wurde. Es wird dann möglicherweise eher darum gehen, dass Sie sorgfältig danach unterscheiden, bei wem die Beschlagnahme stattfand und die nachfolgend dargestellten rechtlichen Konsequenzen erkennen.

Achtung: Geht es in Ihrem Klausursachverhalt darum, dass Briefverkehr beschlagnahmt wurde, müssen Sie sehr genau unterscheiden, bei wem das geschah.

Die **Beschlagnahme erfolgte:**

- **bei einem Postunternehmen**

  Nur dann handelte es sich um eine echte »Postbeschlagnahme«, deren Voraussetzungen in §§ 99, 100 StPO geregelt sind.

- **noch beim Beschuldigten**

  Die Beschlagnahmevoraussetzungen ergeben sich aus den bereits bekannten §§ 94, 98 StPO.

- **schon beim nicht beschuldigten Empfänger**

  In einem derartigen Fall ergeben sich die Beschlagnahmevoraussetzungen ebenfalls aus den bereits bekannten §§ 94, 98 StPO. Sie müssen jedoch unbedingt im Auge behalten, dass die gefundenen Briefe – abhängig von der Person des jeweiligen Empfängers – im Sinne des § 97 StPO **beschlagnahmefrei** sein können.

g) Sonderfall: Beschlagnahme von E-Mails

130 Wie abzusehen war, musste sich die Rechtsprechung jüngst damit auseinander setzen, unter welchen Voraussetzungen die Ermittlungsbehörden E-Mails »beschlagnahmen« dürfen. Insbesondere war die Frage zu beantworten, ob es sich bei der Speicherung beim Provider um einen Telekommunikationsvorgang handelt, so dass der Zugriff auf dort gespeicherte E-Mails nur unter den Voraussetzungen des § 100a StPO zulässig wäre.

Der **BGH** hat in einer Entscheidung aus dem Frühjahr 2009[77] folgende Position vertreten: Der Zugriff auf beim Provider gespeicherte E-Mails erfolgt unter den Voraussetzungen der Postbeschlagnahme nach §§ 99, 100 StPO mit der sich aus § 95 II StPO ergebenden Herausgabepflicht.

Kurze Zeit darauf folgte eine Entscheidung des **BVerfG**[78], in dem dieses den Rahmen weiter steckte: Für die Beschlagnahme von E-Mails, die auf dem Server des Providers gespeichert sind, reichen die §§ 94 ff. StPO als Ermächtigungsgrundlage aus, wenn der Eingriff im konkreten Fall auf das Nötigste beschränkt wird.

Haben Sie es in einer Klausur mit einer »E-Mail-Beschlagnahme« zu tun, müssen Sie sehr sorgfältig unterscheiden, in welcher Phase des E-Mail-Verkehrs der Zugriff erfolgte. Dabei sind vier verschiedene Phasen zu unterscheiden[79]:

- **1. Phase – Die Übertragung der E-Mail vom Absender an den Provider** stellt unstreitig eine Kommunikationsvorgang dar und unterliegt den strengen Voraussetzungen des § 100a StPO.

- **2. Phase – Mit Speicherung der E-Mail beim Provider** erfolgt der Zugriff darauf nicht nach § 100a StPO.
    - Der **BGH** stellt zur Begründung darauf ab, dass auch die möglicherweise nur kurzfristige Speicherung keinen Telekommunikationsvorgang darstelle. Mit der Speicherung sei der eigentliche Telekommunikationsvorgang unterbrochen. Wohl mittlerweile durch die nachfolgend dargestellte Entscheidung des BVerfG ging der Senat davon aus, dass der Zugriff nicht allein aufgrund der weiten §§ 94, 98 StPO erfolgen dürfe. Denn der Zugriff auf beim Provider gespeicherte E-Mails sei in jeder Hinsicht mit der Beschlagnahme anderer Mitteilungen bei Postunternehmen vergleichbar und unterliege daher den Voraussetzungen einer Postbeschlagnahme gemäß § 99 StPO. **Jedenfalls einer der Senate des BGH folgt aber** bereits **dem BVerfG und lässt die §§ 94 ff. StPO als Grundlage für eine E-Mail-Beschlagnahme ausreichen.**[80]

    - Das **BVerfG** geht zwar auch für die Phase der Speicherung beim Provider von einem Telekommunikationsvorgang aus, weil Art. 10 I GG nicht von einem technischen Kommunikationsbegriff ausgehe, sondern auf die Schutzbedürftigkeit des Grundrechtsträgers aufgrund der Einschaltung eines Dritten in den Kommunikationsvorgang abstelle. Jedoch seien Eingriffe in das Fernmeldegeheimnis nicht nur aufgrund der §§ 99, 100a ff. StPO, sondern auch aufgrund der §§ 94 ff. StPO möglich. Ein entgegenstehender gesetzgeberischer Wille sei nicht erkennbar. Im Übrigen gehe es nicht um einen heimlichen Eingriff in das Fernmeldegeheimnis oder den Zugriff auf umfassend und verdachtslos vorgehaltene Datenbestände, sondern um eine aus einer Durchsuchung folgende, offene und durch den Ermittlungszweck begrenzte Maßnahme außerhalb eines laufenden Kommunikationsprozesses. Der Betroffene sei deshalb weniger schutzbedürftig, so dass es der Begrenzung der E-Mail-Beschlagnahmen auf Fälle, in denen der Verdacht einer schweren Katalogtat bestehe, nicht bedürfe.

---

[77] BGH, Beschl. vom 31.03.2009, 1 StR 76/09, NStZ 2009, 397 mit Anm. von *Bär*.
[78] Unbedingt lesen: BVerfG, Beschl. vom 16.06.2009, 2 BvR 902/06, StV 2009, 617.
[79] *Bär* NStZ 2009, 397 mit weiteren Einzelheiten.
[80] BGH, StB 48/10, StV 2011, 73.

- Weil voraussehbar ist, dass sich die Senate des BGH wegen des besonderen Gewichts des Strafverfolgungsinteresses dieser Rechtsprechung anschließen werden, sollten Sie sich in der Klausur auch mit den §§ 94 ff. StPO als Ermächtigungsgrundlage begnügen.

- **3. Phase – Während der Übertragung der E-Mail nach Abruf an den Empfänger** findet dagegen wieder ein Telekommunikationsvorgang statt, so dass ein Zugriff in dieser Phase wiederum nur unter den Voraussetzungen des § 100a StPO zulässig ist.

- **4. Phase – Mit Ankunft der Nachricht beim Empfänger** endet der Schutzbereich des Art. 10 GG. Das hat zur Folge, dass auf die beim Empfänger gespeicherten E-Mails ohne weiteres aufgrund der weiten Voraussetzungen der §§ 94 ff. StPO zugegriffen werden darf.

Die Problematik war schon in verschiedenen Bundesländern Klausurthema.

3. Verdeckte Ermittlungsmaßnahmen der Polizei

Auch verdeckte Ermittlungsmaßnahmen können in einer Klausur auf ihre Zulässigkeit hin zu untersuchen sein.

a) Nicht offen ermittelnde Personen

In Ihrer Klausur kann es um die Zulässigkeit des Einsatzes von Informanten, verdeckt ermittelnden Polizeibeamten, verdeckten Ermittlern und Vertrauenspersonen und die Verwertbarkeit der durch sie erlangten Erkenntnisse über Beschuldigtenangaben gehen. 131

aa) Informant

Informant ist eine Privatperson, die im **Einzelfall** die Ermittlungsbehörden mit Informationen über Straftaten versorgt. Dem Informanten wird durch die Staatsanwaltschaft oder Polizei meist Vertraulichkeit oder Schutz seiner Identität zugesichert. Ermächtigungsgrundlage für seinen Einsatz ist **§ 161 I 1 StPO**. 132

Informationen über begangene Straftaten, die die Polizei von einem Informanten erhält, sind ohne weiteres verwertbar.

Will die Polizei wegen einer Vertraulichkeitszusage die Identität des Informanten schützen und sind deshalb in einem Klausursachverhalt dessen Personalien nicht genannt, ist das **nie ein Problem der Verwertbarkeit der Informationen, sondern betrifft lediglich deren Beweiswert**. Bei anonymen Informanten ist höchste Vorsicht geboten!

bb) Verdeckt ermittelnde Polizeibeamte

Verdeckt ermittelnde Polizeibeamte sind Polizeibeamte, die ohne Legende gelegentlich verdeckt und meist unter falschem Namen auftreten. Ermächtigungsgrundlage für ihren Einsatz ist ebenfalls **§ 161 I 1 StPO**. 133

Auch die Erkenntnisse verdeckt ermittelnder Polizeibeamter sind ohne weiteres verwertbar. Ihr Einsatz richtet sich nach den allgemeinen Vorschriften der StPO. Im Übrigen kann auf die vorstehenden Darstellungen verwiesen werden.

cc) Verdeckte Ermittler

Verdeckte Ermittler (vE) sind Polizeibeamte, die unter einer Legende (§ 110a II StPO) ermitteln und deren Tätigkeit nicht auf einzelne, konkrete Ermittlungshandlungen beschränkt ist. 134

(1) Voraussetzungen für den Einsatz

Die Voraussetzungen für deren Einsatz sind in den §§ 110a ff. StPO geregelt.

- **Materiell** erfordert der Einsatz (§ 110a StPO):
  - den **Verdacht**
    - **entweder** einer **Katalogtat** (Abs. 1 S. 1 Nr. 1–4)
    - **oder** eines **Verbrechens mit Wiederholungsgefahr** auch außerhalb des Katalogs (Abs. 1 S. 2)

- von erheblicher Bedeutung
- sowie die **Aussichtslosigkeit** anderer Ermittlungsmaßnahmen.

- **Formell** erfordert der Einsatz (§ 110b StPO)
  - die **befristete und schriftliche Zustimmung der StA** (Abs. 1),
    - **vor** der Maßnahme oder
    - **nachträglich** bei Gefahr in Verzug,
  - das Beachten des **Richtervorbehalts** (Abs. 2) bei
    - Ermittlungen gegen einen bestimmten Beschuldigten,
    - erforderlichem Betreten von nicht allgemein zugänglichen Wohnungen.

(2) Klausurrelevante Probleme

Ein **Verwertungsverbot** für die durch einen verdeckten Ermittler gewonnenen Erkenntnisse ist denkbar,

- bei **von vornherein fehlendem Verdacht einer Katalogtat**,
- wenn **erforderliche Zustimmungen nicht erteilt** wurden (Widerspruchslösung!),
- im Übrigen nur, wenn die Entscheidung über den **Einsatz willkürlich oder unvertretbar** war. Das kann der Fall sein
  - bei unerlaubtem Einsatz gegen den Strafverteidiger des Beschuldigten[81] oder
  - bei **unzulässigem Einwirken auf den Beschuldigten.**[82]

  > **Beispiel:** Der Beschuldigte hatte sich entschieden, zum Tatvorwurf zu schweigen und dies der Polizei mitgeteilt. Der auf ihn angesetzte verdeckte Ermittler schuf durch häufige Besuche in der JVA und intensive Unterstützung ein Vertrauensverhältnis und drängte ihn schließlich in einer vernehmungsähnlichen Situation zu einer geständigen Aussage.

- Sollten Sie auf eine derartige Sachverhaltskonstellation stoßen, sollten Sie folgende Fragestellungen erörtern:

  - **Verstoß gegen §§ 163a, 136 I StPO?**

    Weil der Vernehmende dem Beschuldigten nicht in amtlicher Funktion gegenübergetreten ist, lag keine Vernehmung vor. Ein Verstoß gegen die vorgenannten Vorschriften liegt deshalb nicht vor.

  - **Entsprechende Anwendung der §§ 163a, 136 StPO?**

    Eine entsprechende Anwendung dieser Vorschriften kommt nicht in Betracht, weil der Beschuldigte angesichts der Situation nicht vor der irrtümlichen Annahme einer Aussagepflicht geschützt werden muss.

  - **Unzulässige Umgehung der §§ 163a, 136 I StPO?**

    Aus demselben Grund liegt auch keine unzulässige Umgehung dieser Vorschriften vor.

  - **Unverwertbarkeit nach § 136a III 2 StPO direkt oder analog?**

    Die verdeckte Befragung durch einen Ermittler ist nicht mit der Beeinträchtigung der Willensentschließungsfreiheit nach Maßgabe des § 136a StPO vergleichbar.

---

[81] *Meyer-Goßner* § 110a Rn. 5.
[82] BGHSt 52, 11 ff.; BGH StV 2009, 225.

A. Fehlerhafte Beweiserhebung und Verwertungsverbote

- Bild der Vernehmung offen, amtlich und das Ermittlungsinteresse offenbarend?

Ein dem Strafverfahren als allgemeines Prinzip zu Grunde liegender Grundsatz dieser Art existiert nicht.

- Verstoß gegen den »nemo tenetur«-Grundsatz?

Die Selbstbelastungsfreiheit gehört zu den Grundprinzipien eines rechtsstaatlichen Verfahrens.

Beachte: Erklärt der Beschuldigte gegenüber den Ermittlungsbehörden schweigen zu wollen, so verdichtet sich der durch die Selbstbelastungsfreiheit gebotene Schutz derart, dass die Strafverfolgungsbehörden seine Entscheidung für das Schweigen grundsätzlich zu respektieren haben.

Nutzen die Ermittlungsbehörden auch noch ein besonderes Vertrauensverhältnis des Beschuldigten zum vE aus – hier Mitwirkung des vE beim Verschaffen von Vollzugslockerungen und einer Lebensperspektive – **hat das regelmäßig ein Verwertungsverbot zur Folge.**

Achtung: Auch die Fortwirkung des Verwertungsverbots kann in Betracht kommen!

Das Verwertungsverbot kann sich auch auf den Inhalt einer nachfolgenden Vernehmung erstrecken (Fortwirkung), wenn – wie im vorliegenden Fall – dem Beschuldigten von dem Vernehmenden erklärt wird, seine Angaben gegenüber dem vE seien gerichtsverwertbar.

dd) V-Leute

Vertrauenspersonen (VP oder V-Leute) sind Personen, die, ohne einer Verfolgungsbehörde anzugehören, bereit sind, diese bei der Aufklärung von Straftaten auf längere Zeit vertraulich zu unterstützen, und deren Identität grundsätzlich geheim gehalten wird. Ermächtigungsgrundlage ist für den Einsatz ist wiederum **§ 161 I 1 StPO**. 135

Der Einsatz von V-Leuten ist zulässig.[83]

Für den **Einsatz von V-Leuten** gelten die **§§ 110a ff. StPO nicht**, auch nicht analog. Der Einsatz von V-Leuten unterliegt den allgemeinen gesetzlichen Regelungen.

In der Praxis wird unterschieden zwischen

- förmlich verpflichteten V-Leuten (§ 1 Verpflichtungsgesetz),
- nicht förmlich verpflichteten V-Leuten.

Diese Unterscheidung spielt für Ihre Klausurlösung keine Rolle und wird nur der Vollständigkeit halber erwähnt.

ee) V-Mann/vE als agent provocateur

In der Klausur können Sie vor der Frage stehen, ob zu Gunsten des Beschuldigten ein Verwertungsverbot für die durch den Einsatz von vE oder VP erlangten Erkenntnisse besteht, wenn der Beschuldigte durch diese zu Straftaten provoziert wurde. Das werden Sie als Schwerpunktproblem sehr sorgfältig zu erörtern haben. 136

Es bietet sich dafür folgende Prüfungsreihenfolge an:[84]

(1) Konkretes Vorgehen als Tatprovokation

Nicht jede Einwirkung auf die Zielperson ist bereits eine Tatprovokation.[85]

Eine **Tatprovokation** liegt nur dann vor, wenn **auf Veranlassung oder mit Einwilligung einer staatlichen Dienststelle auf eine Zielperson eingewirkt wird**, um deren Verhalten so zu steuern, dass sie einer Straftat überführt werden kann.

---

[83] BVerfGE 57, 250 (284).
[84] Zu den Einzelheiten ausführlich *Weber* § 4 Rn. 107 ff.
[85] BGHSt 45, 321.

- Der Einsatz muss auf das Handeln staatlicher Organe zurückzuführen sein.
  - Das ist bei vE stets der Fall.
  - Das ist bei VP der Fall, wenn die Provokation mit dem Wissen eines für die Anleitung der Amtsperson verantwortlichen Amtsträgers geschieht oder dieser sie jedenfalls hätte verhindern können.
- Zudem muss die **Einwirkung erheblich sein**.

Daran fehlt es insbesondere, wenn lediglich die bereits offen erkennbare Bereitschaft der Zielperson zur Begehung von Straftaten durch Schaffen der Tatgelegenheit ausgenutzt wird.

(2) Beachten rechtsstaatlicher Grenzen

Nicht jede Tatprovokation ist unzulässig. Um kriminelle Strukturen aufzudecken, latentes Kriminalitätspotential zu zerschlagen und Dauerstraftaten zu verhindern, kann es notwendig sein, eine Zielperson zu einer Straftat zu veranlassen, der sie überführt werden kann.

- **Eine Tatprovokation** ist **nur zulässig, wenn der agent provocateur gegen eine Person eingesetzt wird, die bereits in einem den §§ 152 II, 160 StPO vergleichbaren Grad verdächtig** ist, an einer bereits begangenen Straftat beteiligt gewesen zu sein oder zu einer künftigen Straftat bereit zu sein.
- **Dann begrenzt die Qualität des Verdachts den Unrechtsgehalt der Tat**, zu der der Verdächtige in zulässiger Weise provoziert werden darf (»Quantensprung«).
- **Art und Intensität einer zulässigen Einwirkung, sind überschritten,** wenn sich der agent provocateur zur Herbeiführung des Tatentschlusses strafbarer oder unlauterer Mittel bedient oder die Provokation ein unvertretbares Übergewicht hat.

(3) Folgen der Einwirkung auf den Beschuldigten

- Erreicht **die Einwirkung nicht das Ausmaß einer Tatprovokation,** findet das lediglich auf der Strafzumessungsebene Berücksichtigung.[86] Die Tatprovokation ist dann lediglich ein Strafmilderungsgrund unter mehreren möglichen.
- Erreicht die **Einwirkung** dagegen das **Ausmaß einer Tatprovokation,** ist zu unterscheiden:
  - Handelt es sich um eine **zulässige** Provokation, findet diese ebenfalls nur Berücksichtigung auf der Strafzumessungsebene.
  - **War die Provokation unzulässig, werden unterschiedliche Lösungen vertreten:**
  - Nach der seit 1984 ständigen Rechtsprechung des BGH[87] stellt eine unzulässige Tatprovokation lediglich einen **schuldunabhängigen Strafmilderungsgrund von besonderem Gewicht dar**, der auch zum Unterschreiten der sonst schuldangemessenen Strafe führen kann (**Strafzumessungslösung**). **Sie hätten demnach die Annahme eines Verwertungsverbots abzulehnen.**
  - Im Schrifttum werden verschiedene Lösungen vertreten, die im Ergebnis auf die Straffreiheit des provozierten Beschuldigten hinauslaufen:
    - Strafausschließungsgrund,
    - Verfahrenshindernis,
    - Beweisverbot.

Achtung: Wenn die Beweislage auch ohne die durch den Einsatz von vE oder VP gewonnenen Erkenntnisse eindeutig ist, kann es entsprechend dem Vorstehenden angezeigt sein, die Folgen einer

---

86 Weber vor § 29 Rn. 774–844.
87 BGHSt 32, 345.

> Tatprovokation im Aufbau unter dem Stichwort »Prozessvoraussetzungen/Verfahrenshindernisse« oder »Strafe« zu prüfen!

b) Telefonüberwachung

Auch die Anordnung einer Telefonüberwachung unterliegt gemäß § 100b StPO dem **Richtervorbehalt**.

137

Materielle Voraussetzungen für die Anordnung einer Telefonüberwachung, deren Vorliegen in einem Anordnungsbeschluss darzulegen ist, sind gemäß § 100a StPO:

- ein auf **bestimmte Tatsachen** begründeter Tatverdacht, der aber weder dringend noch hinreichend sein (§ 100a I Nr. 1 StPO),
- und sich auf eine **Katalogtat** (§ 100a I Nr. 1 StPO) richten muss,
- dass die Tat auch **im Einzelfall schwer wiegt** (§ 100a I Nr. 2 StPO).
- Zudem muss der **Subsidiaritätsgrundsatz** beachtet werden (§ 100a I Nr. 3 StPO). Die Telefonüberwachung muss in dem Sinne unentbehrlich sein, dass anderenfalls die Erforschung des Sachverhalts oder die Ermittlung des Aufenthaltsortes des Beschuldigten wesentlich erschwert sein würde.

Ist die **Telefonüberwachung zulässig**, dürfen auch während des Telefonats aufgezeichnete Hintergrundgeräusche und Hintergrundgespräche verwertet werden.[88]

> **Waren die Voraussetzungen für eine Telefonüberwachung bei deren Anordnung nicht erfüllt, kann das ein Verwertungsverbot begründen.**[89]

Waren allein Erkenntnisse aus dem Kernbereich privater Lebensgestaltung zu erwarten, ist die Maßnahme gemäß § 100a IV 1 StPO unzulässig. Etwa erlangte Kenntnisse sind nach § 100a IV 2 StPO unverwertbar.

Klausurrelevant sind vor allen Dingen die Konstellationen, in denen sich die rechtliche Beurteilung der Anlasstat ändert oder die Telefonüberwachung zu Zufallserkenntnissen führt.

aa) Änderung der rechtlichen Beurteilung

Bestand zum Zeitpunkt der Anordnung der Verdacht einer bestimmten Katalogtat, sind die Erkenntnisse aus der Telefonüberwachung auch dann verwertbar, wenn

138

- es nach wie vor **um dieselbe Tat im prozessualen Sinne** geht,
- tatsächlich eine andere Begehungsform der Katalogtat verwirklicht worden ist
- oder sich die Tat aufgrund der weiteren Ermittlungen nur als Nichtkatalogtat herausstellt.

bb) Zufallsfunde

> Hat die Telefonüberwachung zu **Zufallserkenntnissen** über **andere Taten im prozessualen Sinne** geführt, so richtet sich die Verwertbarkeit nach **§ 477 II 2 StPO**.

139

(1) Beschuldigter und Teilnehmer

- Zufallserkenntnisse gegen den Beschuldigten und Teilnehmer an seiner Tat **dürfen unmittelbar und uneingeschränkt verwertet werden, wenn es um eine andere als die in der Anordnung bezeichnete Katalogtat geht**.
- Betreffen die Zufallserkenntnisse **keine Katalogtat**, dürfen diese nur mittelbar verwendet werden. Es dürfen aufgrund der Erkenntnisse andere Ermittlungen geführt und die dabei gewonnenen neuen Beweismittel verwendet werden.[90]

---

88 BGH NStZ 2008, 473.
89 Zu den Ausnahmen die umfangreiche Kommentierung bei *Meyer-Goßner* § 100a Rn. 21.
90 BVerfG wistra 2006, 15.

(2) Dritte

- Auch Zufallserkenntnisse, die Dritte betreffen, **dürfen unmittelbar und uneingeschränkt verwertet werden, wenn es um eine Katalogtat geht.**

- Geht es dagegen bei den Zufallserkenntnissen **nicht um eine Katalogtat, dürfen die Erkenntnisse ebenfalls nur mittelbar verwendet werden.** Es dürfen jedoch aufgrund der Erkenntnisse andere Ermittlungen geführt und die dabei gewonnenen neuen Beweismittel verwendet werden.

Diese Konstellation war bereits wiederholt Klausurthema.

cc) Fernwirkung

Der Verstoß gegen § 100a StPO entfaltet nach der Rechtsprechung grundsätzlich keine Fernwirkung.[91]

c) Akustische Überwachung

aa) Wohnraumüberwachung

140 Zwar dürften die Probleme um den Lauschangriff auf Wohnungen kaum klausurrelevant sein, trotzdem auch dazu einige Worte. Nachdem das BVerfG[92] die gesetzliche Regelung für die Wohnraumüberwachung wegen der Verletzung des unantastbaren Kerns privater Lebensgestaltung als verfassungswidrig beanstandet hatte, hat der Gesetzgeber reagiert und die Voraussetzungen für die Wohnraumüberwachung kaum praktisch handhabbar[93] neu geregelt. Die darin enthaltenen Regelungen zum Schutz des Kernbereichs privater Lebensführung sind verfassungskonform.[94]

Die materiellen Voraussetzungen für einen **Lauschangriff auf eine Wohnung** sind nach der Neufassung des Gesetzes in den §§ 100c, 100d StPO geregelt. Die Maßnahme ist nur zulässig, wenn

- **bestimmte Tatsachen** einen Tatverdacht begründen, der aber weder dringend noch hinreichend sein muss,

- sich jedoch auf eine **Katalogtat** im Sinne des § 100c II StPO richtet,

- die Tat auch im **Einzelfall schwer** wiegt (§ 100c I Nr. 2 StPO),

- tatsächliche Anhaltspunkte dafür vorliegen, dass Äußerungen des Beschuldigten erfasst werden, die für die Erforschung des Sachverhalts oder die Ermittlung des Aufenthaltsorts eines Mitbeschuldigten von Bedeutung sind,

- der **Subsidiaritätsgrundsatz** beachtet wird,

Der Lauschangriff muss im dem Sinne unentbehrlich sein, dass anderenfalls die Erforschung des Sachverhalts oder die Ermittlung des Aufenthaltsortes des Beschuldigten wesentlich erschwert sein würde.

- die Maßnahme sich (regelmäßig) **nur gegen den Beschuldigten** richtet (Ausnahme Abs. 3 S. 2),

- der **Kernbereich privater Lebensgestaltung nicht berührt** wird, § 100c IV-VI StPO.

  – Der Gesetzgeber hat in Abs. 4 S. 1 eine so genannte **negative Kernbereichsprognose** gewählt. Dabei ist zu beachten, dass eine **Vermutung für Gespräche aus dem unantastbaren Kernbereich** besteht, wenn sich der Beschuldigte allein oder ausschließlich mit Personen in der Wohnung aufhält, zu denen er in einem besonderen, den Kernbereich betreffenden Vertrauensverhältnis steht, etwa mit dem Ehepartner, Geschwistern

---

91 BGHSt 32, 68 (70).
92 BVerfGE 109, 279.
93 *Meyer-Goßner* § 110c Rn. 1.
94 BVerfG wistra 2007, 337.

und Verwandten in gerader Linie, insbesondere wenn sie im selben Haushalt leben, oder sonstigen engsten Vertrauten.[95]

Dazu hat der BGH auch ein in einem Krankenhauszimmer aufgezeichnetes **Selbstgespräch** eines Angeklagten gezählt.[96] Nicht einer Wohnung gleichgestellt ist dagegen der Besuchsraum einer Haftanstalt.[97]

– Dagegen gehören Gespräche in Betriebs- und Geschäftsräumen regelmäßig nicht zum Kernbereich, Abs. 4 S. 2.

– Auch Gespräche über begangene Straftaten oder Äußerungen, mittels derer Straftaten begangen werden, gehören nicht zu diesem Kernbereich, Abs. 4 S. 3.

> **Beachte:** Waren die Voraussetzungen für einen Lauschangriff bei dessen Anordnung nicht erfüllt (keine Katalogtat, Verstoß gegen den Subsidiaritätsgrundsatz) oder stammen belastende Äußerungen aus dem Kernbereich privater Lebensführung, begründet das ein Verwertungsverbot.

Stammen Erkenntnisse aus dem Kernbereich privater Lebensführung ist jede Verwertung ausgeschlossen, diese dürfen nicht einmal als Spurenansätze verwendet werden.[98]

Beachten Sie auch die Sonderregelungen bezüglich zeugnisverweigerungsberechtigter Personen in § 100c VI StPO!

– Zum **Schutz des Zeugnisverweigerungsrechts der Berufsgeheimnisträger** (§ 53 StPO) ist die Überwachung der mit diesem Personenkreis geführten Gespräche unzulässig (§ 100c VI 1 StPO).

– Die Verwertung von Erkenntnissen aus Gesprächen mit **zeugnisverweigerungsberechtigten Angehörigen** (und in Fällen des § 53a StPO) kann dagegen zulässig sein, wenn bei einer umfassenden Abwägung **der Einbruch in das zugrunde liegende Vertrauensverhältnis nicht außer Verhältnis zum Erforschungs- oder Ermittlungsinteresse ist**, § 100c VI 2 StPO.

Beachten Sie in einer derartigen Konstellation aber stets, dass ein Gespräch mit zeugnisverweigerungsberechtigten Angehörigen häufig in den Kernbereich privater Lebensführung gehören wird. Dann ist das Abhören und Aufzeichnen bereits nach § 100c IV StPO verboten (Beweiserhebungsverbot). Für die Abwägung auf der Verwertungsebene ist folglich kein Raum.

– Ist der Zeugnisverweigerungsberechtigte einer Beteiligung, Begünstigung usw. verdächtig, gibt es die genannten Beweisverbote nicht, § 100c VI 3 StPO.

Die Anordnung des **Lauschangriffs auf eine Wohnung bedarf einer richterlichen Anordnung nach § 100d StPO**. Zuständig ist gemäß § 100d I StPO **allein das Gericht**.

bb) Überwachung außerhalb von Wohnungen

An weniger enge Voraussetzungen sind Lauschangriffe auf andere Objekte, in Betracht kommen etwa Kraftfahrzeuge, geknüpft. In der Praxis spielt diese Art des Lauschangriffs deshalb auch eine größere Rolle. **Der Besuchsraum einer Haftanstalt steht einer Wohnung nicht gleich und kann deshalb nach § 100f StPO überwacht werden.** Schaffen die Ermittler bei dem Beschuldigten jedoch gezielt den Eindruck, er könne in dem Besuchsraum offen sprechen, kann das wegen eines Verstoßes gegen den Grundsatz des fairen Verfahrens zu einem Verwertungsverbot führen.[99]

141

---

95 Zu den inhaltlichen Anforderungen an Überwachungsanordnungen OLG Düsseldorf wistra 2008, 358.
96 BGH NStZ 2005, 700; diese Entscheidung sollten Sie gelesen haben.
97 BGH, Urteil vom 29.04.2009, 1 StR 701/08; BGHSt 53, 294 ff.
98 *Meyer-Goßner* § 100c Rn. 17.
99 BGH, Urteil vom 29.04.2009, 1 StR 701/08.

Voraussetzungen und Anordnungskompetenz sind in § 100f II–IV StPO geregelt:

- auf **bestimmte Tatsachen** begründeter Tatverdacht, der aber weder dringend noch hinreichend sein muss
- und sich auf eine **Katalogtat** im Sinne des **§ 100a StPO** richtet
- der **Subsidiaritätsgrundsatz** muss beachtet werden

Der Lauschangriff muss in dem Sinne unentbehrlich sein, dass anderenfalls die Erforschung des Sachverhalts oder die Ermittlung des Aufenthaltsortes des Beschuldigten wesentlich erschwert sein würde.

- die Maßnahme darf sich regelmäßig **nur gegen** den **Beschuldigten** richten (Ausnahme Abs. 3).
- Die Anordnung unterliegt dem **Richtervorbehalt, bei Gefahr in Verzug** darf sie auch durch **Staatsanwaltschaft** oder **Polizei** erfolgen, § 100f II 2 StPO.

Durften die verdeckten technischen Mittel nicht eingesetzt werden, lässt sich ohne weiteres ein umfassendes Verwertungsverbot begründen.

4. Weitere Ermittlungsmaßnahmen

142 § 161 I 1 StPO ist nicht nur die **Ermächtigungsgrundlage** für den Einsatz von Informanten, verdeckt ermittelnden Polizeibeamten und V-Leuten, sondern zugleich Ermächtigungsgrundlage **für alle Ermittlungsmaßnahmen**, die mit einem minder schweren Grundrechtseingriff verbunden sind und nicht von einer speziellen Eingriffsermächtigung erfasst werden.

a) Einholung von Behördenauskünften

143 § 161 I StPO ermächtigt Staatsanwaltschaft und Polizei zudem, sich der Hilfe anderer **Behörden** zu bedienen, **die** ihnen gegenüber **zur Auskunft verpflichtet sind, soweit nicht** gesetzliche Sonderregelungen greifen.

Behördliche Auskunftspflichten bestehen also nicht uneingeschränkt:

- In diesem Sinne kann die behördliche Auskunftspflicht beschränkt sein durch:
  - das **Postgeheimnis**
  - das **Fernmeldegeheimnis**,
  - das **Steuergeheimnis**, § 30 AO,
  - das **Sozialgeheimnis**, § 35 SGB I.
- Eine weitere Beschränkung ergibt sich aus **§ 161 II StPO**.[100]

Diese Einschränkung besteht für Daten, die **durch nicht strafprozessuale hoheitliche Maßnahmen erlangt wurden, und die nach der StPO nur bei Verdacht bestimmter Straftaten zulässig wären**. Das könnten in Klausuren z.B. Maßnahmen nach den Polizeigesetzen der Länder sein.

Zu unterscheiden ist zwischen Erkenntnissen,

- die **unmittelbar Beweiszwecken** dienen

  und deren Verwertung nur zulässig ist, wenn die Maßnahme auch nach der StPO hätte angeordnet werden dürfen,

- die – nur mittelbar – als **Ermittlungsansätze** dienen und den Beschränkungen des § 161 II 1 StPO nicht unterliegen.

---

100 Dazu im Einzelnen *Meyer-Goßner* § 161 Rn. 18b f.

A. Fehlerhafte Beweiserhebung und Verwertungsverbote

b) Einholung anderer Auskünfte

§ 161 I StPO ermächtigt die Strafverfolgungsbehörden zudem, auch von anderen Stellen und Personen Auskunft zu verlangen. Dazu gehören etwa Banken oder Insolvenzverwalter. **144**

aa) Bankgeheimnis

Das viel zitierte **Bankgeheimnis gibt es im Verhältnis zu den Strafverfolgungsbehörden nicht.** **145**

- **Öffentlich-rechtlich organisierte Banken** sind gemäß § 161 I StPO sogar zur Auskunft verpflichtet.[101]

- **Privatrechtlich organisierte Banken** müssen zwar keine Auskunft erteilen, beweiserhebliche Unterlagen können jedoch ohne weiteres bei ihnen beschlagnahmt werden (§ 103 StPO). Zur Abwendung einer derartigen Beschlagnahme, die auch mit einer Durchsuchung verbunden sein kann, sind die Banken ihren Kunden gegenüber jedoch berechtigt, diese Auskünfte zu erteilen.[102]

Die Aussage eines als Zeuge vernommenen Bankangestellten kann i.Ü. nicht etwa deshalb unverwertbar sein, weil dieser nicht über das »Bankgeheimnis« belehrt wurde.

Merke: Das »Bankgeheimnis« begründet kein Zeugnisverweigerungsrecht nach § 53 StPO!

bb) Andere Beschränkungen

In der so genannten Gemeinschuldnerentscheidung[103] hat das Bundesverfassungsgericht festgelegt, das Angaben des (Gemein-) Schuldners, der im Interesse der Konkursgläubiger zur unbeschränkten Auskunft verpflichtet ist, in einem Strafverfahren gegen diesen nicht verwendet werden dürfen. Nur durch ein **Verwertungsverbot** sei sicherzustellen, dass das Schweigerecht im Strafverfahren nicht durch eine staatlich – sogar mit Beugehaft – erzwingbare Offenbarungspflicht unterlaufen werde. Diese Entscheidung hat in § 97 I InsO ihren Niederschlag gefunden, der ohne Zustimmung des Schuldners ein **Verwendungsverbot** vorsieht. **146**

Im Gutachten haben Sie möglicherweise die Frage zu beantworten, ob auch bei unbeschränkten Auskunftspflichten in anderen Fällen ein Verwertungsverbot in Betracht kommt, wenn nicht der Gesetzgeber ohnehin zum Schutz vor Selbstbezichtigungen ausdrücklich ein Schweige- oder Selbstbezichtigungsrecht zubilligt.

Räumt etwa ein Versicherungsnehmer gegenüber seiner Kraftfahrzeugversicherung in Erfüllung seiner Obliegenheit zur vollständigen Sachaufklärung (§ 7 AKB) eine Straftat ein, so haben Sie zu prüfen, ob diese Angaben im Strafverfahren gegen den Versicherungsnehmer verwertbar sind. Das dürfte der Fall sein. **Der Versicherungsnehmer ist nicht im selben Umfang schützenswert wie der Gemeinschuldner.** Der Versicherungsnehmer hat sich nicht gegenüber dem Staat zu erklären, die Auskunftspflicht nach § 7 AKB kann nicht mittels staatlichen Zwangseingriffs durchgesetzt werden. Zwar drohen dem Versicherungsnehmer bei einer Obliegenheitsverletzung finanzielle Einbußen. Regressansprüche der Kraftfahrzeugversicherung sind jedoch nach § 7 AKB begrenzt. Deshalb **überwiegt das öffentliche Interesse an einer wirksamen Strafrechtspflege das schützenswerte Interesse des Beschuldigten an der Berücksichtigung seiner Zwangslage deutlich.**

5. Blutprobenentnahme

Wurde dem Beschuldigten eine Blutprobe entnommen, werden Sie sich meist mit einer der beiden nachfolgenden Fragen auseinander zu setzen haben: **147**

- Hatte der ermittelnde Polizeibeamte die **Anordnungskompetenz?**
- Durfte eine **ärztlicherseits entnommene Blutproben beschlagnahmt** werden?

---

101 *Meyer-Goßner* § 161 Rn. 4 m.w.N.
102 *Meyer-Goßner* § 161 Rn. 4 m.w.N.
103 BVerfGE 56, 37 ff.

a) Anordnungskompetenz

148 Die Anordnung der Entnahme einer Blutprobe (§ 81a I 2 StPO) unterliegt gemäß § 81a II StPO dem Richtervorbehalt, weil sie mit einem Eingriff in die körperliche Integrität verbunden ist. Jedoch können bei Gefahr in Verzug auch die Staatsanwaltschaft und ihre Ermittlungspersonen die Anordnung treffen.

> **Achtung**: Hat der Beschuldigte in die Blutprobenentnahme **eingewilligt**, ist eine richterliche Anordnung nicht erforderlich, so dass auch Gefahr in Verzug nicht zu diskutieren ist. Das dürfen Sie nicht übersehen!

In der Klausur wird die Fragestellung regelmäßig dann zu diskutieren sein, wenn Polizeibeamte den einer Trunkenheitsfahrt Verdächtigen stellen und diesem anschließend – mit oder ohne vorangegangenen Versuch, eine richterliche Anordnung zu erreichen – eine Blutprobe entnehmen lassen. Weil die Rechtslage derzeit selbst innerhalb der Rechtsprechung äußerst umstritten ist, dürfen Sie in Ihrer Klausurlösung jedes Ergebnis vertreten.

- Zunächst haben Sie zu diskutieren, unter welchen Voraussetzungen Gefahr im Verzug bejaht werden darf. Auch im Rahmen des § 81a StPO gilt: **Gefahr in Verzug besteht, wenn die richterliche Anordnung nicht eingeholt werden kann, ohne dass der Zweck der Maßnahme gefährdet wird.**

  - Wegen der Möglichkeit, auch nach einer verzögerten Blutprobenentnahme auf die Tatzeit-BAK zurückzurechnen, wird vertreten, die Annahme von Gefahr in Verzug sei nur in Ausnahmefällen zu begründen.

  - Dagegen spricht, dass die Möglichkeit der Rückrechnung zwar besteht, diese jedoch über die Berücksichtigung der Zweifelsfallregelung nicht zu realistischen Werten führt, weshalb im Interesse der Wahrheitsfindung regelmäßig Gefahr in Verzug bejaht werden könnte. Insbesondere wenn zum Zeitpunkt der Anordnung Anhaltspunkte nur für eine relative Fahruntüchtigkeit oder für eine BAK im Grenzbereich um die absolute Fahruntüchtigkeit herum bestehen, ist die genaue Ermittlung der BAK ohne die Ungenauigkeiten einer Rückrechnung wichtig. Der Versuch, zu einer richterlichen Anordnung zu kommen, ist deshalb nicht erforderlich.

  - Auch wird vertreten, dass es für die Beurteilung immer auf den Einzelfall ankomme. Komme es etwa durch weitere Ermittlungen der Polizei ohnehin zu zeitlichen Verzögerungen, sei es regelmäßig angezeigt, auch die richterliche Anordnung abzuwarten. Außerdem sei ein Beweismittelverlust jedenfalls dann nicht zu befürchten, wenn aufgrund anderer Erkenntnisse, wie dem Ergebnis einer Atemalkoholkontrolle, zu erwarten sei, dass sich die BAK nicht dicht an den bekannten Grenzwerten bewege.

  Dieser auf den Einzelfall abstellenden Rechtsprechung sollten Sie in der Klausur folgen!

- Sind Sie zu dem Ergebnis gelangt, die Annahme von Gefahr in Verzug sei zu Unrecht erfolgt, müssen Sie erörtern, ob dieser Fehler zu einem Verwertungsverbot für die aus der Blutentnahme erlangten Erkenntnisse führt. Auch das ist sehr umstritten. Während viele Oberlandesgerichte und der BGH eher dazu neigen, **im Falle des Verstoßes gegen § 81a StPO ein Verwertungsverbot als fern liegend anzusehen**, vertreten einige Land- und Amtsgerichte die gegenteilige Position.

  Ausgangspunkt Ihrer Überlegungen sollte sein, dass nicht jeder Verfahrensfehler zu einem Verwertungsverbot führt, Verwertungsverbote vielmehr die Ausnahme sind. Sodann sollten Sie wie folgt argumentieren:

  - Eine wesentliche Rolle spielt die Schwere des Verfahrensverstoßes. Der Verfahrensverstoß wiegt indes gering, wenn der anzurufende Richter die Entnahmeanordnung ohne weiteres hätte treffen müssen (hypothetischer Ersatzeingriff). Dann liegt ein Verwertungsverbot fern. Das wird meist der Fall sein.

- In der anschließend erforderlichen Abwägung zwischen Strafverfolgungsinteresse der Allgemeinheit und deren Interesse am Schutz der Sicherheit des Straßenverkehrs auf der einen Seite sowie dem Schutz der Stellung des Beschuldigten im Strafverfahren auf der anderen Seite lässt es sich sehr gut vertreten, dem Interesse der Allgemeinheit den Vorrang zu geben, zumal die Blutentnahme durch einen Arzt für den Beschuldigten völlig ungefährlich ist und es sich zudem **nur um einen einfachgesetzlichen Richtervorbehalt** handelt.
- Etwas anderes kann nur gelten, wenn die Annahme von Gefahr in Verzug unter bewusster Missachtung des Richtervorbehalts oder in grober Verkennung der Rechtslage erfolgte.

    Davon wird jedenfalls dann nicht die Rede sein können, wenn der Polizeibeamte die Gefahr in Verzug im Hinblick auf die Rückrechnungsproblematik bejaht hat.

Merke: Aus dem Fehlen einer richterlichen Anordnung wird regelmäßig kein Verwertungsverbot erwachsen, weil der Richter in aller Regel eine Entnahmeanordnung hätte treffen müssen.

Abschließend ein Hinweis zur Urteils- und Revisionsklausur: Gleichgültig zu welchem Ergebnis Sie gelangen, **es gilt die Widerspruchslösung**. Ein Verfahrensfehler ist also nur dann beachtlich, wenn der Angeklagte in der Hauptverhandlung der Verwertung der gewonnenen Erkenntnis widersprochen hat.

b) Beschlagnahme von Blutproben

Beispiel: In der Klausur kann es ferner darum gehen, dass einem Beschuldigten, der in angetrunkenem Zustand einen Verkehrsunfall verursachte und dabei selbst erhebliche Verletzungen erlitt, zur Vorbereitung einer Operation eine Blutprobe entnommen wurde. Zum Nachweis einer Trunkenheitsfahrt erfolgte anschließend die Beschlagnahme dieser Blutprobe durch einen Polizeibeamten.

In der Rechtsprechung[104] wird ein Beweisverwertungsverbot weitgehend verneint, obwohl es sich bei der Blutprobe um einen beschlagnahmefreien Gegenstand nach § 97 I Nr. 3 StPO handelt, der sich in der Hand des zeugnisverweigerungsberechtigten Arztes (§ 53 I Nr. 3 StPO) oder des ihm nach § 97 II StPO gleichgestellten Krankenhauses befindet. Es komme allein darauf an, ob zum Zeitpunkt der Entnahme der Blutprobe diese gemäß § 81a StPO hätte angeordnet werden dürfen. Dann sei auch die zu Behandlungszwecken entnommene Blutprobe ein dem § 81a StPO unterfallendes Beweismittel. Nach dem Grundsatz der Verhältnismäßigkeit wäre es gar nicht zulässig gewesen, dem Beschuldigten die Entnahme einer weiteren Blutprobe zuzumuten. Das ist natürlich streitig.[105]

149

Sollten Sie trotzdem Zweifel an der Rechtmäßigkeit der Maßnahme haben, stehen diese der Verwertung des Gutachtens nicht entgegen, weil **Verstöße gegen § 81a StPO regelmäßig keine Verwertungsverbote begründen**.

6. Zufallsfunde

Bei der Durchführung prozessualer Maßnahmen zur Beweismittelgewinnung können auch Beweismittel erlangt werden, die für eine andere strafrechtliche Untersuchung von Bedeutung sein können (**Zufallsfunde**). **Die Ihnen bereits im Rahmen der Ausführungen zur Telefonüberwachung vorgestellte Lösung gilt allgemein.**

150

Die Verwertung derartiger Zufallsfunde ist nur dann problematisch, wenn diese ihren Ursprung in prozessualen Maßnahmen haben, die nur bei Verdacht bestimmter Straftaten zulässig sind. Ursprünglich war deren Verwertbarkeit meist in den Vorschriften geregelt, die die Zulässigkeitsvoraussetzungen bestimmten. Nunmehr hat der Gesetzgeber in **§ 477 II StPO** eine umfassende Regelung geschaffen.

---

104 U.a. OLG Frankfurt NStZ 1999, 246.
105 So etwa *Weiler* MDR 1994, 1163 ff.

Diese Zufallserkenntnisse können

- andere Straftaten (im Sinne des prozessualen Tatbegriffs, § 265 StPO) des Beschuldigten des Ausgangsverfahrens,
- Straftaten eines Dritten

betreffen.

Für **beide Konstellationen gilt** gleichermaßen:

- **Zufallserkenntnisse**, die eine **andere** als die in der Anordnung bezeichnete **Katalogtat** betreffen, sind in vollem Umfang **verwertbar**,
- **Zufallserkenntnisse**, die **Straftaten** betreffen, die **nicht zum Katalog** der Anlassanordnung gehören, dürfen **nur mittelbar** in der Art verwendet werden, dass auf deren Basis andere Beweismittel gewonnen werden.

Der Ihnen bereits vorgestellte § 161 II StPO gilt dagegen nur für Zufallserkenntnisse aus nicht strafprozessualen Maßnahmen.

Für Zufallsfunde bei Durchsuchungen gilt nach wie vor § 108 StPO.

B. Sonstige prozessuale Probleme

I. Verlesbarkeit von Urkunden

Ab und an stellt sich in Klausuren das Problem, dass Zeugen oder Mitbeschuldigte, die eine – meist den Beschuldigten belastende – Aussage gemacht haben, in der Hauptverhandlung nicht mehr zur Verfügung stehen werden, etwa weil sie verstorben sind oder sich an unbekannten Orten oder dauerhaft im Ausland aufhalten. Viele Kandidaten ignorieren diese Umstände einfach und würdigen die Aussagen, ohne sich Gedanken über deren Einführung zu machen. 151

Der Inhalt einer Vernehmung darf in derartigen Fällen durch die Vernehmung der **Verhörsperson als Zeuge vom Hörensagen** eingeführt werden. § 250 StPO steht dem nicht entgegen.

> § 250 StPO formuliert zwar den sog. Unmittelbarkeitsgrundsatz. Dieser fordert jedoch nur den Vorrang des Personalbeweises vor dem Urkundenbeweis.
>
> Der Unmittelbarkeitsgrundsatz gebietet dagegen nicht, in der Beweisaufnahme das **sachnächste** Beweismittel zu nutzen.

Ob die Vernehmung des Zeugen vom Hörensagen ausreichen wird, hat der Staatsanwalt orientiert an der dem Gericht obliegenden **Aufklärungspflicht** zu prüfen.

Im Falle des Todes oder der Abwesenheit eines Zeugen werden Sie zu erörtern haben, ob dessen Angaben durch **Verlesung eines Vernehmungsprotokolls** oder ähnlicher Schriftstücke auf dem Wege des **Urkundenbeweises** eingeführt werden dürfen.

Zu unterscheiden ist zwischen

- **anderen** (polizeilichen, staatsanwaltschaftlichen) Vernehmungsniederschriften und schriftlichen Erklärungen (§ 251 I StPO), deren Verlesbarkeit an die Erfüllung **strenger** Voraussetzungen geknüpft ist,
- **richterlichen** Vernehmungsprotokollen (§ 251 II StPO), deren Verlesbarkeit an die Erfüllung **weniger strenger** Voraussetzungen geknüpft ist.

1. Andere Vernehmungsniederschriften, schriftliche Erklärungen

§ 251 I StPO enthält seit der Neufassung allgemeine Regelungen für alle Arten von Vernehmungsniederschriften. 152

Abs. 1 Nr. 1: Nichtrichterliche Vernehmungsprotokolle und Erklärungen **von Zeugen, Sachverständigen** und **Mitbeschuldigten(!)** dürfen verlesen werden, wenn der Angeklagte einen Verteidiger hat und Staatsanwaltschaft, Verteidiger sowie der Angeklagte mit der Verlesung einverstanden sind. Die Protokollverlesung kann auch erfolgen, wenn das nähere Beweismittel zur Verfügung steht. Die Zustimmung des Beschuldigten wird in den Klausursachverhalten jedoch regelmäßig noch nicht vorliegen. Sie werden deshalb Ihrer Beweiswürdigung den Inhalt der Vernehmungsniederschrift/schriftlichen Erklärung zu Grunde legen, für die Hauptverhandlung in der Anklage aber den Zeugen persönlich benennen.

> **Achtung:** Briefe des Beschuldigten selbst können ohne die sich aus § 251 I StPO ergebenden Beschränkungen schon nach § 249 StPO verlesen werden. Richterliche Geständnisse des Beschuldigten dürfen nach § 254 StPO verlesen werden. Geständige Einlassungen gegenüber der Polizei können dagegen nur durch Vernehmung der Verhörsperson eingeführt werden.

Abs. 1 Nr. 2: Ist eine Vernehmung unmöglich, kann die Verlesung auch erfolgen, ohne dass die Voraussetzungen der Nr. 1 erfüllt sind. Der Beschuldigte muss insbesonre nicht verteidigt sein. In der Klausur wird die Vernehmung meist infolge **Todes oder unabsehbaren Auslandsaufenthalts** unmöglich sein.

Unabsehbar ist die Länge eines Auslandsaufenthalts, wenn dieser **längere und unbestimmte Zeit** dauern wird. Das ist wegen der Abgrenzung zur erweiterten Verlesbarkeit nach Abs. 2 Nr. 1 wichtig, für die eine **längere, aber bestimmte Dauer** der Abwesenheit ausreicht.

Die für die Verlesung nach dieser Vorschrift **erforderliche tatsächliche Unerreichbarkeit darf nicht mit einer rechtlichen Unerreichbarkeit gleichgesetzt werden**, die sich ergibt, wenn ein Zeuge von seinem Auskunftsverweigerungsrecht nach § 55 StPO Gebrauch gemacht hat.[106]

Abs. 1 Nr. 3: Die Höhe eines durch die Tat verursachten **Vermögensschadens** darf ohne weiteres durch Verlesung eines Vernehmungsprotokolls oder einer schriftlichen Erklärung festgestellt werden. Das gilt jedoch nicht für die Feststellung immaterieller Schäden. Auch Protokolle, die daneben andere Fragen betreffen, dürfen teilweise verlesen werden.

2. Richterliche Vernehmungsprotokolle

153 In Abs. 2 werden die Voraussetzungen für zusätzliche Verlesungsmöglichkeiten von richterlichen Vernehmungsprotokollen (Zeugen, Sachverständige, Mitbeschuldigte) geregelt. Wegen des besonderen Werts richterlicher Vernehmungsprotokolle sind diese Voraussetzungen weniger streng.

Weil es regelmäßig an einem Verlesungseinverständnis im Sinne des Abs. 1 Nr. 1 fehlen wird, werden Sie insbesondere die Voraussetzungen der Nr. 1 und 2 zu prüfen haben.

Abs. 2 Nr. 1: Die Verlesung bei Verhinderung darf bereits dann erfolgen, wenn diese zwar längere Zeit andauern wird, deren Ende aber *absehbar* ist.

Abs. 2 Nr. 2: Die Verlesung nach Nr. 2 ist bereits zulässig, wenn

- das Erscheinen wegen großer Entfernung nicht zumutbar ist

und

- die Aussage von untergeordneter Bedeutung ist.

Für die Klausur ist das letztlich ohne Bedeutung.

Während das richterliche Protokoll ordnungsgemäß zu Stande gekommen sein muss, braucht das Protokoll i.S.d. Abs. 1 keinen Formerfordernissen zu genügen. Deshalb kann das **fehlerhafte richterliche Protokoll – mit regelmäßig gemindertem Beweiswert – ebenfalls unter den Voraussetzungen des Abs. 1 verlesen werden**.

- Verweigert der Beschuldigte seine Unterschrift unter einem richterlichen Protokoll, wird dieses dadurch nicht fehlerhaft. Die nach § 168a III 3 StPO geforderte Unterschrift ist keine Wirksamkeitsvoraussetzung für ein richterliches Protokoll. Das Fehlen der Unterschrift beeinträchtigt allenfalls dessen Beweiswert.[107]

- In der Praxis geschieht es hin und wieder, dass sich der vernehmende Richter von dem Beschuldigten lediglich die Richtigkeit seiner Angaben in einer vorangegangenen polizeilichen Vernehmung bestätigen lässt. Diesen Fehler können Sie auch in Klausursachverhalten finden. Eine verlesbare richterliche Vernehmung liegt dann nicht vor. Dennoch ist das Verfahren nicht grundsätzlich unzulässig. Denn wenn der Richter dem Beschuldigten das polizeiliche Vernehmungsprotokoll zuvor verlesen hat und sich der Umstand dieser Verlesung ebenfalls aus dem Protokoll ergibt, liegt durchaus ein verwertbares richterliches Protokoll vor.

---

106 BGH StV 2008, 339.
107 BVerfG NStZ 2006, 46.

Wenn Sie diese Fragen nicht schon im A-Gutachten erörtern, müssen Sie sich damit zumindest im B-Gutachten auseinandersetzen, wenn es um die zu benennenden Beweismittel geht.

II. Verfahrenshindernisse

1. Rechtskraft und Strafklageverbrauch

Die wichtigste Wirkung der **materiellen Rechtskraft**, die wiederum an der **formellen Rechtskraft** hängt, ist der **Verbrauch der Strafklage**. Der Strafklageverbrauch steht als Verfahrenshindernis der Fortführung des Verfahrens entgegen. In einer Klausur kann der Strafklageverbrauch sowohl in **sachlicher** als auch in **persönlicher** Hinsicht problematisch sein. 154

a) Reichweite in persönlicher Hinsicht

In **persönlicher** Hinsicht kann die Reichweite des Strafklageverbrauchs problematisch sein, wenn das Verfahren gegen den Beschuldigten unter falschen Personalien geführt wurde, etwa weil sich dieser mit falschen Papieren ausgewiesen hat. 155

> **Beachte:** Die Strafklage wird gegen denjenigen verbraucht, gegen den sich das Verfahren tatsächlich gerichtet hat.

> **Beispiel:** Der auf frischer Tat betroffene Beschuldigte A weist sich mit den Papieren seines ihm sehr ähnlich sehenden verstorbenen Bruders aus, nennt aber seine eigene Adresse. Ihm wird ein Strafbefehl mit den falschen Personalien zugestellt, gegen den er keinen Einspruch einlegt. Fliegt dieser Schwindel später auf, stellt sich die Frage, ob die Strafklage bereits verbraucht ist.

Gemäß § 410 III StPO steht ein rechtskräftiger Strafbefehl einem rechtskräftigen Urteil gleich. Es lässt sich sicher vertreten, dass sich das Verfahren tatsächlich – trotz der falschen Personalien – gegen A gerichtet hat. Richtiger dürfte dagegen sein, die materielle Rechtskraft in persönlicher Hinsicht abzulehnen.

Der BGH[108] hat **die Angabe falscher Personalien** für ein strafrechtliches Urteil dann **als unschädlich angesehen, wenn** 156

- gegen die richtige Person Anklage erhoben wurde und
- diese tatsächlich vor Gericht stand.

Jedenfalls am letzten Erfordernis fehlt es bei Erlass eines Strafbefehls aber. Damit hätten Sie den Strafklageverbrauch bereits abzulehnen.

Lediglich wenn Sie dem vorstehenden Lösungsvorschlag nicht folgen wollen, müssen Sie sich mit den nachfolgend dargestellten Problemen auseinandersetzen:

Weil der Strafklageverbrauch den Eintritt der formellen Rechtskraft voraussetzt, wäre dann nämlich zu erörtern, ob wegen der falschen Personalien die Zustellung an A überhaupt wirksam war. Das Zustellungsverfahren nach § 37 StPO i.V.m. §§ 166 ff. ZPO ist zwar stark formalisiert. Weil Zustellungsadressat jedoch derjenige ist, für den die Zustellung bestimmt ist, lässt sich ohne weiteres vertreten, dass die Angabe der falschen Personalien die Zustellung nicht unwirksam macht. Im Übrigen wären etwaige Zustellungsmängel gemäß § 189 ZPO durch Zugang bei dem richtigen – dem eigentlich gemeinten – Empfänger geheilt. Gleich, welche Auffassung Sie vertreten, werden Sie schließlich zum gleichen Ergebnis kommen. 157

- Bei wirksamer Zustellung oder Heilung einer fehlerhaften Zustellung wäre der Strafbefehl rechtskräftig, der Strafklageverbrauch und damit ein Prozesshindernis wären die Folge.
- Bei einer unwirksamen Zustellung wäre der Strafbefehl zwar nicht rechtskräftig, mit dessen Erlass wäre die Sache jedoch **rechtshängig**.

---

108 BGH NStZ-RR 1996, 9.

> Die **anderweitige Rechtshängigkeit** stellt ebenfalls ein Verfahrenshindernis für ein weiteres Verfahren gegen denselben Beschuldigten dar.

158 Das Verfahren könnte also auch ohne wirksame Zustellung nicht fortgeführt werden. Kämen Sie tatsächlich zu einem derartigen Ergebnis, könnten Sie außerdem diskutieren, ob der Strafbefehlsantrag im ursprünglichen Verfahren stattdessen zurückgenommen werden kann. Es ist aber streitig, ob das nach Erlass eines Strafbefehls einen wirksamen Einspruch voraussetzt. Deshalb wäre es in der Praxis sauberer, zunächst abzuwarten, was im Ursprungsverfahren geschieht, um erst dann im aktuellen Verfahren Weiteres zu veranlassen. Abwarten können Sie in der Klausur nicht. Deshalb sollten Sie ein Verfahrenshindernis annehmen. Der alte Strafbefehl müsste bei Annahme des zweiten Ergebnisses mit korrigierten Personalien erneut zugestellt werden. Lediglich das hätten Sie in Ihrer Abschlussverfügung durch eine Mitteilung zum Ursprungsverfahren noch zu veranlassen.

b) Reichweite in sachlicher Hinsicht

159 In **sachlicher** Hinsicht haben Sie bei einer im Sachverhalt vorgegebenen Vorverurteilung immer zu prüfen, ob diese bereits den Ihnen im vorliegenden Verfahren beschriebenen einheitlichen Lebenssachverhalt zum Gegenstand hat. Maßgebend ist insoweit der **Tatbegriff des § 264 StPO**.

Besonders problematisch kann das sein, wenn die bereits abgeurteilte Tat ein Dauerdelikt war und der Beschuldigte während der Verwirklichung des Dauerdelikts eine weitere, meist viel schwerere Straftat beging, die Gegenstand Ihres Gutachtens ist.

> **Beispiel:** Der Beschuldigte befand sich längere Zeit im Besitz von Drogen. Noch mit den Drogen am Mann beging er einen Raub. Anschließend war er zeitweise flüchtig. Nachdem er durch Strafbefehl rechtskräftig wegen des Drogenbesitzes – ausdrücklich auch zur Zeit des Raubs – verurteilt worden war, stellte er sich der Polizei und wandte gegen die Verfolgung wegen des Raubs Strafklageverbrauch ein.

160 Der BGH fordert für eine einheitliche prozessuale Tat nicht nur eine äußere zeitliche Verknüpfung, die im Beispielsfall ohne weiteres gegeben ist, sondern darüber hinaus eine Verknüpfung dergestalt, dass **der Unrechts- und Schuldgehalt der einen Handlung nicht ohne die Umstände, die zu der anderen Handlung geführt haben, gewürdigt werden kann.**[109]

> Für die Tatidentität muss ein innerer Beziehungs- und Bedingungszusammenhang zwischen den Handlungen bestehen.

- An diesem Beziehungs- und Bedingungszusammenhang fehlt es im Beispielsfall, der dicht an einen Klausurfall angelehnt ist, der kurz nach der Entscheidung des BGH gestellt wurde. Der Raub war in keiner Weise durch den Drogenbesitz bedingt oder beeinflusst.

- Anders sah es in dem Fall aus, der dem BGH[110] zur Entscheidung vorlag. Der Angeklagte war wegen einer Trunkenheitsfahrt nach § 316 StGB rechtskräftig verurteilt worden, die, wie sich später herausstellte, zum bewaffneten Transport von Drogen diente.[111]

- Mit der Forderung nach einem inneren Bedingungs- und Beziehungszusammenhang ließe sich in der Klausur auch die Konstellation lösen, dass ein wegen unerlaubten Waffenbesitzes rechtskräftig vorbestrafter Beschuldigter verdächtig ist, mit der Waffe während des von der Verurteilung erfassten Tatzeitraums aufgrund eines neuen Entschlusses einen Raubüberfall begangen zu haben. Der BGH[112] hat in einer derartigen Konstellation, wenn auch mit etwas anderer Begründung, den Strafklageverbrauch durch die Verurteilung wegen des unerlaubten Waffenbesitzes abgelehnt.

---

109 BGH, Beschl. vom 05.03.2009, 3 StR 566/08, StraFo 2009, 288.
110 BGH, Beschl. vom 05.03.2009, 3 StR 566/08, StraFo 2009, 288.
111 Auch BGH, Urteil vom 16.03.1989, 4 StR 60/89, BGHSt 36, 151 ff. zum Strafklageverbrauch für mit Schusswaffe begangener Straftat nach bereits erfolgter Aburteilung nach dem Waffengesetz. Wegen der etwas anderen Argumentation sollten Sie auch diese Entscheidung unbedingt lesen!
112 BGHSt 36, 151.

Klausurtaktisch gilt auch für den **Strafklageverbrauch**: Würde der Strafklageverbrauch alle im Raum stehenden Tatvorwürfe betreffen, so dass Sie zur vollständigen Verfahrenseinstellung nach § 170 II StPO kommen müssten, sollten Sie unbedingt mit dem Ziel argumentieren, ein derartiges Verfahrenshindernis abzulehnen. Beträfe dieser dagegen nur einzelne von mehreren Tatvorwürfen, so dass am Ende Stoff für eine Anklageschrift bliebe, wäre das Ergebnis offen.

2. Fehlender Strafantrag

Der Strafantrag (§§ 77 ff. StGB) ist **Prozessvoraussetzung**, das Fehlen begründet – zumindest bei absoluten Antragsdelikten – ein Verfahrenshindernis. Auch ohne Strafantrag kann die Tat jedoch eine rechtswidrige Haupttat sein kann. 161

- Machen Sie es sich zur eisernen Regel, bei Delikten, deren Verfolgung einen Strafantrag erfordert (absolute Antragsdelikte), diesen noch vor dem Tatbestand zu erörtern. Der Strafantrag gehört nicht an das Ende der Erörterungen. Kein Staatsanwalt wird die Tatbestandsvoraussetzungen eines Straftatbestands prüfen, wenn schon kein Strafantrag gestellt ist.

- Bei **absoluten Antragsdelikten** sollten Sie mit dem Strafantrag keine Probleme haben, wenn dieser **vom Berechtigten** (§§ 77 I–IV, 77a StGB) und **innerhalb der Dreimonatsfrist** (§ 77b StGB) gestellt worden ist. Weil das Vorliegen der Prozessvoraussetzungen Bedingung für die Zulässigkeit eines Sachurteils ist, müssen letzte Zweifel – aus tatsächlichen Gründen – an einem ordnungsgemäß gestellten Strafantrag sich zu Gunsten des Beschuldigten auswirken. Ob das nun Ausfluss des Grundsatzes »in dubio pro reo« ist oder nicht,[113] muss in der Klausur nicht erörtert werden. 162

- Bei den **relativen Antragsdelikten** kann ein fehlender Strafantrag dadurch ersetzt werden, dass die Staatsanwaltschaft **das besondere öffentliche Interesse** an der Strafverfolgung bejaht. Unterschiedlich wird die Frage beantwortet, wo im Gutachten dieses besondere öffentliche Interesse zu prüfen ist. 163

  - Dafür, das **besondere öffentliche Interesse an der Strafverfolgung erst am Ende** zu prüfen, spricht nach der wohl h.M., dass dies erst nach Abschluss der Strafbarkeitsprüfung abschließend beurteilt werden kann.

  - Andererseits erscheint es sinnlos, aufwendig einen Straftatbestand zu prüfen, um dann in Kenntnis des fehlenden Strafantrags am Ende zu dem Ergebnis zu gelangen, dass auch ein besonderes öffentliches Interesse an der Strafverfolgung nicht vorliegt. Diese Überlegung legt es nahe, **darauf bereits gemeinsam mit dem Strafantragserfordernis einzugehen**. Weil Sie im Gutachten einleitend mitgeteilt haben, welches Verhalten Sie unter welchem Aspekt auf seine Strafbarkeit untersuchen wollen, lässt sich auch absehen, ob gegebenenfalls ein besonderes Interesse an der Strafverfolgung zu bejahen sein würde. Bedeutung kann dies Problem ohnehin nur erlangen, wenn Sie das Strafverfolgungsinteresse ablehnen wollen, weil damit die Erörterung des Tatbestandes entfiele. Riecht in dieser Konstellation der Sachverhalt geradezu danach, dass der Klausurverfasser etwas zu dem relativen Antragsdelikt hören will, sollten Sie das besondere öffentliche Interesse besser am Ende prüfen.

3. Verjährung, §§ 78 ff. StGB

Verjährungsproblematiken spielen in der Klausur selten eine Rolle. 164

Die Länge der Verjährungsfrist hängt von der jeweils vom Gesetz angedrohten Höchststrafe ab (§ 78 III, IV StGB).

Der Beginn der Verjährungsfrist richtet sich nach § 78a StGB und ist regelmäßig an die Beendigung der Tat geknüpft. Sollte die Verjährung durch eine der in § 78c I StGB beschriebenen Handlungen unterbrochen worden sein, müssen Sie die sich aus Abs. 3 ergebende **absolute**

---

113 Vgl. dazu *Meyer-Goßner* § 206a Rn. 7.

Verjährung im Auge behalten. Diese tritt ein, wenn seit dem in § 78a StGB genannten Zeitpunkt – also regelmäßig ab Beendigung – das Doppelte der gesetzlichen Verjährungsfrist verstrichen ist.

5. Teil. Der prozessuale Teil

A. Das prozessuale Gutachten

Im prozessualen Gutachten sollen Sie dem Leser Ihre praktischen Entscheidungen erläutern. Es geht für Sie also darum, nachvollziehbar darzulegen, warum Ihre Abschlussverfügung und Anklage so und nicht anders aussehen. Das bedeutet für Sie, eine Liste in Betracht kommender prozessualer Fragen abzuarbeiten und auf ihre Relevanz abzuklopfen. Manche dieser prozessualen Fragen werden in jeder Klausur zu erörtern sein. So werden Sie immer auf die sachliche und örtliche Zuständigkeit des Gerichts und mögliche Opportunitätsentscheidungen einzugehen haben. Andere prozessuale Fragen werden in bestimmten Konstellationen nicht einmal anzureißen sein. Kommen wegen der Verwirklichung von Bagatelldelikten nur Geldstrafen in Betracht, werden Sie kein Wort zur notwendigen Verteidigung verlieren müssen. In dieser Konstellation werden auch Ausführungen zu den Voraussetzungen eines Haftbefehls anfängerhaft wirken.

165

Die denkbaren Konstellationen sind so vielfältig, dass sie hier nur angerissen werden können. Sie selbst sind dafür verantwortlich, das Gefühl dafür zu erwerben, wann von Ihnen Ausführungen zu bestimmten prozessualen Problemen erwartet werden. Nur Übung wird Sie zur Meisterschaft bringen! Dabei sind Ihre Erfolgsaussichten im prozessualen Gutachten besonders hoch, denn die Anzahl der Probleme ist überschaubar.

Typische prozessuale Fragen sind:

- Sachliche Zuständigkeit,
- örtliche Zuständigkeit,
- Anklage oder Strafbefehl,
- Teileinstellung § 170 II StPO,
- §§ 154/154a StPO,
- Haftbefehl,
- notwendige Verteidigung,
- Nebenklage,
- § 111a StPO und andere.

Der Umfang der Darstellung wird natürlich stark davon abhängen, ob zur Klausuraufgabe auch die Anfertigung einer Abschlussverfügung gehört, was nicht in jedem Bundesland der Fall ist. Gehört die Abschlussverfügung zur Aufgabe, werden Sie sich bei fortgeschrittener Zeit darauf beschränken können, viele der angesprochenen Fragen in der Verfügung zu beantworten. Andererseits werden Sie jede der für den Fall relevanten Fragen im Gutachten erörtern müssen, wenn Ihnen die Abschlussverfügung erlassen ist.

I. Das sachlich zuständige Gericht

Überraschend sind die Fehler, die in vielen Klausuren schon an dieser Stelle gemacht werden. Viele Klausurverfasser schaffen es spätestens jetzt, den Korrektor endgültig gegen sich aufzubringen, indem sie mit nichts sagenden Formulierungen zu falschen Ergebnissen kommen. Dabei ist im Zusammenhang mit der sachlichen Zuständigkeit nur eine einzige wirkliche Klippe zu überwinden: Welche Strafe hat der Beschuldigte zu erwarten? Doch auch dieses Hindernis lässt sich ohne Probleme meistern. Weitere Probleme gibt es mit den nötigen Grundkenntnissen nicht. Doch Schritt für Schritt:

166

Natürlich können Sie bei der Zuständigkeitsprüfung nur bestehen, wenn Sie den Gerichtsaufbau in der Strafgerichtsbarkeit kennen. Diese Kenntnisse sind allerdings so elementar und selbstverständlich vorauszusetzen, dass ich im Einzelnen darauf nicht eingehen will. Haben Sie nur die geringsten Zweifel an Ihren Kenntnissen, sollten Sie sofort ein StPO-Lehrbuch zur Hand nehmen und Ihr Wissen auffrischen!

1. Zuständigkeiten

167 Im Erwachsenenstrafverfahren kann die Hauptverhandlung vor

- dem **Strafrichter**,
- dem **Schöffengericht**,
- der **Großen Strafkammer**

stattfinden. Die daneben ausnahmsweise denkbare erstinstanzliche Zuständigkeit des Oberlandesgerichts spielt in den Klausuren keine Rolle.

168 Bedenken Sie, dass Sie schon mit der unkorrekten Bezeichnung des zuständigen Gerichts Weichen stellen. Korrektoren werden Fehler kaum verzeihen. Der Strafrichter heißt also weder »*Einzelrichter*« noch »*Richter am AG*« oder gar »*Amtsrichter*«. Die Strafkammer muss unbedingt als »große« bezeichnet werden, weil jeder Korrektor zumindest ahnt, dass die unvollständige Bezeichnung nicht auf einem Versehen, sondern auf Unkenntnis von der Aufgabenverteilung zwischen großen und kleinen Strafkammern beruht. Zwar wird verschiedentlich vertreten, dass es außerhalb der Hauptverhandlung nur »Strafkammern« gebe. Das dürfte indes nicht zutreffend sein. Aus § 76 GVG ergibt sich, dass große Strafkammern mit drei Richtern und zwei Schöffen besetzt sind, letztere bei Entscheidungen außerhalb der Hauptverhandlung jedoch nicht mitwirken. Bei der Bezeichnung als große Strafkammer bleibt es damit auch außerhalb der Hauptverhandlung.

Nicht weniger schlimm ist es, wenn statt der Zuständigkeit der Großen Strafkammer lediglich die Zuständigkeit des Landgerichts bejaht wird. Das habe ich leider schon allzu häufig in Klausuren gelesen. Der Schluss auf die Unwissenheit des Klausurverfassers ist dann zwingend.

169 **Der Strafrichter hat wie das Schöffengericht eine Strafgewalt von bis zu vier Jahren Freiheitsstrafe.** Im Gegensatz zum Schöffengericht ist der **Strafrichter** aber nur bei einer **Straferwartung von bis zu zwei Jahren** (Ausnahme Privatklagen) und wenn dem Angeschuldigten **kein Verbrechen** vorgeworfen wird, zuständig. Nur am Rande sei angemerkt, dass auch der Versuch eines Verbrechens und die Teilnahme daran Verbrechen darstellen. Führt eine Strafrahmenverschiebung dazu, dass die angedrohte Mindeststrafe unter ein Jahr rutscht, bleibt das Delikt ebenfalls ein Verbrechen. **Ab einer Straferwartung von mehr als vier Jahren ist die Zuständigkeit der Großen Strafkammer begründet.** Häufig kommt in Klausuren auch die Zuständigkeit des Schwurgerichts in Betracht, die sich aus § 74 II GVG ergibt (sämtliche Verbrechenstatbestände mit Todesfolge). Die weiteren Sonderzuständigkeiten nach den §§ 74a–74c StPO spielen in den Klausuren keine Rolle.

Es ergibt sich also folgende Zuständigkeitsverteilung:

- **Amtsgericht**
  - **Strafrichter:**

    Vergehen mit Straferwartung bis 2 Jahre; Privatklagedelikte

  - **Schöffengericht:**

    Vergehen mit Straferwartung über 2 Jahre bis 4 Jahre; Verbrechen bis 4 Jahre

- **Landgericht**
  - **Große Strafkammer:**

    Vergehen und Verbrechen mit Straferwartung über 4 Jahre

- Schwurgericht:

    Katalogtat nach § 74 II GVG

Sind Sie sich über diese Zuständigkeitsverteilung im Klaren, geht es an die Begründung der Zuständigkeit im konkreten Fall. Kommen Sie dabei gleich auf den Punkt. Lange abstrakte Ausführungen zu der Zuständigkeitsverteilung interessieren nicht und kosten Sie Zeit, die Sie an anderer Stelle möglicherweise noch dringend benötigen werden. Andererseits dürfen Sie sich auch nicht auf schlichte Feststellungen beschränken, denn Sie wollen den Leser ja überzeugen.

2. Regelstrafrahmen als Ausgangspunkt

Ausgangspunkt Ihrer Überlegungen zur Straferwartung muss – wie bei der Strafzumessung in einem Urteil – immer der Strafrahmen des schwersten Delikts sein. Selten mal wird nur ein einziger Straftatbestand anzuklagen sein.

- Das schwerste Delikt wird bei **Tatmehrheit** in aller Regel auch zur höchsten Einzelstrafe und damit zur Einsatzstrafe führen, die wiederum ganz entscheidenden Einfluss auf die Höhe einer Gesamtstrafe hat.

- Bei **Tateinheit** ist die Strafe ebenfalls dem Strafrahmen des **schwersten Delikts** zu entnehmen, das ist **das mit der höchsten angedrohten Höchststrafe**. Denken Sie unbedingt an die Sperrwirkung, die § 52 II 2 StGB bei unterschiedlichen Mindeststrafandrohungen nach unten entfaltet.

3. Strafrahmenverschiebungen

Beachten Sie, dass Strafrahmenverschiebungen wegen vertypter oder unbenannter Strafmilderungsgründe (natürlich auch Strafschärfungsgründe) unbedingt berücksichtigt werden müssen. Denn die Auswirkungen sind gravierend:

- Sind Sie in Ihrem A-Gutachten zu dem Ergebnis gekommen, dass die Voraussetzungen des § 250 II StGB erfüllt sind, kommen Sie automatisch zu einer Freiheitsstrafe von fünf Jahren und mehr. Sie können dann nur noch bei einer großen Strafkammer anklagen.

- Haben Sie dagegen einen minder schweren Fall nach § 250 III StGB bejaht, liegt die angedrohte Mindeststrafe nur noch bei einem Jahr, womit auch eine Anklage zum Schöffengericht möglich ist. Dieser Strafrahmen könnte sich beim Vorliegen vertypter Strafmilderungsgründe sogar noch deutlich ermäßigen. Eines wird Ihnen dadurch jedoch nicht gelingen, nämlich die Zuständigkeit des Strafrichters zu begründen. Denn an der Deliktsnatur ändert sich nichts. § 250 StGB bleibt ein Verbrechenstatbestand.

Das Erörtern in Betracht kommender Strafmilderungsgründe wird Ihnen an dieser Stelle allerdings keine große Mühe mehr machen, denn die wichtigsten Strafschärfungsgründe und die vertypten Strafmilderungsgründe haben Sie ja bereits in Ihrem materiellen Gutachten abgearbeitet. Zur Erinnerung: Zu den vertypten Strafmilderungsgründen gehören u.a. §§ 13, 17 S. 2, 21, 22, 23, 27, 28 I StGB. Unbenannte Strafmilderungsgründe sollten Sie dagegen erst im prozessualen Gutachten erörtern.[114] Denken Sie immer dran:

Die vorgenannten Strafmilderungs- und Strafschärfungsgründe führen zu einer **Strafrahmenverschiebung**.

In der Ausbildung führen § 21 StGB und die minder schweren Fälle des besonderen Teils des StGB oft ein Schattendasein. Teilweise wird sogar gelehrt, einige dieser Strafrahmenmilderungsgründe – insbesondere geht es um § 21 StGB – hätten im materiellen Gutachten nichts zu suchen und seien nur dann im prozessualen Gutachten anzureißen, wenn ihr Vorliegen zu einem zu gravierend anderen Strafrahmen führe, so dass bei einem anderen Gericht anzuklagen sei.

---

114 So ausdrücklich die Hinweise für die Anfertigung von Staatsanwaltsklausuren des Landesjustizprüfungsamts Niedersachsen.

Tatsächlich sind auch diese Strafrahmenmilderungsgründe im Abschnitt »Strafe« des jeweiligen Tatbestands zu prüfen. Gleichwohl sollen diese Strafrahmenmilderungsgründe, weil sie eine häufige Fehlerquelle darstellen, hier im Rahmen eines Exkurses erörtert werden.

a) § 21 StGB: Erhebliche Verminderung der Schuldfähigkeit

173 Im Vordergrund steht die erhebliche Verminderung der Steuerungsfähigkeit infolge Trunkenheit.

> § 21 StGB wird anders als § 20 StGB nicht unter Schuld, sondern unter »**Strafe**« geprüft. § 21 StGB ist ein vertypter Straf-(rahmen-)milderungsgrund.

Auf § 21 StGB werden Sie in Ihrem Gutachten jedoch nur eingehen, wenn eine Tatzeit-BAK von mindestens 2,0 ‰ feststeht oder sich aufgrund einer gegebenenfalls erforderlichen Rückrechnung ergeben könnte. Im Bereich unter 2,0 ‰ darf in aller Regel bei einem erwachsenen gesunden Menschen von voller Schuldfähigkeit ausgegangen werden.

> Können Sie dem Klausursachverhalt eine deutliche Alkoholisierung des Beschuldigten entnehmen, müssen Sie zuerst dessen Tatzeit-BAK errechnen (dazu unten), um beurteilen zu können, ob Sie in die Erörterung des § 21 StGB einsteigen müssen.

Wie in § 20 StGB ist auch im Rahmen des § 21 StGB sehr genau zwischen erheblicher Verminderung der **Unrechtseinsichtsfähigkeit** und der **Steuerungsfähigkeit** zu **unterscheiden**.

> Die Unrechtseinsichtsfähigkeit ist die Fähigkeit, das Unrecht der Tat einzusehen.

> Die Steuerungsfähigkeit ist die Fähigkeit, entsprechend einer vorhandenen Unrechtseinsicht zu handeln.

Unrechtseinsichtsfähigkeit und Steuerungsfähigkeit können nicht gleichzeitig fehlen, weil die Steuerungsfähigkeit nur in Frage stehen kann, wenn der Beschuldigte zur Einsicht in das Unrecht seiner Tat gelangt ist.

Die Gründe für das Fehlen der Unrechtseinsichts- oder der Steuerungsfähigkeit müssen in den in § 20 StGB, auf den § 21 StGB Bezug nimmt, aufgeführten sog. **biologischen Merkmalen** liegen. Dazu gehören:

- die krankhafte seelische Störung
  - exogene Psychosen, Störungen mit hirnorganischer Ursache
  - endogene Psychosen wie Schizophrenie und manische Depression
  - **Intoxikationspsychosen wie Trunkenheit**
- die tief greifende Bewusstseinsstörung
  - Erschöpfung, Übermüdung
  - Affekt
- der Schwachsinn
  - angeborene Intelligenzschwäche
- die schwere andere seelische Abartigkeit
  - Psychopathien
  - Neurosen
  - Triebstörungen

A. Das prozessuale Gutachten

Die Steuerungsfähigkeit des Beschuldigten ist erheblich vermindert, wenn dieser **bei vorhandener Unrechtseinsicht** den Tatanreizen erheblich weniger Widerstand entgegensetzen kann als der nüchterne Durchschnittsmensch.

Wichtig ist, dass Sie sich merken:

Die Verminderung der Einsichtsfähigkeit allein ist bedeutungslos. Diese hat rechtlich erst dann Folgen, wenn sie im konkreten Fall auch tatsächlich zum Fehlen der Unrechtseinsicht geführt hat.

Fehlt es dagegen an der Unrechtseinsicht wegen eines Defekts im Sinne des § 20 StGB, hängt das Vorliegen des § 21 StGB davon ab, ob das Fehlen der Unrechtseinsicht vermeidbar war. Konnte der Beschuldigte das Fehlen der Unrechtseinsicht nicht vermeiden, handelt er gemäß § 20 StGB schuldlos. Nur wenn das Fehlen der Unrechtseinsicht vermeidbar war, ist § 21 StGB gegeben. **174**

Vermeidbar ist das Fehlen der Unrechtseinsicht, wenn der Beschuldigte bei gehöriger Anspannung aller ihm verbliebenen Geisteskräfte das Unrecht seiner Tat hätte erkennen müssen

In einer Klausur werden Sie aber gar nicht so weit kommen. Auch wenn Sie ausnahmsweise eine Tatzeit-BAK von 3,0 ‰ und mehr feststellen, werden Sie ohne weiteres aus der Heimlichkeit bei der Tatbegehung oder der anschließenden Flucht des Beschuldigten auf dessen vorhandene Unrechtseinsicht schließen können.

Bei vorhandener Unrechtseinsicht und erheblich verminderter Steuerungsfähigkeit ist § 21 StGB dagegen immer erfüllt. Letzteres zu prüfen, ist also Ihre Aufgabe in den Klausuren. Dazu müssen Sie die Systematik des § 21 StGB jedoch nicht vollständig erörtern. Dennoch müssen Sie diese kennen, um begriffliche Verwirrung zu vermeiden und dem Korrektor klipp und klar mitteilen zu können, worum es Ihnen geht. **175**

Zur Veranschaulichung das folgende Schaubild:

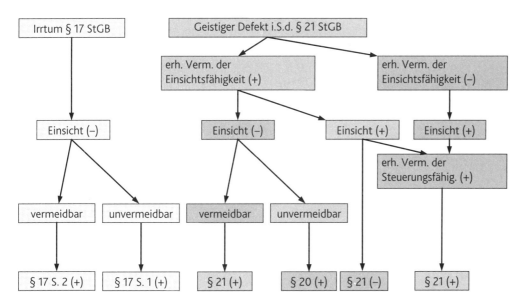

aa) Feststellung der Tatzeit-BAK

Sie haben die erhebliche Verminderung der Steuerungsfähigkeit im Gutachten grundsätzlich erst ab einer Tatzeit-BAK von 2,0 ‰ und mehr und bei Tötungsdelikten – wegen der deutlich höheren Hemmschwelle – ab einer Tatzeit-BAK von 2,2 ‰ und mehr zu erörtern. **176**

Wie bereits oben angerissen, kann sich die Tatzeit-BAK aus einer Rückrechnung auf der Basis des Ergebnisses einer Blutuntersuchung oder aufgrund von Trinkmengenangaben ergeben.

- **Die Rückrechnung auf der Basis des Ergebnisses einer Blutuntersuchung** ist sehr einfach. Weil eine Blutprobe immer erst nach der Tat entnommen wird, ist unter Berücksichtigung des Zweifelssatzes mit dem denkbar höchsten Abbauwert auf die denkbar höchste Tatzeit-BAK zurückzurechnen. Diese wirkt sich zu Gunsten des Täters aus, weil es um die Voraussetzung für eine Strafrahmenmilderung nach § 21 StGB geht.

> **Merke:** Bei einer Rückrechnung auf der Basis des Ergebnisses einer Blutuntersuchung ist zu Gunsten des Beschuldigten von einem stündlichen Abbauwert von 0,2 ‰ sowie einem **einmaligen** Sicherheitszuschlag von 0,2 ‰ auszugehen.

- **Die Rückrechnung aufgrund von Trinkmengenangaben** wird Ihnen etwas mehr abverlangen, stellt aber keineswegs eine unüberwindliche Hürde dar. Diese Art der Rückrechnung wird erforderlich, wenn ein Ergebnis einer Blutuntersuchung nicht vorliegt und Ihnen im Sachverhalt hinreichend genaue Trinkmengenangaben an die Hand gegeben werden. Zudem müssen Sie das Gewicht des Beschuldigten kennen, das für die BAK ebenfalls von entscheidender Bedeutung ist. Fehlen diese Daten im Sachverhalt, können Sie die Rückrechnung nicht leisten und wird sie von Ihnen auch nicht verlangt. Es ist jedoch gut vorstellbar, dass Sie einmal im Rahmen einer Revisionsklausur vor die Aufgabe gestellt werden, eine in dem anzufechtenden Urteil dokumentierte BAK-Berechnung auf ihre Richtigkeit zu untersuchen.

Die BAK-Berechnung aufgrund von Trinkmengenangaben erfolgt mit Hilfe der *Widmark-Formel*:[115]

> Die BAK in Promille ergibt sich aus dem genossenen Alkohol in Gramm abzüglich eines zehn- (bis dreißig-) prozentigen Resorptionsdefizits geteilt durch das reduzierte (Männer mal 0,7; Frauen mal 0,6) Körpergewicht in Kilogramm.

Bei der Berechnung der Alkoholmenge müssen Sie darauf achten, dass der Alkoholgehalt von Getränken immer in Volumenprozenten angegeben wird. Die sich daraus ergebenden Volumenanteile müssen wegen des spezifischen Gewichts des Alkohols noch mit 0,81 multipliziert werden, um die Gewichtsanteile zu ermitteln. Im Rahmen der BAK-Berechnung für § 21 StGB ist zu Gunsten des Angeklagten das denkbar niedrigste Resorptionsdefizit von 10% in die Widmark-Formel einzustellen.

Zu berücksichtigen ist ferner der Zeitfaktor. Hat der Beschuldigte den Alkohol über mehrere Stunden – vor der Tat – zu sich genommen, ist der bis zur Tat abgebaute Blutalkohol abzuziehen. Um zu Gunsten des Beschuldigten wiederum auf eine für diesen möglichst günstige und damit möglichst hohe BAK zu kommen, ist in dieser Konstellation mit dem denkbar niedrigsten Abbauwert von 0,1 ‰ pro Stunde zurückzurechnen. Ein Sicherheitszuschlag kommt nicht in Betracht.[116]

> Bei einer BAK-Berechnung auf der Basis von Trinkmengenangaben ist zu Gunsten des Beschuldigten bei einem Resorptionsdefizit von 10 % von einem stündlichen Abbauwert von 0,1 ‰ auszugehen.

bb) Wirkung psychodiagnostischer Kriterien

177 Nach der Ermittlung der Tatzeit-BAK bleibt im Gutachten die Frage zu beantworten, ob allein aufgrund der Tatzeit-BAK bereits von einer erheblichen Verminderung der Steuerungsfähigkeit ausgegangen werden kann oder ob entgegenstehende Umstände zu berücksichtigen sind.

Während in der früheren Rechtsprechung des BGH unter Berücksichtigung des Zweifelssatzes die BAK mangels anderer aussagekräftiger Anknüpfungspunkte regelmäßig ausreiche, hat die Leistungsfähigkeit des Täters (**psychodiagnostische Kriterien**) zur Tatzeit erheblich an Aussagekraft gewonnen. Vereinzelt wird in den Klausuren eine Auseinandersetzung damit verlangt.

---
115 *Fischer* § 20 Rn. 12 ff., 14.
116 *Theune* NStZ-RR 2006, 193 (194).

A. Das prozessuale Gutachten

Unter den psychodiagnostischen Kriterien sind Leistungsmerkmale während oder unmittelbar vor oder nach der Tat zu verstehen, die Rückschlüsse auf das Leistungsvermögen und damit die Steuerungsfähigkeit des Täters zulassen.

Gemeint sind damit **in sich logische und schlüssige Handlungssequenzen und motorische Kombinationsleistungen, die in der jeweiligen Form nicht möglich sind, wenn die Steuerungsfähigkeit erheblich beeinträchtigt wäre.** Dazu gehören äußere Anzeichen wie das Fehlen von Koordinationsproblemen und lallender Sprache, aber auch das Bewältigen komplexerer Handlungen oder das schnelle und angepasste Reagieren auf eine sich verändernde Tatsituation.[117]

178

Weil derartige Abwägungen regelmäßig die Hinzuziehung eines psychiatrischen Sachverständigen in der Hauptverhandlung erfordern, werden Sie mit der Anklageerhebung die Einholung eines Sachverständigengutachtens beantragen müssen.

> Ab einer Tatzeit-BAK von 2,0 ‰ ist die erhebliche Verminderung der Steuerungsfähigkeit zu erörtern.
> Die Tatzeit-BK stellt für sich zunächst nur einen groben Richtwert dar.

> **Liegen daneben aussagekräftige psychopathologische Leistungsmerkmale vor**, ist zu prüfen, ob diese trotz hoher Alkoholisierung der Annahme erheblich verminderter Steuerungsfähigkeit entgegenstehen.

> **Nur wenn es an aussagekräftigen psychodiagnostischen Leistungsmerkmalen fehlt**, wird unter Berücksichtigung des Zweifelssatzes allein aufgrund der Tatzeit-BAK eine erhebliche Verminderung der Steuerungsfähigkeit zu bejahen sein.

Sind Sie sich in der Klausur unsicher oder fehlt es Ihnen an der für eine Abwägung erforderlichen Zeit, sollten Sie sich auf die früher anerkannte Zweifelsregelung zurückziehen und ab 2,0 ‰ bzw. 2,2 ‰ die erhebliche Beeinträchtigung der Steuerungsfähigkeit bejahen. Nachdem Sie den Lösungsweg dargestellt haben, kann von Ihnen eigentlich nicht mehr erwartet werden. Das wird in der Praxis auch heute noch vielfach so gemacht.

179

Haben Sie die Voraussetzungen des § 21 StGB bejaht, sollten Sie sich auch gleich mit den sich daraus ergebenden Folgen auseinandersetzen und den sich aus den §§ 21, 49 StGB gemilderten Strafrahmen konkret bestimmen. Davon sollten Sie nur absehen, wenn die Strafrahmenmilderung offensichtlich keine Auswirkungen auf die sachliche Zuständigkeit des für die Hauptverhandlung zuständigen Gerichts hat. Spätestens im prozessualen Teil müssten Sie das ohnehin leisten.

Gemäß § 49 I StGB vermindert sich die angedrohte Höchststrafe auf dreiviertel der Strafandrohung des Regelstrafrahmens. Bei einer angedrohten Höchststrafe von 15 Jahren verringert sich die Höchststrafe damit auf 11 Jahre 3 Monate und nicht auf 11 Jahre 9 Monate, wie ich es schon so oft gelesen habe.

Zur Verdeutlichung des Ergebnisses des vorstehenden Abschnitts das folgende Aufbau- und

Formulierungsbeispiel:

Tatbestand ...

Rechtswidrigkeit ...

Schuld
Fraglich ist, ob der Beschuldigte zur Tatzeit im Sinne des § 20 StGB infolge seiner Alkoholintoxikation wegen einer krankhaften seelischen Störung schuldunfähig war. Eine ihm zwei Stunden nach der Tat entnommene Blutprobe enthielt 2,0 ‰. Zu seinen Gunsten ist mit dem denkbar höchsten

---
117 **Unbedingt nachlesen:** BGH NStZ 1998, 296 und StV 1998, 537.

Abbauwert von 0,2 ‰ sowie einem einmaligen Sicherheitszuschlag von 0,2 ‰ zurückzurechnen, so dass für den Tatzeitpunkt von einer BAK von 2,6 ‰ auszugehen ist. Die Aufhebung der Einsichts- oder Steuerungsfähigkeit kommt jedoch erst ab einer BAK von 3,0 ‰ in Betracht.

Strafe
Jedoch könnte die Steuerungsfähigkeit des Beschuldigten erheblich vermindert gewesen sein. Die erhebliche Verminderung der Steuerungsfähigkeit kommt bei Kapitaldelikten wegen der hohen Hemmschwelle erst ab einer BAK von 2,2 ‰ in Betracht. Dieser Wert ist mit der zuvor errechneten Tatzeit-BAK von 2,6 ‰ überschritten. Jedoch ist die BAK allein nur dann maßgebend, wenn über die tatsächliche Leistungsfähigkeit des Beschuldigten zur Tatzeit keine Erkenntnisse vorliegen. Anders ist es im vorliegenden Fall. Der Beschuldigte war in der Lage, den richtigen Zeitpunkt für seine Tat zu erkennen. Die Idee der verzögerten Brandlegung mittels einer brennenden Zigarette und deren Ausführung sprechen ebenfalls ... . Insgesamt liegen damit eine ganze Reihe aussagekräftiger Leistungsmerkmale vor, so dass davon auszugehen ist, dass die Steuerungsfähigkeit des Beschuldigten trotz der hohen BAK nicht erheblich vermindert war.

b) Minder schwere Fälle

180 Die Verbrechens- und schwerere Vergehenstatbestände sehen minder schwere Fälle vor, die mit deutlich geringeren Strafen bedroht sind, als der jeweilige Regelstrafrahmen vorsieht. Noch einmal: Diese Strafzumessungsvorschriften sind im Gutachten beim zu prüfenden Straftatbestand unter dem Stichwort »Strafe« zu erörtern.

Ein minder schwerer Fall liegt vor,

> wenn das Tatbild einschließlich aller subjektiven Momente und der Täterpersönlichkeit vom Durchschnitt der erfahrungsgemäß gewöhnlich vorkommenden Fälle in einem so erheblichen Maße abweicht, dass der Regelstrafrahmen nicht mehr angemessen ist.

181 Die Feststellung eines minder schweren Falles erfordert also eine **umfassende Gesamtwürdigung aller tat- und täterbezogenen Umstände. Das kommt in den Klausurlösungen häufig nicht ausreichend zum Ausdruck!**

Gleichgültig ist, ob diese tat- und täterbezogenen Umstände der Tat innewohnen, sie begleiten, ihr vorausgehen oder ihr folgen. Für Sie bedeutet das, dass Sie sich vor allem mit den tatbezogenen Umständen auseinandersetzen müssen. Täterbezogene Umstände, zu denen Geständnisse und Vorstrafen gehören, werden Ihnen im Übrigen eher selten bekannt sein. Keinesfalls reicht es zur Begründung eines minder schweren Falles aus, dass Sie allein auf eine »*nur geringe Beute*« oder den Umstand abstellen, dass »*das Opfer keine Verletzungen erlitten hat*«. Denn das ist keine Gesamtwürdigung.

Nur wenn am Ende der Gesamtwürdigung die strafmildernden Umstände die strafschärfenden Umstände deutlich überwiegen, dürfen Sie von einem minder schweren Fall ausgehen. Ist das nicht der Fall, sind Sie jedoch noch nicht am Ende Ihrer Überlegungen.

182 Abgeleitet aus dem Wortlaut des § 50 StGB haben Sie dann nämlich einen gleichzeitig vorliegenden **vertypten Strafmilderungsgrund**, das sind die Strafrahmenmilderungsgründe des Allgemeinen Teils (§§ 13, 21, 23, 27 usw.), in die Gesamtwürdigung einzustellen. Denn ein minder schwerer Fall führt in der Regel zu einem für den Angeklagten günstigeren Strafrahmen als die Strafrahmenmilderung nach § 49 StGB. Ein zusätzlicher vertypter Strafmilderungsgrund wird die Waage regelmäßig deutlich zugunsten des minder schweren Falles ausschlagen lassen, so dass Sie in der Klausur bei gleichzeitigem Vorliegen beachtlicher Strafmilderungsgründe regelmäßig den minder schweren Fall werden bejahen können.

> **Aufbauhinweis:** Für den Aufbau Ihres Gutachtens bedeutet das, dass Sie die vertypten Strafmilderungsgründe immer vor den unbenannten Strafmilderungsgründen zu prüfen haben, um eine Inzidentprüfung zu vermeiden.

A. Das prozessuale Gutachten

Zur Veranschaulichung die folgende Skizze:

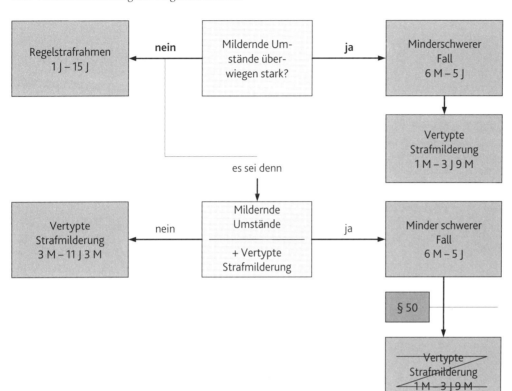

Das alles sollten Sie in der Klausur in der gebotenen Kürze und Prägnanz darstellen. Sie werden den Korrektor mit Ihrem Wissen überraschen und begeistern. Für die Frage, ob Sie sich überhaupt mit einem im Gesetz vorgesehenen minder schweren Fall beschäftigen müssen, sollten Sie sich an den für Urteile geltenden Anforderungen orientieren: Die Erörterung ist erforderlich, wenn der Sachverhalt dazu drängt, weil zumindest gewichtige Strafmilderungsgründe erkennbar sind. Eine Erörterung ist überflüssig, wenn die Annahme eines minder schweren Falles fern liegt oder sogar abwegig ist.

183

> **Nennen Sie den Strafrahmen, von dem Sie für die Straferwartung ausgehen, immer!** Das dient auch der Selbstkontrolle.

> **Formulierungsbeispiel:**
>
> Fraglich ist, ob ein minder schwerer Fall des § 249 II StGB in Betracht kommt. Das wäre der Fall, wenn in einer umfassenden Abwägung aller für und gegen den Beschuldigten sprechenden Umstände, die strafmildernden Umstände so überwiegen würden, dass der Regelstrafrahmen nicht mehr angemessen wäre. Für den Beschuldigten ... . Gegen ihn spricht dagegen ... . Die strafmildernden Umstände überwiegen also nicht stark. Jedoch hat der Beschuldigte im Zustand erheblich verminderter Steuerungsfähigkeit gemäß § 21 StGB gehandelt. Dieser vertypte Strafmilderungsgrund ist, wie aus § 50 StGB abgeleitet wird, mit erheblichem Gewicht zu Gunsten des Beschuldigten in die Gesamtabwägung einzustellen, so dass die strafmildernden Umstände letztlich doch in einem Maße überwiegen, dass der Regelstrafrahmen unangemessen ist. Der Strafrahmen verschiebt sich damit auf Freiheitsstrafe von sechs Monaten bis zu fünf Jahren.

4. Konkrete Straferwartung

Unter Berücksichtigung der wichtigsten und ins Auge springenden Strafzumessungsgesichtspunkte müssen Sie nun auf die zu erwartende Strafe hin argumentieren. Weil Ihre Erfahrung in Sachen Strafzumessung in der Regel gegen Null tendiert, werden Sie Schwierigkeiten ha-

184

ben, sich auf eine konkrete Straferwartung festzulegen. Das müssen Sie aber auch gar nicht mehr. Der Prüfer will von Ihnen vor allem wissen, ob die zu erwartende Strafe nicht mehr als zwei Jahre (dann Strafrichteranklage), über zwei und nicht mehr als vier Jahre (dann Schöffengerichtsanklage) oder mehr als vier Jahre (dann Strafkammeranklage) beträgt. Fühlen Sie sich sicher genug, bieten Sie dem Prüfer noch ein wenig mehr an und legen Sie sich auf eine grob umrissene Strafe fest. Besonders souverän wird es wirken, wenn Sie in Ihre Argumentation einfließen lassen, dass Sie

> **Formulierungsbeispiel:**
>
> im Hinblick auf die erheblichen Strafmilderungsgründe eine Strafe lediglich im unteren Bereich des Strafrahmens

erwarten oder aus denselben Gründen (natürlich nur, wenn der Strafrahmen und die Tatumstände es zulassen)

> **Formulierungsbeispiel:**
>
> allenfalls eine Geldstrafe

in Betracht kommt. Mancher Prüfer wird stutzen, wenn Sie im Ergebnis eine Freiheitsstrafe unter sechs Monaten für wahrscheinlich halten, denn im Hinblick auf § 47 StGB kommen sog. »kurze« Freiheitsstrafen nur ausnahmsweise in Betracht, wenn diese zur Einwirkung auf den Täter unerlässlich sind.

In Ihrem prozessualen Gutachten könnte es also wie folgt heißen:

> **Formulierungsbeispiel:**
>
> Die Anklage ist an das Landgericht – Große Strafkammer – zu richten, dessen Zuständigkeit sich aus § 74 I GVG ergibt. Das schwerste der von dem Beschuldigten verwirklichten Delikte, § 250 II StGB, droht Freiheitsstrafe von mindestens fünf Jahren an. Vertypte Strafmilderungsgründe liegen nicht vor, ein minder schwerer Fall kommt nicht in Betracht. Damit wird schon die Einsatzstrafe für die zu bildende Gesamtfreiheitsstrafe fünf Jahre übersteigen.

Ergibt sich bei mehreren Beschuldigten die Zuständigkeit jeweils eines anderen Gerichts, sind diese Beschuldigten alle gemeinsam bei dem Gericht der höchsten Ordnung anzuklagen, wenn die Voraussetzungen für eine gemeinsame Anklage nach § 3 StPO erfüllt sind.

II. Örtliche Zuständigkeit

185 Die Erörterung der örtlichen Zuständigkeit des Gerichts stellt in der Klausur kein Problem dar. Zuständig wird immer das für den Tatort zuständige Amtsgericht (im Zweifel am Tatort) oder Landgericht sein. Wegen § 141 GVG befindet sich das nächste Landgericht immer am Sitz der Staatsanwaltschaft.

Um die richtige geographische Bezeichnung des Ortes, das wird von den Kandidaten immer wieder verkannt, kann es in der Klausur nicht gehen. Denn kein Mensch kann von Ihnen verlangen, die Sitze der Amts- und Landgerichte zu kennen. Nein, der Korrektor erwartet von Ihnen kurze Ausführungen zum richtigen Gerichtsstand im Sinne der §§ 7–9 StPO (**Tatort, Wohn- oder Aufenthaltsort, Ergreifungsort**). Die übrigen Gerichtsstände sind für die Klausur ohnehin ohne Bedeutung. Weil es damit in aller Regel keine ernsthaften Probleme gibt, dürfen Sie das im Urteilsstil unter Hinweis auf die einschlägige Vorschrift abarbeiten. Achten Sie darauf, dass der von Ihnen angenommene Gerichtsstand auch zu der Staatsanwaltschaft passt, die die Ermittlungen führt. Mehr wird von Ihnen nicht verlangt.

> **Formulierungsbeispiel:**
>
> Der Beschuldigte hat die Tat in ... begangen. Damit ist gemäß § 7 StPO die Zuständigkeit des für diesen Tatort zuständigen Landgerichts ... begründet.

Die den Klausursachverhalten zu Grunde liegenden Taten können auch in verschiedenen Orten begangen worden sein. So hatte ein Beschuldigter in einem Klausurfall einen Raub in Lübeck und eine Brandstiftung in Hamburg begangen, wo er nach der Tat festgenommen wurde.

A. Das prozessuale Gutachten

Es ermittelte die Staatsanwaltschaft Hamburg, die gemäß § 13 StPO die Anklage zum Landgericht Hamburg zu erheben hatte.

III. Anklage oder besondere Verfahrensarten

Die Erörterung besonderer Verfahrensarten kann schon aufgrund eines Hinweises im Bearbeitervermerk überflüssig sein!

1. Strafbefehlsverfahren

Nur wenn Sie zuvor die Zuständigkeit des Strafrichters bejaht haben, kann eine Erörterung des Strafbefehlsverfahrens erforderlich sein. Der Vorsitzende des Schöffengerichts, ein Schöffengericht in der Besetzung mit zwei Schöffen gibt es nämlich nur in der Hauptverhandlung, kann im originären Strafbefehlsverfahren nicht zuständig sein. Denn die höchste Rechtsfolge, die in einem Strafbefehl verhängt werden darf, ist Freiheitsstrafe von einem Jahr. Die Zuständigkeit des Schöffengerichts und damit auch dessen Vorsitzenden beginnt aber erst ab einer Straferwartung von mehr als zwei Jahren. Verbrechen dürfen ohnehin nicht durch Strafbefehl geahndet werden. Die anders lautenden §§ 407, 408 StPO, die bei der Novellierung des § 25 GVG durch das Rechtspflegeentlastungsgesetz nicht geändert worden sind, sind mit dem aktuellen Wortlaut des § 25 GVG nicht vereinbar und führen deshalb in die falsche Richtung. Für das Schöffengericht bleibt nur das Verfahren nach § 408a StPO.

186

Mein Tipp für die Klausur: **Finger weg von Strafbefehlsverfahren!** Möglicherweise enthält schon der Bearbeitervermerk den Hinweis, dass das Strafbefehlsverfahren nicht in Betracht kommt. Davon abgesehen sollten Sie bei dem bleiben, was Sie geübt haben und können. Und das ist nun mal die klassische Anklage und nicht der Strafbefehlsantrag, in dem Sie sich zudem auf einen konkreten Rechtsfolgenantrag festlegen müssten. Sicher wird der Prüfer von Ihnen einige Worte zum Strafbefehlsverfahren lesen wollen, wenn Sie in Ihrem Gutachten nur Tatbestände aus dem Bereich der Bagatellkriminalität bejaht haben. Doch wird es Ihnen mit einigen wenigen Standardargumenten keine Schwierigkeiten bereiten aufzuzeigen, dass der richtige Weg die Anklageerhebung ist:

187

- Selten wird ein Klausursachverhalt mehr als vage Angaben zu den Lebensumständen und Einkommensverhältnissen des Beschuldigten enthalten. In dieser Konstellation hilft Ihnen Nr. 175 III 1 RiStBV: Ein Antrag auf Erlass eines Strafbefehls ist dann schon deshalb untunlich, weil **nicht alle für die Rechtsfolgenbestimmung wesentlichen Umstände aufgeklärt** sind.

- Auch in vielen anderen Fällen hilft Ihnen Nr. 175 III 1 RiStBV weiter. Sie können nämlich schlicht behaupten, dass **aus Gründen der Spezialprävention die Durchführung einer Hauptverhandlung geboten erscheint**. Das ist zwar letztlich eine Leerformel, reicht aber für die Klausur aus. Dagegen sollten Sie von generalpräventiven Erwägungen besser die Finger lassen.

Keinesfalls dürfen Sie das Strafbefehlsverfahren damit ablehnen, der Beschuldigte habe die Tat bestritten, weshalb ohnehin ein Einspruch gegen den Strafbefehl zu erwarten sei. Denn damit würden Sie gegen Nr. 175 III 2 RiStBV verstoßen, der das gerade nicht ausreichen lässt.

Wichtig ist, dass Sie nicht zu viel Zeit auf das Strafbefehlsverfahren verschwenden. Beschränken Sie sich auf wenige Sätze!

Formulierungsbeispiel:

.... Aus diesen Gründen ist die Anklage an den Strafrichter zu richten. Trotz der geringen Straferwartung kommt ein Strafbefehlsantrag (§§ 407 ff. StPO) nicht in Betracht.

... Weder die Einkommensverhältnisse noch die sonstigen Lebensumstände des Beschuldigten sind bislang hinreichend aufgeklärt, so dass keine ausreichenden Grundlagen für die Bestimmung der Rechtsfolge vorliegen (Nr. 175 III 1 RiStBV).

> oder
>
> ... Das Verhalten des Angeklagten gebietet es, ihm das Unrecht seines Tuns im Rahmen einer Hauptverhandlung deutlich vor Augen zu führen (Nr. 175 III 2. Var. RiStBV).

2. Beschleunigtes Verfahren

188 Mein nächster Tipp: **Finger weg auch vom beschleunigten Verfahren!** Auch das ist eine Verfahrensart, mit der Sie sich im Zweifel nicht sicher genug auskennen. Im Übrigen kann ich mir für die Examensklausur keinen Fall vorstellen, in dem die Voraussetzungen des § 417 StPO erfüllt wären. In vielen Fällen wird es an der *hinreichend klaren Beweislage* fehlen, die § 417 StPO verlangt, denn die meisten Klausuren sind auf eine Beweiswürdigung hin ausgelegt. Dass es in einer Examensklausur gar um einen *einfachen Sachverhalt* gehen könnte, halte ich schon aus der Natur der Sache heraus für ausgeschlossen. Sie sollten sich bei der Ablehnung des beschleunigten Verfahrens schon deshalb nicht schwer tun, weil viele Staatsanwaltschaften auch in der Praxis nur sehr zurückhaltend davon Gebrauch machen. Es ist also sehr wahrscheinlich, dass Sie mit der Ablehnung auf der Linie der Lösungsskizze liegen werden.

Denken Sie zudem immer daran, dass auch das beschleunigte Verfahren nur vor dem Strafrichter durchgeführt werden kann. Nr. 175 IV RiStBV wird in der Klausur keine Rolle spielen, weil Anlass für die Haft regelmäßig schwerere Straftaten sein werden.

> **Formulierungsbeispiel:**
>
> Obwohl die Zuständigkeit des Strafrichters begründet ist und dem Beschuldigten nur Bagatelldelikte vorzuwerfen sind, kommt ein beschleunigtes Verfahren gemäß § 417 StPO nicht in Betracht. Wegen der erforderlichen Beweisaufnahme, der Vielzahl der Tatvorwürfe und der rechtlichen Probleme ist weder die Beweislage klar noch der Sachverhalt einfach.

Notfalls können Sie auch auf die sich aus Nr. 146 I 2 RiStBV ergebenden Einschränkungen zurückgreifen.

Wenn der Sachverhalt nicht ausnahmsweise gerade nach einer Auseinandersetzung mit dem beschleunigten Verfahren schreit, ist dessen Erörterung meines Erachtens überflüssig. Geradezu verfehlt wäre es, bei angenommener Zuständigkeit des Schöffengerichts noch ergänzend darauf hinzuweisen, ein beschleunigtes Verfahren komme deshalb nicht in Betracht. Gleiches gilt in dieser Konstellation für einen entsprechenden Hinweis auf ein Strafbefehlsverfahren.

IV. Absehen von der Verfolgung (§ 154 StPO) und Beschränkung (§ 154a StPO)

189 Hier können Sie zeigen, ob Sie souverän mit einem der wichtigsten Hilfsmittel der Staatsanwaltschaften umgehen können. Denn diese Vorschriften eröffnen dem Staatsanwalt die Möglichkeit, den Anklage- und damit den Prozessstoff auf ein überschaubares Maß zu beschränken. Ihnen bieten diese Vorschriften die Gelegenheit, Ihre Anklage zu verschlanken bzw. zu entwirren und dadurch zugleich möglicherweise entscheidende Minuten gutzumachen. Das setzt jedoch durchdachtes Vorgehen voraus. Klausurtaktisch haben Sie damit nämlich die Möglichkeit, Tatbestände, die »unwichtig« sind und Ihnen bei der Formulierung des Anklagesatzes oder dessen Strukturierung Probleme bereiten könnten, loszuwerden. Das wird Ihnen aber nur dann wirklich gelingen, wenn Sie zuvor bereits den Aufbau des Anklagesatzes skizziert haben.

190 Doch **Vorsicht**, es gibt bestimmte Delikte, die die Staatsanwaltschaften trotz geringer Strafandrohung fast immer anklagen werden. Die Einstellung/Beschränkung wäre dann nicht praxisgerecht. Dazu gehören alle Straftaten im Zusammenhang mit dem Straßenverkehr, insbesondere, wenn daran die Entziehung der Fahrerlaubnis nach den §§ 69, 69a StGB oder ein Fahrverbot gemäß § 44 StGB hängt. Auch Straftaten gegen und von Polizisten im Dienst wird der Staatsanwalt regelmäßig anklagen.

Die Anwendung der §§ 154, 154a StPO kann ausnahmsweise auch durch den Bearbeitervermerk verboten sein!

1. Prozessualer Tatbegriff

Haben Sie sich entschlossen, eines von mehreren verwirklichten Delikten nicht anzuklagen, richtet sich die weitere Vorgehensweise nach dem **prozessualen Tatbegriff des § 264 StPO**. Denn die §§ 154, 154a StPO knüpfen an diesen prozessualen Tatbegriff an. Nur bei verschiedenen Taten im prozessualen Sinne kann es zur Anwendung des § 154 StPO kommen. Bei nur einer prozessualen Tat bleibt es selbst bei Tatmehrheit bei der Beschränkung nach § 154a StPO.

191

> Die Tat im prozessualen Sinn ist ein einheitlicher geschichtlicher Vorgang, der sich von anderen ähnlichen oder gleich gelagerten unterscheidet. Zur Tat gehört ohne Rücksicht auf Tateinheit oder Tatmehrheit das gesamte Verhalten des Täters, soweit es nach natürlicher Auffassung einen einheitlichen Lebensvorgang darstellt.

Tatmehrheit wird regelmäßig zur Annahme selbständiger prozessualer Taten führen, es sei denn, der Unrechts- und Schuldgehalt kann jeweils isoliert nicht richtig gewürdigt werden![118] Eine Vielzahl von Beispielen zum Tatbegriff können Sie den einschlägigen Kommentaren entnehmen.

Wenn Sie sich nicht bereits im Zusammenhang mit einer Teileinstellung gemäß § 170 II StPO mit dem Tatbegriff auseinander gesetzt haben, muss das an dieser Stelle geschehen.

> **Achtung:** Keinesfalls dürfen Sie den prozessualen Tatbegriff – wie es häufig in Klausuren geschieht – losgelöst von einer konkreten prozessualen Frage am Anfang Ihres prozessualen Gutachtens erörtern. Jeder Leser wird sich die Frage nach der Relevanz stellen. Der prozessuale Tatbegriff ist ausschließlich dort zu prüfen, wo er von Bedeutung ist.

2. Beschränkung nach § 154a I StPO

Wollen Sie ein Delikt, das zur selben prozessualen Tat gehört oder das gar in **Tateinheit** mit einem anderen von Ihnen anzuklagenden Delikt steht, nicht anklagen, dann ist die **Beschränkung gemäß § 154a StPO** das richtige prozessuale Mittel. Die ebenfalls zulässige Beschränkung auf einzelne abtrennbare Teile einer Tat (etwa Teile einer Dauerstraftat) spielt in der Praxis nur eine unbedeutende und in der Klausur gar keine Rolle.

192

Die Begründung der Beschränkung ist einfach:

> **Formulierungsbeispiel:**
> Im Hinblick auf die wegen des schweren Raubes zu erwartende Strafe fällt die wegen der tateinheitlich begangenen Körperverletzung zu erwartende Strafe nicht beträchtlich ins Gewicht. Die Verfolgung **soll** deshalb **auf** den schweren Raub **beschränkt** werden (§ 154a I Nr. 1 StPO).

Meine Erfahrung zeigt, dass in diesem Zusammenhang immer wieder zu den abenteuerlichsten Formulierungen gegriffen wird. Prägen Sie sich deshalb unbedingt ein, dass eine **Beschränkung** immer **auf** das anzuklagende Delikt erfolgt. In der oben genannten Konstellation darf es also nicht heißen: »*§ 303 StGB wird beschränkt.*« Solche oder ähnliche Formulierungen habe ich schon sehr oft gelesen. Deren Auswirkungen auf die Gewogenheit des Korrektors sind offensichtlich!

193

Verlieren Sie auf gar keinen Fall aus dem Auge, dass die Beschränkung – in der Abschlussverfügung – aktenkundig zu machen (§ 154a I 3 StPO) und zudem in der Anklageschrift zu vermerken ist (Nr. 101a III RiStBV).

Nach Nr. 101a I RiStBV soll der Staatsanwalt von der Möglichkeit der Beschränkung Gebrauch machen, wenn dies der Vereinfachung des Verfahrens dient.

---

[118] BGH, Beschl. vom 18.03.2009, 1 StR 50/09

3. Absehen von Verfolgung nach § 154 I StPO

194 Sind Sie zu dem Ergebnis gelangt, dass es sich bei der Tat, die Sie nicht anklagen wollen, um eine selbständige prozessuale Tat handelt, so sollte es nach der Erörterung des Tatbegriffs heißen:

> **Formulierungsbeispiel:**
>
> Im Hinblick auf die wegen des schweren Raubes zu erwartende Strafe fällt die wegen der Sachbeschädigung zu erwartende Strafe nicht beträchtlich ins Gewicht. Von der Verfolgung der Sachbeschädigung soll deshalb **abgesehen** werden (§ 154 I Nr. 1 StPO).

Achten Sie auch bei der Anwendung des § 154 I StPO auf den richtigen Terminus. Von einer vorläufigen Einstellung spricht das Gesetz nämlich nur in § 154 II StPO. Diese erfolgt durch das Gericht. **Die Staatsanwaltschaft** *sieht* **dagegen von der Verfolgung einer Tat** *ab*.

Noch ein häufiger Formulierungsfehler, der sowohl § 154 als auch § 154a StPO betrifft, muss in diesem Zusammenhang erwähnt werden. Keinesfalls darf es in Ihren Gutachten heißen, von der Verfolgung »**ist**« abzusehen oder das Verfahren »**ist**« zu beschränken. Denn beide Vorschriften räumen dem Staatsanwalt ein weites Ermessen (Opportunitätsprinzip) ein. Die Verwendung des Begriffes »ist« impliziert, dass Sie genau dieses Ermessen nicht ausgeübt haben und/oder von einer zwingenden Entscheidung ausgegangen sind.

> Nach Nr. 101 I 1 RiStBV soll der Staatsanwalt von der Möglichkeit des Absehens von der Verfolgung nach § 154 I StPO **in weitem Umfang Gebrauch machen.**

Ein Wort zum Schluss dieses Abschnitts: Sollte Ihnen in Folge falschen Zeitmanagements die Zeit bereits weggelaufen sein, können Sie an dieser Stelle viel Zeit gutmachen. Der Korrektor wird es Ihnen aller Voraussicht nach nicht schwer ankreiden, wenn Sie die §§ 154, 154a StPO im Gutachten übergehen und lediglich eine entsprechende Entschließung in der Abschlussverfügung formulieren und mit knappen Worten begründen. Von dieser Möglichkeit der Verkürzung sollten Sie allerdings Abstand nehmen, wenn sich eine Auseinandersetzung mit dem prozessualen Tatbegriff aufdrängt.

195 **Was häufig übersehen wird: Auch die Anwendung des § 154 StPO führt dazu, dass der Anzeigende/Verletzte gemäß § 171 StPO zu bescheiden ist.** Wegen des Inhalts eines derartigen Bescheides verweist Nr. 101 II RiStBV auf Nr. 89 RiStBV.

V. Privatklagedelikte und öffentliches Interesse

196 Hat der Beschuldigte Privatklagedelikte im Sinne des § 374 StPO (lesen!) verwirklicht, so haben Sie sich im prozessualen Gutachten zwingend mit der Frage auseinanderzusetzen, ob das *öffentliche Interesse*, das die Staatsanwaltschaft erst zur Verfolgung der Tat berechtigt, zu bejahen ist.

Keinesfalls dürfen Sie aber den zweiten Schritt vor dem ersten machen. Denn allein die Verwirklichung eines entsprechenden Tatbestandes eröffnet nicht automatisch den Privatklageweg.

- Steht das Privatklagedelikt nämlich in Tateinheit mit einem Offizialdelikt, **muss** die Tat insgesamt im Offizialverfahren verfolgt werden. Ebenso **muss** insgesamt ein Offizialverfahren geführt werden, wenn Privatklagedelikt und Offizialdelikt zwar tatmehrheitlich verwirklicht worden sind aber Teile derselben prozessualen Tat darstellen. Auch in diesem Zusammenhang spielt der **prozessuale Tatbegriff** also eine entscheidende Rolle und muss gegebenenfalls erstmals erörtert werden.

  Natürlich wird es in einer Klausur anfängerhaft wirken, wenn Sie sich bei einer in Tateinheit mit § 249 StGB begangenen Körperverletzung nach § 223 StGB (der Beschuldigte hat das Opfer geschlagen, um die Wegnahme zu ermöglichen) mit der Frage beschäftigen, ob ein Privatklageverfahren in Betracht kommt. In derartigen Fällen verbietet sich jedes Wort zu Privatklage und öffentlichem Interesse. Anders sieht es jedoch aus, wenn es um Tat-

A. Das prozessuale Gutachten

mehrheit (der Täter hat das Opfer unmittelbar nach der Wegnahme geschlagen, weil ihm dessen Gesicht nicht gefiel) geht und sich der prozessuale Tatbegriff auswirken kann.

- Haben Sie den Tatverdacht weder bezüglich des Offizial- noch bezüglich des Privatklagedelikts bejahen können, ist das Verfahren gemäß § 170 II StPO einzustellen. Dem Verletzten ist im Einstellungsbescheid eine Rechtsbehelfsbelehrung zu erteilen, weil die **Verfolgung des Offizialdelikts** den Vorrang hat.

- Betraf das Verfahren sowohl ein Offizialdelikt als auch ein Privatklagedelikt und hat sich nur bezüglich des letzteren ein hinreichender Verdacht ergeben, so ist bei Vorliegen des öffentlichen Interesses dieses anzuklagen. Fehlt das öffentliche Interesse ist das Verfahren ebenfalls gemäß § 170 II StPO einzustellen. Der Verletzte/Privatkläger hat dann die Wahl zwischen Klageerzwingungsverfahren und Privatklage.[119] Er ist im Einstellungsbescheid auch über die Möglichkeit der Vorschaltbeschwerde zu belehren, weil das Verfahren nicht »ausschließlich« ein Privatklagedelikt zum Gegenstand hat.

Formulierungsbeispiel:

Der Beschuldigte ist einer vorsätzlichen Körperverletzung gemäß § 223 StGB hinreichend verdächtig. Dabei handelt es sich zwar um ein Privatklagedelikt gemäß § 374 StPO, dennoch ist das Delikt im Offizialverfahren zu verfolgen. Denn es ist im Rahmen derselben prozessualen Tat (§ 264 StPO) verwirklicht worden wie der dem Beschuldigten vorgeworfene Raub. Es handelt sich um einen einheitlichen Lebensvorgang, dessen Aufspaltung unnatürlich wäre.

Erst wenn Sie diese Vorfragen zumindest gedanklich geklärt haben, dürfen Sie sich mit dem **öffentlichen Interesse** (§ 376 StPO i.V.m. Nr. 86 II RiStBV) beschäftigen.

197

Die Verfolgung einer Straftat liegt im öffentlichen Interesse, wenn der Rechtsfrieden über den Lebenskreis des Verletzten hinaus gestört und die Strafverfolgung ein gegenwärtiges Anliegen der Allgemeinheit ist.

Eine Orientierungshilfe bieten die sich aus den Nr. 86 II, 229, 232, 233 RiStBV (lesen!) ergebenden Maßstäbe für Beleidigungen und Körperverletzungen. Die häufig in Klausuren zu beurteilenden Familien- und Nachbarstreitigkeiten werden kaum je das öffentliche Interesse an der Strafverfolgung begründen. Regelmäßig wird mit entsprechender Begründung jede Lösung vertretbar sein.

Formulierungsbeispiel:

Das öffentliche Interesse an der Verfolgung der dem Beschuldigten vorgeworfenen Körperverletzung gemäß § 223 StGB soll bejaht werden. Der Geschädigte hat durch den Faustschlag einen Nasenbeinbruch und damit eine erhebliche Verletzung erlitten (Nr. 233 RiStBV). Zudem diente die Tat auch der Einschüchterung der übrigen Hausbewohner, so dass der Rechtsfrieden über den Lebenskreis des Geschädigten hinaus gestört wurde. Die Strafverfolgung ist deshalb auch ein gegenwärtiges Anliegen der Allgemeinheit (Nr. 86 II RiStBV).

An der Verfolgung der dem Beschuldigten vorgeworfenen Beleidigung gemäß § 185 StGB besteht kein öffentliches Interesse. Der Rechtsfrieden ist schon nicht über den Lebenskreis des Verletzten hinaus gestört worden (Nr. 86 II RiStBV). Die Tat ereignete sich in der Wohnung des Beschuldigten anlässlich eines Streits um die Rückzahlung eines geringfügigen Darlehens. Zudem war die Ehrkränkung nicht wesentlich (Nr. 229 RiStBV).

VI. Einstellung und Teileinstellung nach § 170 II StPO

Wieder haben Sie von dem bereits oben dargestellten prozessualen Tatbegriff auszugehen.

198

- Eine teilweise Verfahrenseinstellung kommt nur bezüglich selbständiger prozessualer Taten in Betracht, ist aber auch **zwingend**, wenn Sie den Tatverdacht insoweit abgelehnt haben.

---

119 LR/*Hilger* § 374 Rn. 23; *Meyer-Goßner* § 374 Rn. 3.

- Haben Sie dagegen den Tatverdacht bezüglich eines Tatbestands, der innerhalb derselben prozessualen Tat in Tateinheit oder Tatmehrheit zu anderen gestanden hätte, abgelehnt, so ist kein Raum für eine Teileinstellung. Die Gründe für die Ablehnung des Tatverdachts würde ein Staatsanwalt in der Abschlussverfügung in Form eines Vermerks niederlegen.

> **Achtung:** Ist die Anzeige von einer Behörde erstattet worden, so muss diese vor der Einstellungsentscheidung gemäß Nr. 90 RiStBV unter Mitteilung der Gründe für die beabsichtigte Einstellung gehört werden. Das muss jedoch zwangsläufig vor Anklageerhebung geschehen sein, passt also nicht in die Abschlussverfügung. Sie können diese Anhörung daher aufgrund des Bearbeitervermerks als ergebnislos durchgeführte Maßnahme betrachten und – falls die Zeit es zulässt – auch diskutieren.

199 Haben Sie sich zur Teileinstellung nach § 170 II StPO entschieden (weil es aus tatsächlichen und rechtlichen Gründen am hinreichenden Tatverdacht fehlt, ein Verfahrenshindernis vorliegt oder Sie bei Privatklagedelikten das öffentliche Interesse verneint haben) oder wollen sie gemäß § 154 I StPO von der Verfolgung absehen, müssen Sie dem Leser mitteilen, wer in welcher Form darüber zu bescheiden ist und das natürlich kurz begründen. Erneut wird sich Ihnen in der Klausur – den Zeitdruck setze ich voraus – die Frage stellen, ob eine gutachterliche Stellungnahme zu diesen Fragen zwingend ist oder ob eine Anordnung mit schlagwortartiger Begründung in der Abschlussverfügung nicht ausreicht. Zwingend im Gutachten zu erörtern sind das Ob der Teileinstellung und der dieser Entscheidung zu Grunde liegende Tatbegriff. Im Übrigen halte ich die zitierte Vorgehensweise jedoch für vertretbar. Der Zeitdruck erfordert von Ihnen ohnehin Kompromisse und es gibt im Gutachten wichtigere Themen zu erörtern.

> **Hinweis:** Nach § 170 II StPO erforderliche Teileinstellungen werden häufig übersehen. Haben Sie im A-Gutachten den hinreichenden Tatverdacht auch nur bezüglich eines einzigen Tatbestands abgelehnt, müssen Sie sich darüber Gedanken machen, ob eine Teileinstellung erforderlich ist!

200 Zu bescheiden sind der Anzeigende, der anzeigende Verletzte und der Beschuldigte.

Verletzter ist jeder, der durch die behauptete Tat unmittelbar in einem Rechtsgut verletzt wäre. Hier ist also ein Blick auf das Rechtsgut, das durch die angezeigte Tat verletzt worden sein könnte, erforderlich. Der Begriff des Verletzten ist jedoch im Interesse der Sicherung des Legalitätsprinzips weit auszulegen. Der Ihnen im Examen vorliegende Kommentar enthält eine Vielzahl von Beispielen.

Dem Antragsteller, der zugleich Verletzter ist, steht gemäß § 172 StPO das Klageerzwingungsverfahren offen. Nach § 172 I StPO muss er zunächst eine so genannte **Vorschaltbeschwerde** einlegen, die fristgebunden ist. **Über die Beschwerdemöglichkeit und die Frist ist der verletzte Antragsteller in dem Einstellungsbescheid zu belehren.** Die Vorschaltbeschwerde ist jedoch ihrerseits nur zulässig, wenn auch das weitere Klageerzwingungsverfahren nach § 172 II StPO zulässig ist. Das ist nicht der Fall, wenn es sich bei der Verfahrenseinstellung um eine Opportunitätsentscheidung handelt oder der Verletzte auf das Privatklageverfahren verwiesen werden kann. In der Klausur wird das vor allem Entscheidungen nach § 154 StPO betreffen. Bei Verfahrensbeschränkungen nach § 154a StPO erhält der Antragsteller ohnehin keinen Bescheid.

Ich empfehle Ihnen dringend, sich zu Inhalt und Umfang der Bescheide kurz zu fassen, wenn Sie in der Abschlussverfügung dazu ohnehin Farbe bekennen müssen. Richtige Anordnungen in der Abschlussverfügung sind aber mit Sicherheit wichtiger als lange Ausführungen im prozessualen Gutachten. Ich kann deshalb auf die Darstellungen zur Abschlussverfügung verweisen.

VII. Verfahrenseinstellung gemäß §§ 153, 153a StPO

201 Diese Art der Verfahrensbeendigung spielt in den Klausuren praktisch keine Rolle, weil meistens schon die Bearbeitervermerke die Anwendung dieser Vorschriften verbieten. Auf Folgendes ist dennoch hinzuweisen:

Beide Vorschriften orientieren sich am prozessualen Tatbegriff. Eingestellt werden kann deshalb immer nur das Verfahren wegen einer selbständigen Tat im prozessualen Sinne.

Die Einstellung nach beiden Vorschriften setzt voraus, dass dem Beschuldigten lediglich Vergehen zur Last gelegt werden. Im Übrigen ist zu unterscheiden:

- Bewegt sich die **Schuld des Beschuldigten höchstens im mittleren Bereich** und kann das öffentliche Interesse an der Strafverfolgung durch Erfüllung von Auflagen kompensiert werden, kann das Verfahren nach **§ 153a I StPO** eingestellt werden. Vor Einstellung durch die Staatsanwaltschaft müssen **Gericht und Beschuldigter** dieser **zustimmen**.

  Weil diese Zustimmungen in der Klausur nicht vorliegen werden, wäre es Ihre Aufgabe, um diese nachzusuchen. Für die Einstellungsentscheidung der Staatsanwaltschaft ist noch kein Raum. Schon deshalb hat § 153a StPO keine Klausurrelevanz.

- Bewegt sich die **Schuld des Beschuldigten im unteren Bereich**, kann das Verfahren nach **§ 153 I 1 StPO** eingestellt werden. Es ist dann lediglich die **Zustimmung des Gerichts erforderlich**, der Zustimmung des Beschuldigten bedarf es nicht.

  Die Zustimmung des Gerichts muss in der Klausur beantragt werden, für eine Einstellungsentscheidung der Staatsanwaltschaft ist noch kein Raum. Schon deshalb hat § 153 I 1 StPO keine Klausurrelevanz.

- Bewegt sich die **Schuld des Beschuldigten im unteren Bereich**, sieht der verletzte Straftatbestand **keine im Mindestmaß erhöhte Strafe** vor **und** sind die **Folgen der Tat** gering, ist weder die Zustimmung des Gerichts noch die des Beschuldigten erforderlich.

  Die Einstellungsentschließung der Staatsanwaltschaft wäre bereits in der Klausur zu formulieren. Sie wäre nicht mit einer Kostenentscheidung zu versehen.

VIII. Notwendige Verteidigung

Mit den Fällen der notwendigen Verteidigung werden Sie in Ihren Klausuren in aller Regel keine Schwierigkeiten haben. Die Rechtslage ist in den meisten Fällen eindeutig.

Erörterungen zur Pflichtverteidigung haben in Ihrer Klausur nichts zu suchen, wenn es sich um Bagatelldelikte handelt. Anderenfalls wird jeder Korrektor vermuten, Sie könnten nicht praxisorientiert denken und arbeiten.

In den Klausursachverhalten hat sich der Beschuldigte häufig bereits über einen Wahlverteidiger zur Sache eingelassen. Zu überlesen ist das im Sachverhalt eigentlich nicht. Dennoch wird dieser Umstand bei der Formulierung des prozessualen Teils immer wieder übersehen, was nur mit Hektik aufgrund des Zeitdrucks erklärt werden kann. Wer in dieser Konstellation die Beiordnung eines Pflichtverteidigers erörtert, begeht einen vermeidbaren und peinlichen Fehler. Denn zur Beiordnung eines Pflichtverteidigers besteht dann kein Grund. Allenfalls die schlichte Feststellung, dass ein Pflichtverteidiger nicht erforderlich sei, weil der Angeklagte einen Wahlverteidiger habe, mag dann vertretbar sein. **Vergessen Sie in derartigen Fällen nicht, den Wahlverteidiger im Rubrum der Anklage aufzuführen.**

Es kann allerdings passieren, dass der Wahlverteidiger in seinem Schriftsatz unter »gleichzeitiger Niederlegung des Wahlmandats« beantragt, dem Beschuldigten als Pflichtverteidiger beigeordnet zu werden. Dann gelten die üblichen Begründungsanforderungen.

Die Fälle der notwendigen Verteidigung ergeben sich aus § 140 I und II StPO. In der Klausur sind eigentlich nur § 140 I Nr. 1, 2 und 4 StPO sowie gelegentlich § 140 II StPO von Bedeutung.

Die Beiordnung eines Pflichtverteidiger ist zu beantragen, wenn

- **der Beschuldigte vor dem Landgericht anzuklagen ist** (Abs. 1 Nr. 1),
- **ihm ein Verbrechen zur Last gelegt wird** (Abs. 1 Nr. 2),
- **gegen ihn Untersuchungshaft vollstreckt wird** (Abs. 1 Nr. 4),
- **die Sach- und Rechtslage schwierig ist** (Abs. 2).

Die Regelungen in Abs. 1 Nr. 1 und 2 sind so klar und eindeutig, dass Sie immer auf den Urteilsstil zurückgreifen dürfen. Übersehen Sie auf gar keinen Fall die neu geschaffene Regelung in § 140 I Nr. 4 StPO, nach der dem Beschuldigten auch dann ein Pflichtverteidiger beizuordnen ist, wenn gegen ihn Untersuchungshaft vollstreckt wird. Diese Regelung scheint auf den ersten Blick keine große eigenständige Bedeutung zu haben, weil der Anordnung der Untersuchungshaft häufig ein Verbrechensvorwurf zu Grunde liegen wird, was gemäß Abs. 1 Nr. 2 schon seit jeher zur notwendigen Verteidigung geführt hat. **Ihre Bedeutung erhält die neue Regelung erst durch den gleichzeitig neu geschaffenen § 141 III 4 StPO, der im Falle der Vollstreckung eines Haftbefehls die unverzügliche Beiordnung eines Pflichtverteidigers anordnet.** Das ist vor allem im Ermittlungsverfahren bedeutungsvoll, in dem die Beiordnung eines Pflichtverteidigers in den übrigen Fällen häufig gar nicht oder erst spät erfolgt.

Für die Klausurlösung spielt die neue Regelung dagegen kaum ein große Rolle, denn auch nach der alten Rechtslage war ggf. mit Anklageerhebung – in dieser prozessualen Situation befinden Sie sich im Klausurfall – die Beiordnung eines Pflichtverteidigers zu beantragen. In der Abschlussverfügung haben Sie **allenfalls auf die besondere Eilbedürftigkeit der Beiordnung hinzuweisen**, wenn

- sich der Beschuldigte in U-Haft befindet, ohne bereits einen Verteidiger zu haben, oder
- Sie für den Fall des Erlasses und der Vollstreckung eines von Ihnen beantragten Haftbefehls die Beiordnung nach § 140 I Nr. 4 StPO beantragen.

203   Etwas **mehr Begründungsaufwand** erfordert allerdings der Sonderfall des § 140 II StPO, so dass es keinesfalls ausreicht, lediglich die Vorschrift zu nennen. Es hat sich nämlich in der Rechtsprechung die Tendenz herauskristallisiert, dem Beschuldigten wegen der **Schwere der Tat** bereits dann einen Pflichtverteidiger beizuordnen, wenn dieser eine Freiheitsstrafe von einem Jahr und mehr oder einen in der Höhe entsprechenden Bewährungswiderruf in anderer Sache zu erwarten hat. Sie müssen sich deshalb mit der Straferwartung auseinandersetzen. Die Vorgehensweise ist Ihnen ja bereits bekannt. Die Praxis wird dem Beschuldigten im Übrigen lieber einmal mehr als einmal zu wenig einen Pflichtverteidiger beiordnen. Haben Sie bereits die Zuständigkeit des Schöffengerichts angenommen, werden Sie fast automatisch einen Fall der notwendigen Verteidigung bejahen müssen, weil entweder ein Verbrechen angeklagt wird (dann schon Abs. 1 Nr. 2) oder die Straferwartung mindestens zwei Jahre beträgt!

Aus Gründen der Waffengleichheit ist einem Beschuldigten auch dann ein Pflichtverteidiger beizuordnen, wenn zwar für ihn die Voraussetzungen des § 140 I, II StPO nicht erfüllt sind, es aber im Verfahren gegen einen Mitbeschuldigten um einen Fall notwendiger Verteidigung geht.

Dass ein Pflichtverteidiger von dem Vorsitzenden des für das Hauptverfahren zuständigen Gerichts beizuordnen ist, sollten Sie nicht mitteilen. Es ist völlig ausreichend aber auch erforderlich, einen entsprechenden Antrag in der an den Vorsitzenden gerichteten Abschlussverfügung zu stellen.

IX. Nebenklage

204   Nebenklageanträge werden häufig übersehen. Denn Anträge eines Verletzten »auf Zulassung als Nebenkläger« fallen nicht unbedingt immer ins Auge. Sie werden meist nur dann gestellt, wenn sich der Verletzte über einen Rechtsanwalt zur Akte gemeldet hat. Andererseits dürfen Sie die Zulässigkeit der Nebenklage auch nur dann erörtern, wenn ein derartiger Antrag tatsächlich vorliegt.

Zur Erinnerung: Die Nebenklage ist in den §§ 395 ff. StPO geregelt und räumt dem Verletzten im Strafverfahren eine umfassende Beteiligungsbefugnis ein.

In der Klausur sind nur die §§ 395 und 396 StPO von Bedeutung. In § 395 StPO ist unmissverständlich geregelt, welche Gesetzesverletzungen (Abs. 1 und 3) wen (Abs. 2) zur Nebenklage berechtigen. Das können Sie im Urteilsstil abarbeiten. Aus § 396 I StPO ergibt sich, dass die **Anschlusserklärung die Schriftform voraussetzt**. Die wenigen Ausnahmen entnehmen

Sie bitte der Kommentierung. Der Anschluss kann schon im Ermittlungsverfahren gegenüber der Staatsanwaltschaft erklärt werden, wird aber erst mit der Anklageerhebung wirksam.

Weil das Gericht die Staatsanwaltschaft zur Berechtigung des Anschlusses zwingend zu hören hätte, ist es zweckmäßig und daher geboten, sich gleich mit der Anklageerhebung dazu in Form eines Antrags zu äußern. Das ist damit auch Ihre Aufgabe in der Klausur. Der Beschuldigte muss dazu nicht vorher gehört werden, § 396 II 1 StPO (Ausnahme: §§ 396 II 2, 395 III StPO). Das zu veranlassen, wäre ohnehin Aufgabe des Gerichts.

An folgende **Besonderheiten**, die in Klausuren allerdings selten eine Rolle spielen, sollten Sie gegebenenfalls unbedingt denken: 205

- Sollten Sie sich in der Klausur wirklich einmal dazu entschließen, einen **Strafbefehlsantrag** zu stellen, kann die Anschlusserklärung ausnahmsweise unerwähnt bleiben, weil sie gemäß § 395 I 2 StPO bis zur Anberaumung einer Hauptverhandlung oder Ablehnung des Erlasses eines Strafbefehls unwirksam ist. Auf dieses ungewisse Ereignis müssen Sie in Ihrem Gutachten nicht eingehen. Um zu zeigen, dass Sie nichts übersehen haben, sollten Sie kurz auf die Unwirksamkeit gemäß § 395 I 2 StPO hinweisen.

- Liegt eine Anschlusserklärung bereits im Ermittlungsverfahren vor, so sollten Sie wegen § 397 II StPO das Nebenklagedelikt nicht über **§ 154a StPO** aus dem Verfahren eliminieren. Denn die Beschränkung nach § 154a StPO berührt nicht die Nebenklageberechtigung, einen Antrag zur Zulässigkeit der Nebenklage müssten Sie also ohnehin stellen. Mit Zulassung des Nebenklägers entfällt eine Beschränkung nach § 154a StPO, soweit sie den Nebenkläger betrifft, ohnehin wieder. Also ist eine Beschränkung in dieser Konstellation witzlos und damit als fehlerhaft anzusehen.

- Eine entsprechende Regelung für **§ 154 StPO** gibt es nicht. § 396 III StPO räumt der Entscheidung über die Berechtigung der Nebenklage zwar Vorrang vor einer Einstellung nach § 154 II StPO ein. Das gilt aber nur für das weitere Verfahren ab Anklageerhebung.

Zum Abschluss wiederum ein Hinweis zum korrekten Sprachgebrauch: Der Verletzte stellt keinen »Antrag auf Zulassung« der Nebenklage, sondern **erklärt** seinen **Anschluss**.

X. Untersuchungshaft

Die Voraussetzungen für die Anordnung der Untersuchungshaft bereiten in der Strafrechtsklausur erstaunlicherweise immer wieder Probleme. Erstaunlich sind diese Probleme deshalb, weil der Erlass eines Haftbefehls an die Erfüllung feststehender – und zudem weniger und gut merkbarer – Merkmale geknüpft ist, die sich unmittelbar aus dem Gesetz (§ 112 I StPO) ergeben. 206

Der Erlass eines Haftbefehls ist zulässig, wenn 207

- **dringender Tatverdacht** besteht,
- ein **Haftgrund** vorliegt,
- und die U-Haft nicht **unverhältnismäßig** ist.

Doch zunächst zu den verschiedenen Ausgangskonstellationen. Aufgrund der Ergebnisse Ihres materiellen Gutachtens kann es erforderlich sein, gegen den Beschuldigten, der sich entweder noch auf freiem Fuß befindet oder bereits vorläufig festgenommen worden ist, einen Haftbefehl zu erwirken. Der Beschuldigte kann sich aufgrund des Haftbefehls eines Amtsgerichts aber auch bereits in Untersuchungshaft befinden, so dass von Ihnen in Ihrer Rolle als Staatsanwalt zu prüfen ist, ob die Voraussetzungen für den weiteren Vollzug der Untersuchungshaft noch vorliegen. Bitte lesen Sie den Sachverhalt aufmerksam durch. Ich habe schon viele Klausuren gelesen, in denen die Existenz eines Haftbefehls schlicht ignoriert wurde. Die entsprechende Information kann durchaus auch einmal in einem Vermerk eines Ermittlungsbeamten verborgen sein. Also Augen auf! 208

Zur zuletzt genannten Konstellation vorab zwei Hinweise:
- Bei bereits existierenden Haftbefehlen werden von Ihnen in der Regel keine vertieften Ausführungen zu deren Voraussetzungen erwartet, was insbesondere dann gilt, wenn Ihnen lediglich die Existenz eines Haftbefehls nicht aber der Haftgrund mitgeteilt wird. Etwas anderes gilt lediglich dann, wenn der Sachverhalt eindeutige Hinweise enthält, die auf einen bestimmten Haftgrund hinzielen.
- Niemand sitzt wirklich in Haft! Sie müssen also nicht um jeden Preis der Rechtsstaatlichkeit zum Sieg verhelfen, sondern sollen eine Examensklausur möglichst elegant und sicher lösen! Es muss für Sie also darum gehen, einen bereits existierenden Haftbefehl mit halbwegs tragbarer Begründung zu »halten«. Sie werden sonst an die sich aus § 120 III StPO ergebenden Klippen stoßen, die in einer Klausur richtig sauber kaum in den Griff zu bekommen sind. Ich werde darauf weiter unten noch eingehen.

1. Der dringende Tatverdacht

209 Bedenken Sie, Sie schreiben ein prozessuales *Gutachten*. Kein Korrektor wird sich also mit der schlichten Behauptung zufrieden geben, der dringende Tatverdacht liege vor. Der Leser Ihrer Klausur will von Ihnen vielmehr wissen, ob Sie sich des Unterschieds zwischen **hinreichendem** Tatverdacht, der für die Anklageerhebung ausreicht, und **dringendem** Tatverdacht, der zwingende Voraussetzung für den Erlass eines Haftbefehls ist, bewusst sind. Deshalb ist von Ihnen grundsätzlich in zumindest knappem Gutachtenstil mitzuteilen, wann ein dringender Tatverdacht zu bejahen ist.

> Dringender Tatverdacht ist die hohe Wahrscheinlichkeit, dass der Beschuldigte Täter oder Teilnehmer einer Straftat ist.

210 Ob darüber hinaus auch die Wahrscheinlichkeit einer Verurteilung gegeben sein muss, wird unterschiedlich beurteilt. In der Klausur ergeben sich daraus jedoch keine Konsequenzen für den konkreten Tatverdacht, weil die Verfahren ausermittelt und somit anklagereif sind.

Dass letzten Endes in einer Klausur die Unterscheidung zwischen hinreichendem und dringendem Tatverdacht kaum einmal zum Tragen kommen wird, weil das Bejahen des hinreichenden Tatverdachts **klausurtaktisch** auch den dringenden Tatverdacht impliziert, befreit Sie nicht von der Verpflichtung, ein kurzes Gutachten dazu zu schreiben. Argumentativ können Sie allerdings ohne weiteres die Beweiswürdigung aus dem materiellen Gutachten aufgreifen und behaupten, dass die bereits dargestellte Beweislage auch die Annahme des dringenden Tatverdachts rechtfertige. Das mag zwar manchmal ein Etikettenschwindel sein. Darüber sollten Sie sich im Examen allerdings keine Gedanken machen, weil Sie so in aller Regel zu vertretbaren Ergebnissen kommen. Ich habe jedenfalls noch keine Klausur gesehen, in der die Annahme des dringenden Tatverdachts nicht auf diese Weise vertretbar gewesen wäre.

> **Formulierungsbeispiel:**
>
> Der Erlass eines Haftbefehls erfordert gemäß § 112 StPO dringenden Tatverdacht, der vorliegt, wenn der Beschuldigte mit hoher Wahrscheinlichkeit Täter oder Teilnehmer einer Straftat ist. Zwar hat der Beschuldigte die Tat bestritten, der dringende Tatverdacht ergibt sich jedoch aus den glaubhaften Angaben der Zeugen ..., durch die der Beschuldigte in der Hauptverhandlung mit hoher Wahrscheinlichkeit überführt werden wird.

2. Die Haftgründe

211 Die einzelnen Haftgründe ergeben sich aus den §§ 112 II, 112a StPO. **In der Klausur sind der jeweilige Haftgrund und der zu Grunde liegende Prüfungsmaßstab immer zu nennen.**

a) § 112 II Nr. 1 StPO: Flucht

212 Der Haftgrund der Flucht liegt vor, wenn der Beschuldigte flüchtig ist oder sich verborgen hält.

Darauf muss aus bestimmten *Tatsachen* geschlossen werden. Es reicht aber aus, wenn für das Verschwinden des Beschuldigten eine Flucht als Erklärung näher liegt als eine andere Erklärung. Darüber werden im Klausursachverhalt regelmäßig Ermittlungsvermerke der Polizei oder auch Zeugenaussagen hinreichenden Aufschluss geben. In der Examensklausur spielt dieser Haftgrund sicher keine große Rolle, weil ein bis zum Abschluss der Ermittlungen flüchtiger Beschuldigter für eine Klausur wenig taugt.

Vorsicht ist geboten, wenn der Beschuldigte während des Ermittlungsverfahrens flüchtig war und vor Abschluss der Ermittlungen aufgrund eines auf Flucht gestützten Haftbefehls verhaftet wurde. Denn dann ist er bei Anklageerhebung eben nicht mehr flüchtig, der Haftbefehl ist damit nicht mehr auf den nunmehr einschlägigen Haftgrund, die Fluchtgefahr, gestützt und müsste streng genommen geändert werden. Die Praxis agiert in derartigen Fällen oft großzügig und ignoriert diese Änderung des Haftgrundes schlicht, weil die vorherige Flucht die Fluchtgefahr nach § 112 II Nr. 2 StPO regelmäßig indizieren wird. Mag es vielleicht noch angehen, darüber hinweg zu schreiben, wenn Sie im Examen nichts anderes anstreben als das bloße Bestehen. Eine wirklich gute Klausur sollte sich mit diesem Problem auseinandersetzen. Der Haftbefehl wäre auf den neuen Haftgrund umzustellen. Ein entsprechender Antrag wäre mit der Anklageerhebung zu stellen.

b) § 112 II Nr. 2 StPO: Fluchtgefahr

Fluchtgefahr ist der Haftgrund, um den es in den Klausuren regelmäßig gehen wird. 213
Wenn dem Beschuldigten erhebliche Straftaten vorzuwerfen sind und der Sachverhalt konkrete Angaben zum sozialen Umfeld des Beschuldigten, wie Arbeitsplatzverlust, Wohnungsverlust und/oder fehlende familiäre Bindungen des Beschuldigten usw., enthält, müssen bei Ihnen die Alarmglocken läuten! Denn diese Angaben ermöglichen Rückschlüsse: Hier kann es dem Klausurverfasser eigentlich nur um die Begründung des Haftgrundes Fluchtgefahr gegangen sein. Dieser spielt nur dann eine Rolle, wenn Sie den dringenden Tatverdacht bejahen können. Sie dürfen davon ausgehen, dass dieser dringende Tatverdacht dann nicht nur bezüglich irgendwelcher Bagatelldelikte zu bejahen sein wird. Sie haben damit also auch wichtige Hinweise auf die in Ihrem materiellen Gutachten erwarteten Ergebnisse erhalten!

> Fluchtgefahr liegt vor, wenn die Würdigung der Umstände des Falles es wahrscheinlicher macht, dass sich der Beschuldigte dem Strafverfahren entzieht als sich ihm zur Verfügung stellen wird.

Zuerst einmal wird der Korrektor von Ihnen erwarten, dass Sie ihm **diesen Prüfungsmaßstab mitteilen. Das wird in den meisten Klausuren vergessen!** Daneben wird nur noch eine halbwegs vertretbare Bewertung der zur Verfügung stehenden Tatsachen erforderlich sein. Entscheidender als das Ergebnis wird sein, dass Sie sich mit den klassischen Tatsachengrundlagen, in aller Regel wird Ihnen der Klausurverfasser diese im Sachverhalt mitteilen, auseinandersetzen. Wichtige davon habe ich oben schon angerissen. Die Fluchtgefahr begründen können:

- fehlende familiäre Bindungen,
- fehlende berufliche Bindungen,
- Wohnungslosigkeit,
- Flucht in anderen Verfahrensabschnitten oder früheren Verfahren,
- Auslandsbeziehungen und gute Sprachkenntnisse.

Damit dürften die klausurrelevantesten Umstände auch schon genannt sein. Bitte beachten Sie, dass allein das Fehlen einzelner dieser Umstände die Fluchtgefahr nicht automatisch ausräumt.

Neben den bereits genannten Umständen wird in den meisten Klausuren der **Fluchtanreiz durch die Höhe der zu erwartenden Strafe** eine wesentliche Rolle spielen. Vorab: Bitte vergessen Sie nicht, dass die Höhe der **erwartende Strafe** niemals allein ausschlaggebend sein darf, sondern **mit deren zunehmender Höhe lediglich die Anforderungen an die Tatsachengrundlage, auf die die Fluchtgefahr gestützt werden soll, geringer werden**. In letzter

Konsequenz mag das so weit führen, dass bei zu erwartenden sehr hohen Strafen nur noch geprüft werden muss, ob Tatsachen bekannt sind, die geeignet sind, die Fluchtgefahr wieder auszuräumen. Im Übrigen werden von Ihnen sicher Ausführungen zur Begründung der Strafhöhe verlangt, weil Sie so beweisen können, dass die von Ihnen erwartete Strafhöhe nicht nur geraten ist. Das dürfte aber in der Klausur keinen zusätzlichen Aufwand mehr bedeuten, weil Sie sich zur Höhe der zu erwartenden Strafe ja bereits im Abschnitt »Zuständigkeit« – hinreichend präzise – geäußert haben sollten. Darauf dürfen Sie nun selbstverständlich Bezug nehmen.

c) § 112 II Nr. 3 StPO: Verdunkelungsgefahr

214 Dieser Haftgrund spielt in der Examensklausur praktisch keine Rolle. Sollte eine Klausur ausnahmsweise doch einmal darauf hinauslaufen, werden Sie die Hinweise im Sachverhalt nicht übersehen können.

> Verdunkelungsgefahr liegt vor, wenn mit großer Wahrscheinlichkeit auf künftige Verdunkelungshandlungen zu schließen ist, falls der Beschuldigte nicht in Haft genommen wird.

Es hilft ein Blick in das Gesetz, denn dort ist ausdrücklich aufgezählt, was der Gesetzgeber unter Verdunkelungshandlungen versteht (§ 112 II Nr. 3a–c StPO nachlesen!).

d) § 112 III StPO: Schwerkriminalität

215 Haben Sie im Gutachten eine der abschließend genannten Katalogtaten des Abs. 3 (Im Ernstfall sorgfältig lesen!) bejaht, muss das Fehlen eines Haftgrundes gemäß § 112 II StPO dem Erlass eines Haftbefehls nicht entgegenstehen. Diese Konstellation läuft immer auf dieselbe Frage – und diese will der Prüfer von Ihnen beantwortet haben – hinaus: Darf tatsächlich nur wegen der Schwere einer Straftat ein Haftbefehl erlassen werden? Nach dem Wortlaut des Abs. 3 wäre diese Frage eindeutig zu bejahen. Das BVerfG[120] hat jedoch entschieden, dass eine derartige Anwendung der Vorschrift zu einem Verstoß gegen das Verhältnismäßigkeitsprinzip führen würde. In Ihrer Klausur hat jetzt das Stichwort »**verfassungskonforme Auslegung**« zu fallen. Die Vorschrift ermöglicht nämlich nicht die Anordnung von U-Haft ohne jeden Haftgrund, sondern erleichtert lediglich den Prüfungsmaßstab.

> Ein Haftbefehl darf erlassen werden, wenn Umstände vorliegen, die die Gefahr begründen, dass ohne Festnahme des Beschuldigten die alsbaldige Aufklärung und Ahndung der Tat gefährdet sein würde.

Mit diesem Wissen sind Sie für die Klausur ausreichend gerüstet, der Rest erfordert dann nur noch eine halbwegs vertretbare Argumentation.

e) § 112a I StPO: Wiederholungsgefahr

216 Neben den bisher genannten Haftgründen dürfen Sie auch die Wiederholungsgefahr als Haftgrund nicht völlig aus dem Auge verlieren. Doch Vorsicht: Der wichtigste Teil des § 112a StPO ist für Sie in der Klausur nicht der Abs. 1, in dem die Voraussetzungen für die Annahme der Wiederholungsgefahr formuliert sind, sondern die Subsidiaritätsklausel in Abs. 2!

> Liegt einer der Haftgründe des § 112 StPO vor und muss der darauf gestützte Haftbefehl nicht nach § 116 I, II StPO außer Vollzug gesetzt werden, kann ein Haftbefehl nicht zugleich auf § 112a StPO gestützt werden. Die sog. Sicherungshaft ist subsidiär.

Das müssen Sie unbedingt verinnerlichen, denn die Annahme der Wiederholungsgefahr neben einem der anderen Haftgründe ist ein grober – wenn auch leicht vermeidbarer – Fehler. Zu Ihrer Beruhigung: Dieser Haftgrund spielt in der Examensklausur keine große Rolle. Der Klausurverfasser hätte den Sachverhalt zudem ordentlich anzufüttern, weil neben der Verwirklichung einer der genannten Katalogtaten »bestimmte« Tatsachen die Wiederholungsgefahr stützen müssen. In der Klausur können dies eigentlich nur einschlägige Vorverurteilungen sein, die wiederholte Begehung gleichartiger Straftaten im Klausursachverhalt wird selten

---

120 BVerfGE 19, 342 ff.

ausreichen. Im Zweifel werden Sie also mit der Nase auf diesen Haftgrund gestoßen. Sollten Sie diesen Haftgrund in der Klausur tatsächlich einmal erkannt haben, vergessen Sie nicht die »**Subsidiaritätsfalle**«.

3. Verhältnismäßigkeit

Das Stichwort »Verhältnismäßigkeit« muss in Ihrer Klausur zwingend fallen. Probleme dürfte Ihnen dieses Merkmal allerdings nicht bereiten. In aller Regel fallen Festnahme oder Verhaftung des Beschuldigten zeitlich eng mit dem Abschluss der polizeilichen Ermittlungen und Übersendung der Akten an die Staatsanwaltschaft zusammen, so dass der Beschuldigte vor Anklageerhebung allenfalls wenige Tage Freiheitsentziehung erlitten haben wird. Selbst wenn sich aus dem Bearbeitervermerk ergeben sollte, dass die Entscheidung der Staatsanwaltschaft erst mehrere Monate nach der Aktenübersendung durch die Polizei ergeht, wird das die Verhältnismäßigkeit kaum einmal berühren. Sie werden sich also auf die folgende Feststellung beschränken können:

> **Formulierungsbeispiel:**
>
> Im Hinblick auf die Höhe der zu erwartenden Strafe ist der (weitere) Vollzug der Untersuchungshaft auch nicht unverhältnismäßig. Im Übrigen kann die Fluchtgefahr bei Aussetzung des Vollzugs durch weniger einschneidende Maßnahme im Sinne des § 116 Abs. ... StPO nicht ausgeräumt werden.

Sollten Sie wirklich einmal Zweifel haben, denken Sie daran, dass es bei **der Verhältnismäßigkeit nicht um eine Haftvoraussetzung geht, sondern um einen Haftausschließungsgrund.** Dieser steht der Untersuchungshaft nur entgegen, **wenn die zugrunde liegenden Tatsachen feststehen. Der Zweifelsgrundsatz gilt nicht.**

Zum Stichwort Verhältnismäßigkeit gehört auch § 116 StPO, von dem Sie in der Klausur aus taktischen Gründen tunlichst die Finger lassen sollten. Denn in aller Regel werden Sie mit den oben beschriebenen Mitteln zu vertretbaren Ergebnissen kommen. Will der Klausurverfasser im Einzelfall tatsächlich einmal etwas dazu hören, wird er Sie ebenfalls mit der Nase darauf stoßen, indem er Ihnen – wohl in der Einlassung des Beschuldigten – Tatsachen an die Hand gibt, die die Merkmale des § 116 StPO betreffen.

Übersehen Sie dann in der Hektik des Zeitdrucks nicht, dass

- Abs. 1 lediglich die Fluchtgefahr,
- Abs. 2 lediglich die Verdunkelungsgefahr,
- Abs. 3 lediglich die Wiederholungsgefahr

betrifft.

4. Erforderliche Schritte

Nachdem Sie die beschriebenen Merkmale (1.–3.) mit der fallabhängig gebotenen Gewichtung abgearbeitet haben, sind vier Konstellationen denkbar:

- Der Beschuldigte befindet sich auf freiem Fuß oder ist vorläufig festgenommen,
  - die Voraussetzungen für einen Haftbefehl sind erfüllt,
  - die Voraussetzungen für einen Haftbefehl sind nicht erfüllt.
- Der Beschuldigte befindet sich bereits aufgrund eines Haftbefehls in U-Haft,
  - die Voraussetzungen für die U-Haft sind weiterhin erfüllt,
  - die Voraussetzungen für die U-Haft sind nicht mehr erfüllt.

a) Noch kein Haftbefehl erlassen

220 Zur ersten Konstellation: Mit dieser Situation sollten Sie in der weiteren Klausur keine Probleme mehr haben. Sie müssen lediglich in der Abschlussverfügung einen Haftbefehlsantrag stellen.

Zur zweiten Konstellation: Auch hieraus ergeben sich keine Probleme. Weil ein Haftbefehlsantrag nicht völlig aus der Welt war (sonst hätten Sie sich in Ihrem Gutachten gar nicht damit auseinandergesetzt), sollten Sie dem Gericht, bei dem Sie anklagen, in einem kurzen Vermerk in der Abschlussverfügung die Essenz Ihrer Überlegungen mitteilen. Dieses würde nämlich seinerseits die Voraussetzungen des § 112 StPO prüfen.

Dass sich der Beschuldigte zum Zeitpunkt der Anklageerhebung noch in Polizeihaft befindet, wird kaum vorkommen. Sie werden also diesbezüglich nichts zu veranlassen haben. Anderenfalls müssten Sie in der Abschlussverfügung vermerken, dass die sofortige Freilassung des Beschuldigten bereits veranlasst worden ist.

b) Haftbefehl bereits erlassen
aa) Haftbefehlsvoraussetzungen sind erfüllt

221 Wiederum gibt es kaum Probleme. In der Anklage ist ein **Antrag auf Haftfortdauer** zu stellen. Zudem müssen Sie sich noch kurz zur unbedingt zu beachtenden Haftprüfungsfrist äußern. Selten werden Sie an dieser Stelle noch ein so dickes Zeitpolster im Rücken haben, dass Sie sich ausführliche Erörterungen zu dieser Frage leisten können. Ich halte es deshalb für eine lässliche Sünde, das Gutachten abzukürzen und sich auf die Mitteilung des Haftprüfungstermins in der Anklage zu beschränken. Nur, dies muss natürlich richtig berechnet sein!

Dazu Folgendes:

Mit der Änderung des § 117 StPO als Folge des neu geschaffenen § 140 I Nr. 4 StPO ist die sog. Dreimonatshaftprüfung (§ 117 V StPO a.F.) entfallen. Es geht also nur noch um

die **Sechsmonatshaftprüfung** nach § 121 StPO.

Aufpassen müssen Sie bei der Fristberechnung!

222
- **Für die Fristberechnung zählt nur die erlittene U-Haft.** Das heißt im Umkehrschluss, dass Freiheitsentziehung, die nicht auf einem Haftbefehl beruht – und das ist die **Zeit der vorläufigen Festnahme** – für die Berechnung der Haftprüfungsfrist **außer Betracht** bleibt. Der Tag der Festnahme zählt nur mit, wenn die Festnahme aufgrund eines bereits vorliegenden Haftbefehls erfolgte. **Der Tag des Beginns der U-Haft wird voll eingerechnet.** Zur Verdeutlichung:

  > **Beispiel:** Der Beschuldigte wird am 12.06. gemäß § 127 StPO vorläufig festgenommen. Am 13.06. wird gegen ihn ein Haftbefehl erlassen und am gleichen Tag gegen 23.00 Uhr verkündet. Der 12.06. bleibt für die Berechnung der Haftprüfungsfrist außer Betracht, der 13.06. zählt dagegen bereits voll mit.

- Da im Grundsatz die zulässige Höchstdauer der Untersuchungshaft auf sechs Monate beschränkt ist, ist jedes Überschreiten dieser Frist nur zulässig, wenn das Oberlandesgericht den weiteren Vollzug bereits **vor** Ablauf dieser Frist anordnet. Deshalb müssen die Akten dem OLG gemäß § 121 III StPO vor Ablauf der Sechsmonatsfrist vorgelegt werden, damit bis zu dessen Entscheidung der Fristablauf ruhen kann.

Für den Beispielsfall ergibt sich daraus die folgende Konsequenz: Da der Fristbeginn auf den 13.06. fiel, sind sechs Monate mit dem Ablauf des 12.12. voll. An diesem Tag müssen die Akten dem OLG spätestens vorgelegt worden sein.

In der Praxis, der Sie in der Klausur auf gar keinen Fall folgen dürfen, wird sehr oft oberflächlich mit der Mitteilung des Haftprüfungstermins in der Anklageschrift umgegangen. Die Sechsmonatshaftprüfung wird häufig für den Tag **nach** Ablauf der Frist notiert. Gleichwohl wird sehr sorgfältig darauf geachtet wird, dass die jeweiligen Akten deutlich vor Ablauf der Frist dem Oberlandesgericht zur Prüfung vorliegen.

bb) Haftbefehlsvoraussetzungen sind nicht erfüllt

Kommen Sie zu diesem Ergebnis, werden Sie Schwierigkeiten haben, in der Klausur richtig zu reagieren. Klausurtaktisch kann das nur heißen, dieses Ergebnis tunlichst zu vermeiden. Warum?

223

Jetzt geht es um § 120 III StPO, auf den ich schon weiter oben hingewiesen habe. Gemäß § 120 I StPO ist ein Haftbefehl aufzuheben, sobald die Voraussetzungen der Untersuchungshaft nicht mehr vorliegen. Das ist eigentlich selbstverständlich. Nun wirkt sich aber die besondere Rolle der Staatsanwaltschaft im Ermittlungsverfahren aus. Der Staatsanwalt ist nämlich Herr des Ermittlungsverfahrens. Dem trägt § 120 III StPO Rechnung: Im Ermittlungsverfahren **ist** deshalb ein Haftbefehl auf Antrag der StA aufzuheben. Aus dem Beschleunigungsgebot folgt, dass das ohne Verzögerung zu geschehen hat. Dem Beschleunigungsgebot trägt auch § 120 III 2 StPO Rechnung, weil die StA bereits mit Antragstellung die Freilassung des Beschuldigten anordnen **kann**. Nach allgemeiner Ansicht hat die StA entgegen dem Wortlaut des Gesetzes allerdings kein Ermessen. Das »kann« reduziert sich also auf ein »**muss**«.

Die Konsequenzen für den prozessualen Teil Ihrer Klausur sind gravierend. Die Anordnung der sofortigen Freilassung werden Sie schriftlich in einer Verfügung formulieren müssen. Die JVA wäre darüber möglichst per Fax oder gar telefonisch zu informieren. Nur, wer soll jetzt den Haftbefehl aufheben? Die richtige Antwort kann nur lauten: der zuständige Ermittlungsrichter, denn der ist – weil noch im Ermittlungsverfahren – an den Antrag der StA gebunden und **muss** den Haftbefehl aufheben. Also müsste die Akte unverzüglich mit einem Aufhebungsantrag an den Ermittlungsrichter verfügt werden. Ihre Klausur wäre an dieser Stelle fertig! Das kann nicht sein!

Damit stellt sich die Frage, ob der Aufhebungsantrag nicht zusammen mit der Anklage gestellt werden kann. Darf er nicht! Wenn der Staatsanwalt der Überzeugung ist, dass die Voraussetzungen für einen Haftbefehl nicht mehr vorliegen, darf er nicht in aller Ruhe seine Anklage diktieren und schreiben lassen und dann mit Anklageerhebung bei dem für die Hauptverhandlung zuständigen Gericht einen Aufhebungsantrag stellen und auf dessen Entscheidung warten. Auch die Anordnung der sofortigen Freilassung hilft nicht aus diesem Dilemma, weil das nunmehr zuständige Gericht nicht mehr an den Antrag der StA gebunden wäre, wir befinden uns mit Anklageerhebung im Zwischenverfahren. Schließlich wird es Sie auch nicht viel weiter bringen, in der Abschlussverfügung einen Haftsonderband mit Aufhebungsantrag an den Ermittlungsrichter zu senden, denn wie wollen Sie bei gleichzeitiger Anklageerhebung dessen Zuständigkeit im Zeitpunkt der Entscheidung sicherstellen.

Gleichwohl müssen Sie im prozessualen Gutachten aufzeigen, wie richtig zu reagieren ist. Aus klausurtaktischen Gründen sollten Sie in der nachfolgenden Abschlussverfügung etwas schummeln und dem Leser in einem Vermerk mitteilen, dass die sofortige Freilassung schon veranlasst worden sei und der Ermittlungsrichter den Haftbefehl auf entsprechenden Antrag nach § 120 III StPO bereits aufgehoben habe. Anders werden Sie diese Konstellation nicht in den Griff bekommen!

Der Praxis wird diese Konstellation nicht die geringsten Probleme bereiten, weil die Staatsanwaltschaft vor Anklageerhebung die Akten an den Ermittlungsrichter senden und gleichzeitig die sofortige Freilassung veranlassen wird. In der Klausur haben Sie ein Problem. Besser, Sie lassen es gar nicht so weit kommen.

Bitte beachten Sie: Für einen Antrag auf Änderung eines bereits erlassenen Haftbefehls wird in der Klausur eher selten Raum sein. Auf welche Tatvorwürfe ein derartiger Haftbefehl gestützt wurde, wird Ihnen im Klausurtext ohnehin nur selten mitgeteilt. Ist das aber ausnahmsweise doch der Fall, kann das durchaus ein Hinweis darauf sein, dass von Ihnen ein Änderungsantrag erwartet wird. Es wird, wenn die Änderungen wesentlich sind, die Aufhebung des alten und der Erlass eines neuen Haftbefehls zu beantragen sein. Wesentlich ist jede Erweiterung des Haftbefehls um weitere Taten, ggf. auch eine entsprechende Beschränkung. Auch die Anwendung einer anderen Strafvorschrift stellt eine wesentliche Änderung dar.

224

Kämen Sie zu einem anderen Haftgrund, sollten Sie aus klausurtaktischen Gründen Ihr Ergebnis noch einmal überprüfen. Auch hier gilt allerdings der Grundsatz, dass die Ausnahme die Regel bestätigt. Der Austausch des Haftgrundes ist eine wesentliche Änderung.

XI. § 111a StPO

225 Manche Klausur erfordert, dass Sie sich Gedanken über die Anordnung vorläufiger Maßnahmen machen. Am häufigsten dürfte es um die vorläufige Entziehung der Fahrerlaubnis nach § 111a StPO gehen, seltener mal um eine Beschlagnahmeanordnung oder andere Maßnahmen.

Weil es bei den §§ 69, 69a StGB um materielles Recht geht, sollten Sie die Entziehung der Fahrerlaubnis bereits in einem selbständigen Abschnitt (»Nebenfolgen«) des materiellen Gutachtens erörtern. Sie können die Erörterung ausnahmsweise in das prozessuale Gutachten verschieben, wenn Sie diese mit der prozessualen Frage der vorläufigen Entziehung der Fahrerlaubnis gemäß § 111a StPO verknüpfen. Nur dürfen Sie dann nicht vergessen, die Voraussetzungen des § 69 StGB sauber herauszuarbeiten.

Haben Sie das positiv beantwortet, werden Sie sich nur noch Gedanken über die vorläufige Entziehung der Fahrerlaubnis gemäß § 111a StPO machen müssen.

1. Entziehung der Fahrerlaubnis, §§ 69, 69a StGB

226 Dem Beschuldigten ist gemäß § 69 I StGB die Fahrerlaubnis zu entziehen, wenn sich aus der Tat ergibt, dass er **zum Führen von Kraftfahrzeugen ungeeignet ist.**

Die Ungeeignetheit kann sich aus körperlichen und geistigen Mängeln ergeben, in den Klausuren wird es jedoch ganz überwiegend um die **charakterliche Unzuverlässigkeit** gehen.

> Ungeeignet ist der Täter, wenn eine Würdigung seiner körperlichen, geistigen und **charakterlichen** Voraussetzungen und der sie wesentlich bestimmenden objektiven und subjektiven Umstände ergibt, dass seine Teilnahme am Kraftfahrzeugverkehr zu einer nicht hinnehmbaren Gefährdung der Verkehrssicherheit führen würde.

Die Feststellung der charakterlichen Unzuverlässigkeit wird Ihnen in der Mehrheit der Fälle keine Schwierigkeiten bereiten, weil es meistens um die klassischen Straßenverkehrsdelikte geht. In diesen Fällen sind die Regelbeispiele des § 69 II StGB erfüllt. An der charakterlichen Zuverlässigkeit fehlt es danach regelmäßig, wenn der Beschuldigte folgende Straftaten begangen hat:

- **Straßenverkehrsgefährdung** gemäß § 315c StGB,
- **Trunkenheit im Verkehr** gemäß § 316 StGB,
- **unerlaubtes Entfernen vom Unfallort** gemäß § 142 StGB, wenn der Täter weiß oder wissen konnte, dass bei dem Unfall
  - ein Mensch getötet wurde,
  - ein Mensch nicht unerheblich verletzt wurde,
  - an fremden Sachen bedeutender Schaden (zurzeit etwa 1.300–1.500 €, str.) entstanden ist,
- **Vollrausch** gemäß § 323a StGB, wenn dieser sich auf eine der vorgenannten Taten bezieht.

In der Klausur sollten Sie es bei der Regelwirkung belassen und Ausnahmen wirklich nur dann diskutieren, wenn die Einlassung des Angeklagten oder eine Schutzschrift seines Verteidigers dazu Anlass geben.

227 **Was häufig übersehen wird:** Das Fahren ohne Fahrerlaubnis gemäß § 21 StVG gehört nicht zu den Regelfällen des § 69 II StGB. Dennoch wird eine derartige Tat – **als typische Verkehrsstraftat**[121] – regelmäßig zur Verhängung einer Sperrfrist für die Erteilung einer Fahrerlaubnis (§ 69a StGB) führen müssen, denn unabhängig vom Fehlen eines Regelbeispiels ergibt

---

121 BGH NStZ-RR 2007, 40.

sich die fehlende Eignung aus dem Tatverhalten (§ 69 I StGB). Zur Begründung dürfen Sie sich in der Klausur auf diese schlichte Behauptung beschränken.

Schwieriger ist die Rechtslage zu beurteilen, wenn der Beschuldigte ein Kraftfahrzeug zur Begehung anderer als Verkehrsstraftaten geführt hat. Während früher allgemein die Tendenz vorherrschte, erheblichen Taten der allgemeinen Kriminalität eine Indizwirkung für die Nichteignung zuzusprechen, wird **§ 69 I StGB mittlerweile enger ausgelegt.**

Abweichend von der früheren Rechtsprechung der einzelnen Senate sieht der Große Senat für Strafsachen des Bundesgerichtshofs[122] trotz charakterlicher Mängel, die sich in der Begehung schwerwiegender und erheblicher Straftaten offenbaren, aus diesen nicht automatisch eine Gefahr für den Straßenverkehr erwachsen. Vielmehr muss die mangelnde Zuverlässigkeit des Täters in Bezug auf Verkehrssicherheitsbelange in der Tat hinreichenden Ausdruck finden. Allein die Benutzung eines Kraftfahrzeugs zur Begehung schwerer Straftaten lässt einen Rückschluss darauf nicht zu.

> Eine Entziehung der Fahrerlaubnis bei schweren Straftaten ist deshalb nur zulässig, wenn die Anlasstat tragfähige Schlüsse darauf zulässt, dass der Täter bereit ist, die Sicherheit des Straßenverkehrs seinen eigenen kriminellen Interessen unterzuordnen. Dafür könnte schon risikofreudiges Fahrverhalten bei der Tat oder auf der Flucht ausreichen.

> Noch ein wichtiger **Hinweis:** Einem Fahrradfahrer, der sich einer Straftat nach § 316 StGB schuldig gemacht hat, darf die Fahrerlaubnis nicht entzogen werden, weil § 69 StGB ausschließlich Pflichtverstöße beim Führen von Kraftfahrzeugen betrifft. Kraftfahrzeuge sind aber nur Fahrzeuge, die von Motorkraft angetrieben werden.

2. Vorläufige Entziehung der Fahrerlaubnis

Wenn Sie den Sachverhalt aufmerksam durchgelesen haben, wissen Sie, ob die Fahrerlaubnis bereits vorläufig entzogen wurde. Verlieren Sie auch den Bearbeitervermerk nicht aus dem Auge, der ebenfalls eine entsprechende Information enthalten kann. Ist das bereits geschehen, haben Sie nichts mehr zu veranlassen. **Anders als beim Haftbefehl ist nicht etwa die Fortdauer der Maßnahme zu beantragen.**

228

Anderenfalls haben Sie mit Anklageerhebung einen entsprechenden Antrag zu stellen, wenn denn die Voraussetzungen des § 111a StPO erfüllt sind. Dieser verlangt

- dringenden Tatverdacht
- und einen hohen Grad an Wahrscheinlichkeit, dass das Gericht den Beschuldigten für *ungeeignet* zum Führen von Kraftfahrzeugen halten und ihm die Fahrerlaubnis entziehen wird.

Den dringenden Tatverdacht haben Sie entweder schon zum Stichwort U-Haft erörtert, dann können Sie selbstverständlich Bezug darauf nehmen, oder Sie werden den Begriff hier erstmals erläutern müssen. Ich kann insoweit auf die Darstellungen zur U-Haft verweisen. Wichtig ist zu zeigen, dass Sie zwischen **hinreichendem und dringendem Tatverdacht unterscheiden** können.

Auch die Prognose bezüglich der Fahrerlaubnisentziehung sollte Sie nicht vor unüberwindliche Schwierigkeiten stellen. Denn im Rahmen des materiellen Gutachtens haben Sie entweder bereits das Vorliegen eines Regelbeispiels nach § 69 II StGB angenommen oder sich darauf festgelegt, dass der Beschuldigte aufgrund einer anderen Straftat nach § 69 I StGB zu maßregeln ist. In beiden Fällen sollten Sie, um sich nicht in Widerspruch zu Ihren bisherigen Ergebnissen zu setzen, die hohe Wahrscheinlichkeit mit einer schlichten Behauptung bejahen. Ist gar ein Regelbeispiel verwirklicht, versteht sich das von selbst. Entscheidend ist allein, dem Korrektor zu zeigen, dass Sie mit den Anforderungen des § 111a StPO vertraut sind und die richtigen Anträge formulieren können.

---

122 BGH, Beschl. vom 27.04.2005, GSSt 2/04.

229 Die vorläufige Entziehung der Fahrerlaubnis wirkt zugleich als **Beschlagnahmeanordnung bzw. Beschlagnahmebestätigung**, so dass weitergehende Anträge auf Beschlagnahme nicht gestellt werden müssen. **Sie werden allenfalls zu diskutieren haben, ob zum Auffinden des Führerscheins eine Durchsuchungsanordnung erforderlich sein wird.** Das geschieht in der Praxis häufig – oft formularmäßig. Tatsächlich sollte die Durchsuchung allerdings nur beantragt und angeordnet werden, wenn konkrete Umstände vorliegen, die erwarten lassen, dass der Beschuldigte den Führerschein nicht herausgeben wird. In der Klausur werden Sie kaum auf eine derartige Konstellation stoßen.

Auch hierzu dürfen Sie sich wieder bedenkenlos des Urteilsstils bedienen.

> **Formulierungsbeispiel:**
>
> Die Fahrerlaubnis des Beschuldigten könnte gemäß § 111a StPO vorläufig zu entziehen sein. Der Beschuldigte ist einer Straftat nach § 316 I StGB dringend verdächtig, weil es in hohem Maße wahrscheinlich ist, dass er aufgrund der übereinstimmenden Aussagen der Zeugen ..., die ihn als Fahrer identifiziert haben, und des Gutachtens der Staatlichen Blutalkoholuntersuchungsstelle verurteilt werden wird. Weil damit zugleich das Regelbeispiel des § 69 II Nr. 1 StGB erfüllt ist, besteht auch die hohe Wahrscheinlichkeit, dass das Gericht ihn für ungeeignet zum Führen von Kfz halten und die Fahrerlaubnis entziehen wird.
>
> Deshalb ist die vorläufige Entziehung der Fahrerlaubnis zu beantragen.

230 Keinesfalls dürfen Sie vergessen, für die Aufhebung einer bereits angeordneten Maßnahme zu sorgen, wenn Ihr Gutachten zu dem Ergebnis geführt hat, dass kein Raum für die Anwendung des § 69 StGB ist, etwa weil es an einer den Eignungsmangel begründenden Straftat fehlt.

- Ist der Führerschein lediglich von der Polizei sichergestellt, ist nur seine Herausgabe zu veranlassen.

- Ist die Fahrerlaubnis bereits gemäß § 111a StPO vorläufig entzogen, bitte nicht die sofortige Übersendung des Führerscheins an den Beschuldigten verfügen, sondern abwarten! **Das Gericht ist – anders als beim Haftbefehl – im Ermittlungsverfahren nicht an den Aufhebungsantrag der StA gebunden,** sondern hat den Grund für die Entziehung selbständig zu überprüfen. Es könnte also zu einem anderen Ergebnis gelangen. Sinnvoll wird es deshalb sein, das Gericht selbst in der Abschlussverfügung für den Fall der antragsgemäßen Entscheidung um Rückgabe des Führerscheins an den Beschuldigten zu ersuchen.

> Noch ein **Hinweis: Unterscheiden Sie immer sauber zwischen Fahrerlaubnis und Führerschein!** Der Führerschein dient als Dokument lediglich dem Nachweis der Fahrerlaubnis. Der Führerschein wird deshalb nicht entzogen, sondern mit der Entziehung der Fahrerlaubnis eingezogen. **Nur die Fahrerlaubnis wird entzogen!**

XII. Beschlagnahme und Herausgabe

1. Beschlagnahme

231 Eine Beschlagnahmeanordnung durch das Gericht wird nur ausnahmsweise zu beantragen sein, wenn der Sicherstellung durch die Polizei **widersprochen** worden ist.

a) Beweismittel, §§ 94, 98 StPO

232 Dass Gegenstände, die als Beweismittel in Betracht kommen, beschlagnahmt werden können, ergibt sich aus § 94 StPO.

b) Einziehungsgegenstände, § 111b StPO

233 Während der Verfall nach § 73 StGB in der Strafrechtsklausur kaum eine Rolle spielt, weil der Verfallsanordnung regelmäßig Ersatzansprüche der oder des Geschädigten entgegenstehen (§ 73 I 2 StGB), werden Sie sich mit der Einziehung häufiger beschäftigen müssen. Leider wird das oft übersehen. Auch wenn allein wegen einer derartigen Nachlässigkeit die Klausur kaum unter den Strich rutschen wird, gehört die kurze Erörterung der Einziehung zu einer Klausur, mit der Sie die oberen Punkträngen erreichen wollen.

Dass Tatmittel wie Schusswaffen oder Messer einzuziehen sind, leuchtet unmittelbar ein, übersehen wird es trotzdem.

Aber auch durch die Tat hervorgebrachte Gegenstände müssen gegebenenfalls eingezogen werden. **Besonders häufig werden das unechte, verfälschte oder (§ 271 StGB) unrichtige Urkunden sein, wenn der Täter diese nur hergestellt hat.** Haben Sie also Urkundsdelikte zu prüfen und bejahen Sie die Strafbarkeit des Beschuldigten, werden Sie regelmäßig auch Ausführungen zu § 74 StGB machen müssen. Auch das ist zunächst eine rein materiellrechtliche Frage. Diese Frage ist auch dann zu erörtern, wenn eine Beschlagnahme wegen freiwilliger Herausgabe nicht in Betracht kommt, denn Sie müssen spätestens in der Anklageschrift zur Frage der Einziehung Stellung nehmen. Jedenfalls wenn ein Beschlagnahmeantrag zu stellen sein wird, können Sie diese Erörterung auch in das B-Gutachten verlagern. 234

- **Einziehungsobjekte sind:**
    - durch die Tat hervorgebrachte Gegenstände (Tatprodukte),
    - Tatmittel,
    - ausnahmsweise: Beziehungsgegenstände.

- **Die Einziehung von Tatmitteln und Tatprodukten ist zulässig, wenn**
    - der Täter vorsätzlich und schuldhaft gehandelt hat

    und

    - die Einziehungsgegenstände zur Zeit der Entscheidung dem Täter gehören (§ 74 II Nr. 1 StGB)

    oder

    - ihm zwar nicht gehören aber entweder generell oder individuell gefährlich sind (§ 74 II Nr. 2 StGB),
    - der Täter vorsätzlich aber schuldlos gehandelt hat

    und

    - die Einziehungsgegenstände entweder generell oder individuell gefährlich sind (§ 74 III StGB).

Nicht der Einziehung gemäß § 74 StGB unterliegen so genannte **Beziehungsgegenstände**, die weder Tatmittel noch Tatprodukt sind, sondern **notwendiger Gegenstand der Tat selbst**. Diese können jedoch durch Sondervorschriften zu Einziehungsgegenständen werden. So kann im Rahmen der Urkundsdelikte etwa zweifelhaft sein, ob falsche oder verfälschte Urkunden, die der Beschuldigte nicht selbst hergestellt aber bei seiner Tat gebraucht hat, Tatmittel sind. Im Hinblick auf § 282 StGB müssen Sie das nicht weiter erörtern. Es genügt der Hinweis, dass diese Urkunden gemäß § 282 StGB auch als Beziehungsgegenstände der Einziehung unterliegen. 235

Noch einmal: Verfall und Einziehung sollten, wenn daran nicht erkennbar prozessuale Fragen wie etwa Beschlagnahmeanträge hängen, grundsätzlich in einem besonderen Abschnitt des Gutachtens geprüft werden, den Sie etwa mit »Nebenfolgen« überschreiben können. In das prozessuale Gutachten passt diese Erörterung nicht, weil es nicht um prozessuale Fragen geht. Die Erörterung ist jedoch erforderlich, weil Sie auf den möglichen Verfall und die mögliche Einziehung in der Anklageschrift hinweisen müssen.

c) Verfahrensfragen

Häufig werden Durchsuchungsanordnungen mit »Beschlagnahmeanordnungen« verbunden, wobei letztere nur selten schon im erforderlichen Umfang präzisiert werden können. Derartige »Beschlagnahmeanordnungen« werden von der Rechtsprechung lediglich als **Präzisierungen der Durchsuchungsanordnungen** angesehen, die eine echte Anordnung nach § 98 StPO nicht zu ersetzen vermögen. Sie hätten dann zu erkennen, dass ein konkretisierter Beschlagnahmeantrag noch zu stellen wäre. 236

> **Beispiel**: Heißt es in einer solchen Durchsuchungs- und »Beschlagnahmeanordnung«, alle Schriftstücke, die im Zusammenhang mit einer bestimmten Geschäftsbeziehung ständen, seien zu beschlagnahmen, so hat das Gericht in einem späteren echten Beschlagnahmebeschluss zu präzisieren, welche Schriftstücke im Einzelnen beschlagnahmt sein sollen. Wird dagegen in der Durchsuchungs- und »Beschlagnahmeanordnung« die Beschlagnahme eines bekannten und genau beschriebenen Gegenstandes angeordnet, so stellt bereits dieser Beschluss eine ausreichende Grundlage für die Beschlagnahme dar.
> Eine etwaige Beschwerde des Beschuldigten gegen die »Beschlagnahme« wäre als Antrag auf gerichtliche Entscheidung nach § 98 StPO zu behandeln, weil es an einer derartigen Entscheidung noch fehlt.

2. Herausgabe sichergestellter oder beschlagnahmter Gegenstände

237 Schauen Sie am Ende Ihres prozessualen Gutachtens noch einmal auf die Ergebnisse Ihrer Beweiswürdigung und in den Sachverhalt. Welche Gegenstände sind bei wem sichergestellt worden (Sachverhalt) und welche dieser Gegenstände benötigen Sie als Augenscheinsobjekte und Urkunden für Ihre Beweisführung (Beweiswürdigung)? Mitunter sind Herausgabeanträge früherer Gewahrsamsinhaber oder anderer Personen in den Sachverhalt eingebaut. Die Staatsanwaltschaft hätte zudem das Interesse, nicht benötigte Gegenstände so schnell wie möglich loszuwerden, um die Lagerkapazitäten zu schonen oder Geld zu sparen, das andernfalls für die ordnungsgemäße Verwahrung – etwa eines sichergestellten Pkw – aufzuwenden wäre. Die folgenden Überlegungen sind deshalb von erheblicher praktischer Bedeutung und dürfen auch in Ihrer Klausur nicht völlig fehlen. Ernsthafte Probleme werden Sie damit nicht haben, hier geht es mehr um die Vollständigkeit. Deshalb werden Sie sich regelmäßig auch ohne weiteres des Urteilsstils bedienen dürfen.

a) Herauszugebende Gegenstände

238 Herauszugeben sind alle Gegenstände, die nicht mehr als Beweismittel oder als Objekte der Einziehung oder des Verfalls in Betracht kommen.

So wird regelmäßig die bei dem Beschuldigten gefundene Beute aus einem Diebstahl an den Eigentümer herauszugeben sein. Als Augenscheinsobjekte würden diese Gegenstände nämlich nur ihre eigene Existenz beweisen. Welche Gegenstände entwendet worden sind, wird der Eigentümer als Zeuge in einer polizeilichen Vernehmung geschildert haben. Das Auffinden dieser Gegenstände bei dem Beschuldigten wird ein anderer Zeuge bestätigen können. Notfalls würden Fotos von diesem Gegenstand völlig ausreichen.

Auch müssen nicht zwingend alle Gegenstände, die weiterhin als Beweismittel in Betracht kommen, im Gewahrsam der Strafverfolgungsbehörden bleiben. So kann es angezeigt sein, einzelne Urkunden, die der Berechtigte dringend benötigt, beglaubigt ablichten zu lassen und die Originale anschließend herauszugeben. Das wird in der Klausur aber regelmäßig nur auf einen ausdrücklichen Herausgabeanspruch des Berechtigten zu erörtern sein.

Natürlich müssen sichergestellte oder beschlagnahmte Gegenstände auch dann herausgegeben werden, wenn diese nicht oder nicht mehr einer konkreten Straftat zugeordnet werden können.

b) Herausgabe an Beschuldigten oder Verletzten

239 Die Herausgabe beschlagnahmter oder sichergestellter Gegenstände hat grundsätzlich an den letzten Gewahrsamsinhaber zu erfolgen.

Das wird meist der Beschuldigte sein.

Handelt es sich um Gegenstände des Verletzten, so geht es um die Anwendung des § 111k StPO, den Sie kennen sollten. Die Herausgabe von Gegenständen an den Verletzten erfolgt, wenn

- diese ihm unmittelbar durch die Straftat entzogen worden sind,

- er bekannt ist,
- Ansprüche Dritter nicht entgegenstehen
- und die Gegenstände für Zwecke des Strafverfahrens nicht mehr benötigt werden.

Problematisch in einer Klausur sollte eigentlich der nur mögliche Anspruch eines Dritten, das ist weder der Verletzte noch der letzte Gewahrsamsinhaber, sein. Ein derartiger Anspruch braucht nicht festzustehen, es genügt vielmehr, wenn die Rechtslage nach Aktenlage zweifelhaft ist. Dann ist wie unten dargestellt zu verfahren.

c) Herausgabeverfahren

Die Herausgabe lediglich **sichergestellter** Gegenstände an den letzten Gewahrsamsinhaber 240 wird in der Abschlussverfügung angeordnet.

Die Herausgabe **beschlagnahmter** Gegenstände an den letzten Gewahrsamsinhaber wird ebenfalls verfügt, zuvor ist jedoch die Beschlagnahme aufzuheben. Dabei ist zu unterscheiden:

- Die Beschlagnahme ist durch Anordnung der StA oder eines Hilfsbeamten geschehen und ggf. richterlich bestätigt worden: **Die Aufhebung der Beschlagnahme erfolgt durch Verfügung der StA.**
- Die Beschlagnahme ist aufgrund einer richterlichen Beschlagnahmeanordnung erfolgt: **Die Aufhebung kann dann nur durch das Gericht erfolgen und ist durch die StA zu beantragen.**

Geht es um die Herausgabe an den Verletzten nach § 111k StPO, 241

- entscheidet die Staatsanwaltschaft selbst,
  - wenn die Herausgabepflicht an den Verletzen offenkundig ist,
  - wenn ein Dritter die Herausgabe begehrt und eine ihm gesetzte Frist zur zivilgerichtlichen Geltendmachung bereits verstrichen ist. Diese Frist sollten Sie allerdings nicht mehr in der Abschlussverfügung setzen, weil bei deren Ablauf bereits das Zwischenverfahren begonnen hätte, in dem das Gericht für die Herausgabeentscheidung zuständig ist. Gegebenenfalls wäre in der Abschlussverfügung ein Antrag an das Gericht zu formulieren.
- Anderenfalls kann die Staatsanwaltschaft - wenn ein Dritter die Herausgabe fordert - die Entscheidung des Gerichts herbeiführen (§ 111k S. 3 StPO). Einen derartigen Antrag müssten Sie gegebenenfalls formulieren. Damit wäre die Aufgabe des Staatsanwalts erfüllt, so dass Sie in der Klausurlösung nur einen entsprechenden Antrag formulieren müssten.

XIII. Verbindung und Trennung

Ob Verfahren zu verbinden oder zu trennen sind, hängt davon ab, ob zwischen ihnen ein Zu- 242 sammenhang besteht. Der Zusammenhang kann

- persönlich

  oder

- sachlich

sein. Ein **persönlicher Zusammenhang** besteht, wenn gegen denselben Beschuldigten wegen mehrerer selbständiger Taten im Sinne des § 264 StPO ermittelt wird. Beim **sachlichen Zusammenhang** geht es um eine Tat mehrerer Beschuldigter. Mit dem persönlichen Zusammenhang werden Sie keine Probleme haben. Bei der Erörterung des sachlichen Zusammenhangs werden Sie sich eventuell Gedanken über den Begriff des »Teilnehmers« machen müssen. Problematisch kann es werden, wenn einer der Beschuldigten der Bestechung/Vorteilsgewährung nach den §§ 334, 333 StGB und der andere der Bestechlichkeit/Vorteilsannahme nach den §§ 332, 331 StGB verdächtig ist und es dabei um dasselbe Geschehen geht. Der Begriff Teilnahme ist indes weit auszulegen:

> Teilnahme im Sinne des § 3 StPO ist jede in dieselbe Richtung zielende Mitwirkung an einem einheitlichen geschichtlichen Vorgang[123] (i.S.d. § 264 StPO).

Das dürfte für den Bestechenden und den Bestochenen der Fall sein.

1. Verfahrensverbindung

243 Nicht selten enthalten prozessuale Gutachten Ausführungen zu dem vermeintlichen Problem, ob bei Ermittlungen gegen mehrere Beschuldigte »die Verfahren« miteinander verbunden werden müssten. Dieses Problem gibt es nicht! Der Aktenauszug, den Sie als Aufgabe erhalten, betrifft **ein** Verfahren, dass von vornherein gegen mehrere Beschuldigte geführt wird. Für eine Verfahrensverbindung ist damit kein Raum. Allenfalls ist zu überlegen, ob eines der gemeinsam geführten Verfahren abzutrennen ist.

2. Verfahrenstrennung

244 Ohne Zweifel gibt es in der Praxis immer wieder Konstellationen, die die Verfahrensabtrennung erforderlich machen. Klassisch ist der Fall, in dem nach einem Polizeieinsatz nicht nur gegen sonstige Beschuldigte sondern auch gegen einen Polizeibeamten ermittelt werden muss. Es kann in der Klausur nicht darum gehen, dass Sie sich durch Verfahrenstrennung eines Beschuldigten entledigen und sich so das Entwerfen der Anklageschrift vereinfachen. Die Lösung kann also nur darin liegen, das Verfahren gegen den Beamten abzutrennen und anschließend beide Ermittlungsverfahren jeweils mit Abschlussverfügung und Anklage abzuschließen. Wenn abzusehen ist, dass Sie dazu keine Zeit mehr haben (klausurtaktisch denken!), bleibt Ihnen nichts anderes übrig, als die eigentlich erforderliche Abtrennung zu ignorieren. Es bleibt Ihnen der Trost, dass Klausuren mit derartigen Konstellationen selten sind. Weil es kaum angehen kann, Ihnen in der Examensklausur das Verfassen zweier Abschlussverfügungen und Anklagen zuzumuten, deutet eine derartige Konstellation darauf hin, dass der Verfasser des Klausursachverhalts die Klausurlösung ausnahmsweise nicht vollständig durchdacht hat. Das wird für Sie allerdings nur ein schwacher Trost sein.

Im Übrigen ist, wenn Sie ganz sicher gehen wollen, ein kurzer Hinweis auf § 3 StPO nicht falsch. Damit haben Sie das Thema »Trennung« dann aber auch erschöpfend abgehandelt.

> **Formulierungsbeispiel:**
>
> Weil die Beschuldigten der Teilnahme an derselben Tat verdächtig sind, sind sie gemäß § 3 StPO gemeinsam vor dem Schöffengericht anzuklagen.

In Einzelfällen kann es vorkommen, dass nach dem Bearbeitervermerk die Strafbarkeit von Personen, gegen die sich ebenfalls der Anfangsverdacht einer Straftat richtet, nicht geprüft werden soll. Obwohl es legitim sein dürfte, deren mögliche Strafbarkeit auch im prozessualen Teil zu ignorieren, sollten Sie, wenn die Voraussetzungen des § 3 StPO nicht erfüllt sind, das Verfahren gegen diese Personen abtrennen. Dann werden allerdings auch kurze Ausführungen zum Anfangsverdacht erforderlich sein.

XIV. Mitteilungen

245 Mitteilungspflichten dürfen zwar nicht übersehen werden, die Erörterung etwaiger Mitteilungspflichten sollte jedoch nicht das Gutachten überlasten. Es ist deshalb sinnvoll, sich auf die Anordnung der erforderlichen Mitteilungen in der Abschlussverfügung zu beschränken. Das spart zudem Zeit. In der jeweiligen Verfügung können Sie Empfänger, Art und Weise sowie Grund der Mitteilung nennen und haben damit Ihrer Pflicht Genüge getan. Der Korrektor weiß damit, was Sie zu der jeweiligen Mitteilungsanordnung bewogen hat.

Ich halte es für unumgänglich, dass Sie sich die MiStra einmal konzentriert durchlesen, um dadurch ein Gespür für die Mitteilungspflichten zu bekommen. Im Examen steht Ihnen die MiStra zwar im Kommentar von *Meyer-Goßner* (A 16) zur Verfügung, Sie werden aber kaum

---

123 BGH NStZ 1987, 513.

die Zeit haben, darin lange zu suchen. Dabei müssten Sie sich – streng genommen – über die Mitteilungspflichten kaum Gedanken machen. Nr. 4 MiStra sieht vor, dass Staatsanwälte Mitteilungen nur selbst anordnen müssen, wenn dies ausdrücklich bestimmt ist oder sie sich das vorbehalten haben. Ausdrücklich ist das aber nur in wenigen Fällen bestimmt, der Vorbehalt spielt in der Klausur keine Rolle. Im Klartext heißt das, dass Sie sich in Ihrer Rolle als Staatsanwalt auf die für die Mitteilungen zuständigen Mitarbeiter (Nr. 4 III Nr. 1 MiStra) verlassen dürften. Weil ich mir nicht sicher bin, ob das allgemein bekannt ist, sollten Sie so nur unter ausdrücklichem Hinweis auf diese Vorschrift vorgehen. Im Übrigen machen Sie grundsätzlich nichts falsch, wenn Sie selbst die Mitteilungsanordnung treffen, weil Abs. 2 S. 2 den Staatsanwälten derartige Mitteilungsanordnungen in jedem Fall zugesteht.

Die für Klausuren wichtigsten Mitteilungen nach MiStra sind: **246**

Nr. 13:	Beschuldigter steht unter Bewährung; Anklageabschrift an das die Bewährungsaufsicht führende Gericht
Nr. 15, 16:	Beschuldigter ist Beamter oder sonst im öffentlichen Dienst (Verbrechen); Anklageabschrift an den Dienstherrn als »**Vertrauliche Personalsache**«
Nr. 32:	Beschuldigter ist Jugendlicher oder Heranwachsender; Anklageabschrift an Jugendgerichtshilfe
Nr. 43:	Beschuldigter ist U-Häftling oder Strafgefangener in einem anderen Verfahren; Anklageabschrift an JVA; im selben Verfahren ergibt sich die Mitteilungspflicht aus § 114d II 2 StPO

In letzter Zeit habe ich in Klausuren häufiger gelesen, dass die Polizei von der Anklageerhebung informiert werden sollte. Nach Nr. 11 II MiStra wird die Polizei jedoch nur vom Ausgang des Verfahrens informiert.

Sind Sie in Ihrer Klausur zu dem Ergebnis gelangt, dass ein Antrag nach § 111a StPO zu stellen ist, löst das ebenfalls keine Mitteilungspflicht aus. Die Verkehrsbehörde ist erst dann zu informieren, wenn das Gericht die vorläufige Entziehung der Fahrerlaubnis tatsächlich angeordnet hat.

XV. Belehrung über Entschädigungsansprüche

Wer durch Strafverfolgungsmaßnahmen einen Schaden erlitten hat, ist zu entschädigen, wenn **247** das Verfahren gegen ihn eingestellt wird (§ 2 StrEG). Das gilt gemäß § 9 StrEG auch, wenn die Staatsanwaltschaft das Verfahren eingestellt hat. Als klausurrelevante **Strafverfolgungsmaßnahmen** kommen eigentlich nur

- **U-Haft** (§ 2 I StrEG),
- **vorläufige Festnahme** gemäß § 127 StPO (§ 2 II Nr. 2 StrEG) und
- die **vorläufige Entziehung der Fahrerlaubnis** (§ 2 II Nr. 5 StrEG)

in Betracht. War der Beschuldigte, gegen den das Verfahren eingestellt wird, keiner dieser Strafverfolgungsmaßnahmen ausgesetzt, wird er auch nicht über das Verfahren zur Geltendmachung eines Entschädigungsanspruchs informiert. Ist er einer derartigen Strafverfolgungsmaßnahme aber ausgesetzt gewesen, muss er über sein Recht, **innerhalb eines Monats** beim zuständigen Gericht einen Entschädigungsantrag stellen zu können, belehrt werden (§ 9 I 5 StrEG). Weil es in den Klausuren regelmäßig nur um Teileinstellungen gehen wird, hat die Belehrungspflicht nur geringe Bedeutung.

Diese Belehrung müssen Sie in einer Klausur allenfalls dann ausformulieren, wenn das von Ihnen im Bearbeitervermerk ausdrücklich verlangt wird. Die Fälle, in denen über eine Belehrung über Entschädigungsansprüche nachzudenken ist, werden ohnehin selten und zudem ohne weiteres für Sie erkennbar sein. Sollten Sie in einem derartigen Fall keine Zeit mehr haben, § 9 StrEG im prozessualen Gutachten kurz anzureißen, müssen Sie die Belehrung zumindest in der Abschlussverfügung anordnen.

XVI. Beweismittel

248 Im Hinblick auf Nr. 111 RiStBV (lesen!), sollten Sie sich im Rahmen des prozessualen Gutachtens auch mit den in der Anklage zu benennenden Beweismitteln auseinandersetzen. In vielen Klausuren wird es eine lässliche Sünde sein, diesen Abschnitt zu überspringen. Die Frage, welche Beweismittel zu benennen sind, sollte sich zwingend aus dem von Ihnen angefertigten materiellen Gutachten heraus beantworten. Alle Beweismittel, derer Sie sich für die Beweiswürdigung bedient haben, sollten auch in der Anklage als Beweismittel erscheinen. Die Erörterung der zu benennenden Beweismittel im prozessualen Gutachten wäre also eine Wiederholung des materiellen Gutachtens. Dazu haben Sie im Examen meistens keine Zeit.

Sich mit den in der Anklage zu benennenden Beweismitteln auseinanderzusetzen, bietet sich jedoch an, wenn es um Urkunden i.S.d. §§ 251, 256 StPO geht, die zur Verfahrensvereinfachung verlesen werden dürfen. In derartigen Fällen werden Sie zu überlegen haben, ob der Sachverständige oder der Zeuge persönlich zu hören ist, oder ob die Urkundenverlesung zulässig und ausreichend ist.

249 **§ 256 I Nr. 1a StPO:** Häufig sind behördliche Zeugnisse und Gutachten einzuführen. Zum Begriff der Behörde kann auf die Ihnen vorliegenden Kommentierung verwiesen werden. Diese enthält eine Vielzahl von Beispielen.

Bei **behördlichen Zeugnissen** geht es um Tatsachenfeststellungen und Wahrnehmungen von Behördenangehörigen, die diese in *amtlicher* Eigenschaft gemacht haben. Die Behördenangehörigen wären anderenfalls als Zeugen zu vernehmen.

Behördliches Gutachten ist jede sachverständige Äußerung der Behörde. Der Behördenangehörige hätte anderenfalls in der Hauptverhandlung mündlich ein Gutachten zu erstatten. Bei behördlichen Gutachten kann die Unterscheidung von Befund- und Zusatztatsachen von Bedeutung sein. Befundtatsachen dürfen ohne weiteres mit verlesen werden, Zusatztatsachen nur als Behördenzeugnisse, das heißt, wenn sie in amtlicher Eigenschaft festgestellt wurden.

250 **§ 256 I Nr. 1b StPO:** Neu ist die Regelung, dass auch Zeugnisse und Gutachten **allgemein vereidigter Sachverständiger** verlesen werden dürfen. Der Gesetzgeber hat dabei insbesondere an Sachverständige des Kfz-Gewerbes, des Versicherungswesens und der Schriftkunde gedacht, deren Ausführungen in der Regel von Sachautorität geprägt sind. Die obigen Ausführungen zu Befund- und Zusatztatsachen gelten entsprechend.

251 **§ 256 I Nr. 2 StPO:** Auch ärztliche Atteste über Körperverletzungsfolgen dürfen verlesen werden, diese enthalten ebenfalls regelmäßig gutachterliche Äußerungen. Denken Sie immer daran, **dass die Verlesung nur dann zulässig ist, wenn es *nicht* um die Folgen einer schweren Körperverletzung gemäß § 226 StGB geht**. Das wird häufig übersehen!

Ob eine Körperverletzung zu den schweren gehört, richtet sich nach dem **Anklagegegenstand**. Deshalb empfiehlt es sich, zur Verlesbarkeit eines Attestes nach § 256 I Nr. 2 StPO erst im Rahmen des B-Gutachtens Ausführungen zu machen, weil Sie die anzuklagenden Tatbestände erst kennen müssen. Verlesbar ist ein Attest bei Körperverletzungen nach den §§ 223, 224 und 229 StGB. Im Falle einer fahrlässigen Körperverletzung gilt das auch dann, wenn der Verletzungserfolg eine schwere Körperverletzung darstellt.

Beachte: Bei Tateinheit zwischen Körperverletzung und einer anderen Straftat darf ein Attest dagegen nicht verlesen werden, wenn dadurch gleichzeitig der Schuldumfang hinsichtlich der durch dieselbe Handlung verwirklichten Tat nachgewiesen werden soll.

Das gilt etwa für den Fall, dass auf Grund der in dem Attest mitgeteilten schweren Verletzungen der Nachweis des zumindest bedingten Tötungsvorsatzes bei einem versuchten Totschlag erbracht werden soll.[124]

---

[124] BGH StV 2007, 569.

A. Das prozessuale Gutachten

Gleichgültig ist, ob die Atteste Täter oder Opfer betreffen. Feststellungen, die der Arzt ohne besondere Sachkunde getroffen hat (Zusatztatsachen), dürfen jedoch keinesfalls verlesen werden. Für derartige Feststellungen muss der Arzt als Zeuge vernommen werden

§ 256 I Nr. 4 StPO: Gutachten, mit denen Sie in Klausursachverhalten häufig konfrontiert werden, sind die Gutachten der **staatlichen Blutalkoholuntersuchungsstellen**, die Auskunft über die BAK des Beschuldigten geben. Blutalkoholuntersuchungsgutachten dürfen nach § 256 I Nr. 4 StPO selbst dann durch Verlesung eingeführt werden, wenn diese nicht behördlicher Natur sind.

§ 256 I Nr. 5 StPO: Nach Nr. 5 dürfen nunmehr auch von den Strafverfolgungsbehörden über **Routinevorgänge** erstellte Urkunden durch Verlesung eingeführt werden. Dazu gehören Protokolle und Vermerke über Durchsuchungen und Beschlagnahmen, Sicherstellungen, Spurensicherungen, Festnahmen u.a. Denn der Beamte wird als Zeuge in der Hauptverhandlung regelmäßig ohnehin nicht mehr bekunden können als das, was er in dem Protokoll bereits schriftlich niedergelegt hat.

Dagegen dürfen Vernehmungsprotokolle und Vermerke, in denen der Inhalt einer Vernehmung wiedergegeben wird, nicht verlesen werden. Hier bleibt es bei der Regelung der §§ 251 ff. StPO.

Auch wenn es um unmittelbare Erkenntnisse aus einer Telefonüberwachung gehen sollte, müssten Sie sich Gedanken machen, auf welchem Weg Sie den Inhalt der Telefongespräche zum Gegenstand der Hauptverhandlung machen wollen. Es gibt vier Wege, die Sie abhängig von der Aufklärungspflicht wählen können:

- Während einer Telefonüberwachung werden die Telefonate zu Beweiszwecken aufgezeichnet. Die Aufnahmen können in der Hauptverhandlung angehört werden, die Speichermedien sind dann **Augenscheinsobjekte**. Das Anhören der aufgezeichneten Gespräche ist natürlich immer der sicherste Weg, Verstöße gegen § 244 II StPO auszuschließen. Im Zweifel werden Sie in der Anklageschrift also die Speichermedien als Augenscheinsobjekte benennen.
- Die ermittelnden Polizeibeamten können den Inhalt der Gespräche niedergeschrieben haben. Die Protokolle können dann in der Hauptverhandlung als **Urkunden** verlesen werden.
- Möglich ist es auch, die überwachenden Polizeibeamten zum Inhalt der Gespräche als **Zeugen** zu vernehmen.
- Handelt es sich um Telefongespräche in einer Fremdsprache, kann deren Inhalt durch ein **Sachverständigengutachten** eines Dolmetschers eingeführt werden.

Ein Bedarf, sich mit den zu benennenden Beweismitteln auseinanderzusetzen, besteht außerdem, wenn eine Vielzahl gleicher Beweismittel zum selben Thema zur Verfügung steht und gemäß Nr. 111 I RiStBV eine Auswahl zu treffen ist.

Die Abgrenzung von Urkundenbeweis und Augenscheinsbeweis bereitet oft Schwierigkeiten und ist in der Klausur eine häufige Fehlerquelle.

> **Beachte:** Das Verlesen von Urkunden dient der Ermittlung des gedanklichen Inhalts eines Schriftstückes. Demgegenüber kann eine Urkunde auch Gegenstand des Augenscheinsbeweises sein, wenn es nicht auf ihren Inhalt, sondern auf ihr Vorhandensein und ihre Beschaffenheit ankommt.

Was damit gemeint ist, soll ein geradezu klassisches Klausurbeispiel verdeutlichen:

> Der Angeschuldigte ist hinreichend verdächtig, eine Urkundenfälschung in Tateinheit mit einem Betrug begangen zu haben, wobei er eine Vertragsurkunde mit einem falschen Namen unterzeichnete. Beweisgegenstand ist natürlich der schriftliche Vertrag. Dieser wird in der Hauptverhandlung als Urkunde verlesen, wenn es darum geht, sich dessen Inhalt zu erschließen und so den Betrug nachzuweisen. Soll dem Angeschuldigten eine Urkundenfälschung nachgewiesen werden, ist der Vertrag in Augenschein zu nehmen, um die Verfäl-

schungsmerkmale – die falsche Unterschrift – festzustellen. Um den gedanklichen Inhalt geht es dann nicht. Das müssen Sie für die in der Anklage zu benennenden Beweismittel sauber herausarbeiten. Können Sie allerdings absehen, dass Ihnen die Zeit davonlaufen wird, ist es sicher eine lässliche Sünde, diesen Abschnitt stark zu kürzen, wenn Sie denn in der Anklage die Beweismittel richtig aufführen.

256 Tonbänder sind ebenfalls Augenscheinsobjekte, können aber auch durch die Verlesung von Niederschriften über deren Inhalt im Wege des Urkundenbeweises eingeführt werden.

Hüten Sie sich aber davor, in diesem Abschnitt die Verwertbarkeit von Beweismitteln, derer Sie sich zur Begründung des hinreichenden Tatverdachts bedient haben, wieder in Frage zu stellen oder sich sonst in Widerspruch zum A-Gutachten zu setzen.

XVII. Strafkammeranklage und Besetzung in der Hauptverhandlung

257 Auch in der Praxis wird **Nr. 113 III RiStBV** weitgehend übersehen. Wie Sie hoffentlich wissen, entscheidet die Große Strafkammer gemäß § 76 II GVG bei Eröffnung des Hauptverfahrens, ob sie in der Hauptverhandlung mit zwei oder drei Berufsrichtern besetzt ist. Maßstab dafür sind Umfang und Schwierigkeit der Sache.

Achtung: Das Schwurgericht ist in der Hauptverhandlung immer mit drei Berufsrichtern besetzt.

Nach Nr. 113 RiStBV hat der Staatsanwalt bei Anklageerhebung die Hinzuziehung des dritten Berufsrichters gegebenenfalls anzuregen. Deshalb müssen Sie sich bei einer Strafkammeranklage streng genommen auch damit auseinandersetzen. Sie dürfen sich jedoch auf einen Standardsatz beschränken:

Formulierungsbeispiel:
Eine Anregung nach Nr. 113 III RiStBV ist nicht erforderlich. Weder Umfang noch Schwierigkeit gebieten gemäß § 76 II GVG die Hinzuziehung eines dritten Berufsrichters.

Damit werden Sie kaum etwas falsch machen. Denn in den Klausurfällen würden weder Schwierigkeit noch Umfang die Hinzuziehung eines dritten Berufsrichters erforderlich machen.
Bei Schwurgerichtsanklagen könnte es heißen:

Formulierungsbeispiel:
Weil die Anklage zum Schwurgericht erfolgt, kommt eine Anregung gemäß § 76 II GVG nicht in Betracht.

B. Die Abschlussverfügung

In der Abschlussverfügung, sofern Sie eine schreiben müssen, gilt es nun, das Ergebnis des prozessualen Gutachtens in ein praxisgerechtes Ergebnis umzusetzen. Die Abschlussverfügung muss nicht nur sprachlich bestimmt und korrekt sein, sondern sollte auch im äußeren Erscheinungsbild dem entsprechen, was dem Korrektor aus der Praxis bekannt ist. **258**

Die Abschlussverfügung gehört vor die Anklageschrift. Achten Sie beim Ordnen Ihrer Arbeit darauf.

I. Ermittlungshandlungen

Sollten tatsächlich noch Ermittlungshandlungen erforderlich sein, was angesichts der Bearbeitervermerke, nach denen erforderliche Beweiserhebungen als durchgeführt und ergebnislos anzusehen sind, nicht der Fall sein sollte, wären diese vor dem Abschluss der Ermittlungen anzuordnen. Lediglich wenn dem Sachverhalt noch keine Erkenntnisse über Vorstrafen der oder des Beschuldigten zu entnehmen sind, sollte die Einholung der Registerauszüge als letzte Ermittlungshandlung angeordnet werden. **259**

> **Formulierungsbeispiel:**
>
> Auszug aus dem Bundeszentralregister bzgl. . . . erfordern.

II. Verfahrenstrennung

Sollten Sie ausnahmsweise einmal eine Verfahrenstrennung für erforderlich halten, sollten Sie diese ebenfalls vor dem Abschluss der Ermittlungen anordnen und wie folgt formulieren: **260**

> **Formulierungsbeispiel:**
>
> Das Verfahren gegen . . . wird abgetrennt.
>
> Beglaubigte Abschrift dieser Verfügung mit Ablichtungen Bl. . . . d.A. als neue Js-Sache wegen . . . in Abteilung . . . eintragen und vorlegen. Aktenzeichen des abgetrennten Verfahrens hier vermerken.

Eventuell sind in einem Vermerk kurze Ausführungen zum Anfangsverdacht zu machen.

III. Abschluss der Ermittlungen

Sodann sind gemäß § 169a StPO die Ermittlungen abzuschließen. Dies gilt aber nur für den Fall, dass Anklage erhoben werden soll. Die Vorschrift müssen Sie in der Verfügung nicht nennen, das wirkt anfängerhaft. Jedoch sollten Sie sich – wie immer – möglichst eng an den Wortlaut des Gesetzes halten, das vom *Abschluss* der Ermittlungen spricht. **261**

> **Formulierungsbeispiel:**
>
> Die Ermittlungen sind abgeschlossen.

Die nachfolgend dargestellte Reihenfolge der Verfügungen ist sicher nicht zwingend. **So werden in der Praxis insbesondere Einstellungen und Abtrennungen häufig noch vor dem Abschluss der Ermittlungen verfügt.** Weil das Klausurverfahren aber als ausermittelt anzusehen ist, ist das nicht zwingend.

IV. Verfahrenseinstellung gemäß § 170 II StPO

1. Einstellungsentschließung

Als nächstes empfiehlt es sich, ggf. erforderliche Teileinstellungen nach § 170 II StPO vorzunehmen. Zur Begründung der Einstellung kann auf den Inhalt eines nachfolgenden Einstellungsbescheides Bezug genommen werden. **Die Teileinstellung ist eine Entschließung der Staatsanwaltschaft und darf deshalb nicht im Rahmen eines Vermerks** erfolgen. Lediglich **262** zur Begründung einer Einstellungsentscheidung dürfen Sie sich auf den Inhalt eines Bescheids oder eines Vermerks beziehen.

Die Einstellung erfolgt in sprachlich eindeutiger und bestimmter Form. Es darf nicht etwa heißen »soll eingestellt werden« oder »ist einzustellen«, weil das die Entschließung selbst noch nicht beinhaltet. Grundsätzlich ist bei jeder Einstellung die Vorschrift, auf der die Einstellung beruht, zu nennen.

> **Formulierungsbeispiel:**
> Das Verfahren gegen ... wegen ... wird gemäß § 170 II StPO aus den Gründen des Bescheides zu Nr. ... dieser Verfügung eingestellt.

2. Einstellungsbescheid und Einstellungsnachricht

263 Anschließend ist der Antragsteller bzw. der Verletzte gemäß §§ 171, 172 StPO zu bescheiden. Bedenken Sie, dass viele Korrektoren auf diesen Teil der Abschlussverfügung großen Wert legen und dieser in älteren Klausuren vereinzelt sogar einen Schwerpunkt der Arbeit darstellte.

Ist eine Beschwerdebelehrung zu erteilen, so ist auch diese von Ihnen auszuformulieren. Ein Einstellungsbescheid ist erforderlich, wenn Sie bezüglich einzelner prozessualer Taten

- den hinreichenden Tatverdacht abgelehnt haben,
- kein öffentliches Interesse an der Verfolgung gesehen haben,
- gemäß § 154 I StPO von der Verfolgung abgesehen wird.

Der Inhalt des Bescheides richtet sich nach Nr. 89 RiStBV (unbedingt lesen!). Die Begründung darf sich nicht auf Floskeln beschränken, sondern muss in einer auch dem Laien verständlichen Sprache die Gründe für die Einstellung nachvollziehbar darlegen. Dies wird – abhängig vom Einzelfall – eine kurze Zusammenfassung der Beweislage und eine Darstellung der Rechtslage erforderlich machen. Von den Möglichkeiten der Verkürzung, die Nr. 89 II 3 RiStBV eröffnet, sollten Sie nur zurückhaltend Gebrauch machen.

> **Hinweis:** Der Staatsanwalt soll den Antragsteller mit seinem Bescheid überzeugen, um Einstellungsbeschwerden zu vermeiden.

a) Adressaten

264 Zu bescheiden sind

- der **Antragsteller** gemäß § 171 S. 1 StPO,
- der anzeigende **Verletzte** gemäß §§ 171, 172 StPO,
- der **Beschuldigte** gemäß § 170 II StPO.

265 **Antragsteller** ist jeder, der mit dem erkennbaren Willen, die Strafverfolgung zu veranlassen, eine Straftat i.S.d. § 158 StPO anzeigt.

266 **Verletzter ist jeder, der durch die behauptete Tat unmittelbar in einem Rechtsgut verletzt wäre.** Hier hilft ein Blick auf das Rechtsgut, das durch die angezeigte Tat verletzt worden wäre. Der Begriff des Verletzten ist jedoch im Interesse der Sicherung des Legalitätsprinzips weit auszulegen. Der Ihnen im Examen vorliegende Kommentar enthält eine Vielzahl von Beispielen.[125]

- Der *Antragsteller* ist regelmäßig zu bescheiden. Nur in Ausnahmefällen kann davon abgesehen werden. Klausurrelevant dürfte nur der Fall des erkennbaren **Verzichts** auf die Benachrichtigung sein.
  - Dieser Verzicht kann **ausdrücklich** erklärt werden.

---

125 *Meyer-Goßner* § 172 Rn. 9–12.

- Er kann auch im **Verhalten des Antragstellers** gesehen werden. So wird in der bereits mehrfach geschilderten Konstellation, in der eine Geschädigte gegen ihren Lebensgefährten Anzeige wegen einer gegen sie gerichteten Straftat erstattet und sich anschließend auf ein Zeugnisverweigerungsrecht aufgrund Verlöbnisses beruft, in der Zeugnisverweigerung ein Verzicht auf einen Einstellungsbescheid liegen.

- Auch der *Verletzte* ist regelmäßig zu bescheiden. Die Ausnahmefälle sind bereits zum Stichwort Antragsteller genannt.

- Beim *Beschuldigten* ist zu unterscheiden:
  - Ihm ist die Einstellung des Verfahrens (sog. **Einstellungsnachricht**) mitzuteilen, wenn er Kenntnis von dem gegen ihn geführten Verfahren hat, was meist der Fall sein wird. Daran wird es in der Klausur jedoch fehlen, wenn Sie im Gutachten Handlungen des Beschuldigten auf ihren strafrechtlichen Gehalt hin geprüft haben, die der Klausurverfasser als strafrechtlich irrelevant eingeschätzt hat und zu denen der Beschuldigte deshalb nicht vernommen worden ist.
  - Daneben kann von seiner Benachrichtigung abgesehen werden, wenn diese wegen der Anklageerhebung im Übrigen untunlich ist. Das wird der Fall sein, wenn bei großer Nähe der prozessualen Taten die Einstellungsbenachrichtigung bei dem Beschuldigten für Verwirrung sorgen könnte. Bei Teileinstellungen – wie in der Klausur – wird das der Regelfall sein!
  - Für eine Einstellungsbenachrichtigung im Rahmen der von Ihnen zu fertigenden Abschlussverfügung ist vor allem dann **kein Raum, wenn der Antragsteller als zugleich Verletzter die Möglichkeit der Einstellungsbeschwerde binnen zwei Wochen hat.** Dann sollte mit der Benachrichtigung des Beschuldigten bis nach Ablauf der Beschwerdefrist gewartet werden. Das ist allerdings streitig, so dass auch die sofortige Benachrichtigung des Beschuldigten vertretbar ist. Sie sollten sich am besten an dem Brauch der Staatsanwaltschaft orientieren, bei der Sie Ihre Ausbildung erhalten haben.
  - Der Beschuldigte ist aber jedenfalls zu bescheiden, wenn sich seine Unschuld positiv feststellen ließ, Nr. 88 RiStBV.

b) Inhalt eines Einstellungsbescheids

267 Der Inhalt der Bescheide an den Antragsteller und den Antragsteller, der zugleich Verletzter ist, unterscheiden sich nur durch die dem Verletzten zu erteilende Beschwerdebelehrung.

Diese Bescheide sind einschließlich Beschwerdebelehrung zu formulieren. Möglicherweise werden Sie sich an dieser Stelle angesichts fortgeschrittener Zeit die klausurtaktische Frage stellen müssen, ob Sie einen Teil der Ihnen verbliebenen Restzeit für die Formulierung eines Bescheides oder lieber für die der Anklage einsetzen. Auf die Bedeutung der Bescheide habe ich oben schon hingewiesen. Dennoch wird in aller Regel das Abfassen einer ordentlichen Anklage wichtiger sein. Die erforderliche Risikoabwägung kann Ihnen jedoch niemand abnehmen. Sie müssen sich auf Ihr Gespür und Ihre Erfahrung aus hoffentlich vielen Übungsklausuren verlassen. Geht es um die Einstellung wichtiger Verfahrenskomplexe oder gar die vollständige Einstellung der Verfahren gegen einzelne Beschuldigte und gibt es einen Verletzten mit Beschwerderecht, sollten Sie auf keinen Fall von der Formulierung eines Einstellungsbescheides absehen. Geht es um die Einstellung eher unwichtiger und am Rande liegender Verfahrenskomplexe und gibt es keinen Verletzten, sondern nur einen Antragsteller, wird das Fehlen eines vollständig ausformulierten Einstellungsbescheides weniger schwer ins Gewicht fallen.

268 Der Einstellungsbescheid beginnt mit einem Betreff und der persönlichen Anrede des Anzeigenden/Verletzten. Der weitere Inhalt kann von Bundesland zu Bundesland und Staatsanwaltschaft zu Staatsanwaltschaft differieren. Es beginnt schon mit der Frage, ob der Inhalt der Anzeige eingangs kurz zu wiederholen ist. Davon sollten Sie schon aus Zeitgründen absehen, es sei denn, die Einstellung bezieht sich nicht auf alle von dem Anzeigenden/Verletzten erhobenen Vorwürfe. Dann kann es angezeigt sein, den einzustellenden Tatvorwurf kurz zu skizzieren.

269 Mit klaren und verständlichen Worten müssen Sie dem Anzeigenden/Verletzten sodann erklären, aus welchen tatsächlichen oder rechtlichen Gründen Sie den Tatverdacht verneint haben.

5. Teil. Der prozessuale Teil

Dabei ist auf den Empfängerhorizont abzustellen. Machen Sie sich in Ihrer Rolle als Staatsanwalt nicht angreifbar, **schildern Sie nicht den von Ihnen festgestellten Sachverhalt**. Es geht lediglich darum, dem Empfänger mitzuteilen, welches Tatbestandsmerkmal aus welchen Gründen nicht erfüllt ist. Hat sich der Anzeigende/Verletzte eines Rechtsanwalts bedient, darf der Text juristischer klingen. Rechtsprobleme sollten Sie allerdings ebenso wenig aufwerfen wie schwierige Beweisfragen. Der Bescheid sollte auf die tragenden Gründe gestützt werden.

Den Wortlaut der an den Verletzten gerichteten Beschwerdebelehrung müssen Sie auswendig gelernt haben, um nicht in der Klausur wertvolle Zeit mit dessen Zusammenstellung zu verlieren. Haben Sie zum Ausformulieren der Beschwerdebelehrung keine Zeit mehr, bedienen Sie sich zumindest eines kleinen Kunstgriffs und ordnen sie die Übersendung eines entsprechenden Vordrucks an.

270 Der Bescheid an den Verletzten löst die zweiwöchige Beschwerdefrist aus und müsste deshalb eigentlich zugestellt werden. Nr. 91 II 2 RiStBV sieht eine Zustellung aber nur für den Ausnahmefall einer zu erwartenden Beschwerde vor. Gehen Sie deshalb in der Klausur vom Regelfall aus.

In Ihrer Abschlussverfügung könnte es also beispielhaft wie folgt heißen:

> **Formulierungsbeispiel:**
>
> Einstellungsbescheid an Anzeigenden Bl. . . . d.A. – **formlos** –
>
> Ihre Strafanzeige vom . . . gegen . . . wegen
>
> Sehr geehrter Herr . . .,
>
> auf Ihre Anzeige vom . . . teile ich Ihnen mit, dass ich das Strafverfahren gegen . . . mangels hinreichenden Tatverdachts eingestellt habe. Der Tatbestand der Untreue (§ 266 StGB) erfordert . . . Dies lässt sich dem . . . nicht nachweisen, denn der . . . hat sich eingelassen, ... Diese Einlassung wird durch den Inhalt des Schreibens vom . . . gestützt. Ferner . . . .
>
> Das Verfahren musste deshalb eingestellt werden.
>
> Mögliche zivilrechtliche Ansprüche werden von dieser Verfahrenseinstellung nicht berührt.
>
> Gegen diesen Bescheid können Sie binnen zwei Wochen nach Bekanntgabe Beschwerde bei dem Generalstaatsanwalt in . . . einlegen. Die Frist wird durch Einlegung der Beschwerde bei der Staatsanwaltschaft . . . gewahrt.

271 Wollen oder müssen Sie die Beschwerdebelehrung nicht ausformulieren, könnte die Verfügung wie folgt lauten:

> **Formulierungsbeispiel:**
>
> Schreiben an Anzeigenden Bl. . . . d.A. mit Beschwerdebelehrung – formlos –
>
> Ihre Strafanzeige . . .

Haben Sie sich im prozessualen Gutachten dazu entschlossen, bei einem **Privatklagedelikt** im Sinne des § 374 StPO das öffentliche Verfolgungsinteresse abzulehnen, ist das Verfahren ebenfalls nach § 170 II StPO einzustellen. Dem Verletzten wird dann allerdings keine Beschwerdebelehrung erteilt, weil er auf den Privatklageweg verwiesen werden muss. Der Einstellungsbescheid wird in den meisten Fällen sehr ähnlich klingen können:

> **Formulierungsbeispiel:**
>
> Einstellungsbescheid an Anzeigenden Bl. . . . d.A. – formlos –
>
> Ihre Strafanzeige vom . . . gegen . . . wegen
>
> Sehr geehrter Herr . . .,
>
> die von Ihnen angezeigten Äußerungen des . . . stellen eine Beleidigung gemäß § 185 StGB dar. Die Beleidigung kann von dem Verletzten im Wege der Privatklageklage nach § 374 StPO verfolgt werden. Die Erhebung der öffentlichen Klage durch die Staatsanwaltschaft ist gemäß § 376 StPO nur im öffentlichen Interesse zulässig. Dieses darf die Staatsanwaltschaft nur bejahen, wenn der

Rechtsfrieden über den Lebenskreis des Verletzten hinaus gestört und die Strafverfolgung ein gegenwärtiges Anliegen der Allgemeinheit ist. Das ist nicht der Fall, weil die Äußerungen ihren Hintergrund in einer Grenzstreitigkeit zweier Nachbarn haben. Das Verfahren musste daher eingestellt werden.

Es bleibt Ihnen jedoch unbenommen, gegen den Beschuldigten im Wege der Privatklage vorzugehen. Die Erfolgsaussichten einer Privatklage und zivilrechtliche Ansprüche werden von dieser Einstellung nicht berührt.

Achtung: Haben Sie den angezeigten Sachverhalt sowohl aus dem Blickwinkel eines Offizialdelikts als auch eines Privatklagedelikts beleuchtet und jeweils den hinreichenden Tatverdacht aus tatsächlichen oder rechtlichen Gründen abgelehnt, ist das Klageerzwingungsverfahren zulässig, wenn für das Offizialdelikt die übrigen Voraussetzungen des § 172 StGB erfüllt sind. Dann ist eine Beschwerdebelehrung zu erteilen.

272

Anders sieht es wiederum aus, wenn bezüglich des Offizialdelikts ein hinreichender Tatverdacht fehlt, bezüglich des Privatklagedelikts jedoch nur das öffentliche Interesse verneint worden ist, der Tatverdacht im Übrigen aber besteht. **Der Verletzte/Privatkläger hat hier die Wahl zwischen Klageerzwingungsverfahren und Privatklage.**[126] Er ist auch über die Möglichkeit der Vorschaltbeschwerde zu belehren, weil das Verfahren nicht »ausschließlich« ein Privatklagedelikt zum Gegenstand hat.

c) Inhalt einer Einstellungsnachricht

In aller Regel wird der Beschuldigte nur formlos über die Einstellung in Kenntnis gesetzt. Eine Begründung ist also nicht erforderlich.

273

Formulierungsbeispiel:

Einstellungsnachricht an Beschuldigten Bl. ... d.A.

Noch einmal der Hinweis: Weit verbreitet ist die Praxis, von einer Einstellungsmitteilung an den Beschuldigten abzusehen, bis die Frist für die Vorschaltbeschwerde abgelaufen ist.

Bei einer Einstellung des Verfahrens wegen einzelner selbständiger Tatvorwürfe gegen denselben Beschuldigten kann regelmäßig von der Benachrichtigung über eine Teileinstellung abgesehen werden, weil diese angesichts der Anklageerhebung wegen der übrigen Tatvorwürfe Verwirrung stiften könnte.

Formulierungsbeispiel:

Einstellungsnachricht an Beschuldigten untunlich, weil Anklage im Übrigen.

Eine begründete Einstellungsmitteilung ist ausnahmsweise aufgrund eines Antrags des Beschuldigten erforderlich, Nr. 88 I 1 RiStBV. Hat sich im Verfahren zudem die Unschuld des Beschuldigten herausgestellt, hat er einen Anspruch darauf, dass ihm das bescheinigt wird (siehe Nr. 88 I 2 RiStBV).

Formulierungsbeispiel:

Schreiben an den Beschuldigten Bl. ... d.A.

Sehr geehrter Herr ... ,

das gegen Sie wegen ... geführte Verfahren habe ich eingestellt, weil sich Ihre Unschuld mittlerweile erwiesen hat.

Verlieren Sie auch nicht aus dem Auge, den Beschuldigten über das **Entschädigungsverfahren** zu belehren, sollte ausnahmsweise einmal ein entschädigungspflichtiger Tatbestand nach § 2 StrEG vorliegen. Der Inhalt der nur bei ausdrücklicher Weisung im Bearbeitervermerk auszuformulierenden Belehrung ergibt sich aus § 9 I 5 StrEG. Denken Sie daran, dass der Entschädigungsantrag des Beschuldigten **fristgebunden** ist und daher die Einstellungsmitteilung samt Belehrung **förmlich zugestellt** werden muss.

274

---

126 LR/*Hilger* § 374 Rn. 23; *Meyer-Goßner* § 374 Rn. 3.

> **Formulierungsbeispiel:**
>
> Einstellungsnachricht mit Belehrung nach § 9 StrEG an Beschuldigten Bl. ... d.A. – ZU –

275 In der Praxis wird der Staatsanwalt zudem in einem zusätzlichen Vermerk die Gründe dafür darlegen, warum er den hinreichenden Tatverdacht für sich aufdrängende Delikte, die mit einem anzuklagenden Delikt in Tateinheit stehen würden, nicht bejaht hat. Diese Fragen haben Sie jedoch bereits im materiellen Gutachten eingehend erörtert. Haben Sie die Ergebnisse Ihres Gutachtens nun also in Vermerkform zu wiederholen? Die Antwort auf diese Frage wird Ihnen im Examen Ihre Uhr geben! Alles, was noch zu erledigen ist, ist wichtiger als ein derartiger Vermerk. Nur wenn Sie absolut sicher sind, mit der zur Verfügung stehenden Zeit auszukommen, machen Sie sich zur Abrundung Ihrer Klausur auch noch an diese Arbeit.

V. Opportunitätsentscheidungen

276 Anschließend folgen die Einstellungs- und Beschränkungsentscheidungen nach den §§ 154, 154a StPO. Noch einmal: Zumindest das Absehen von der Verfolgung nach § 154 StPO darf nicht im Rahmen eines Vermerks erfolgen. In Vermerkform darf allenfalls die Begründung dieser Entscheidung niedergelegt werden. Doch ist es in der Praxis üblich, die Begründung in einem Halbsatz der Entscheidung anzufügen. Zur Begründung brauchen Sie lediglich den Gesetzeswortlaut – ergänzt um die konkreten Tatvorwürfe – zu zitieren. Im Hinblick darauf, dass eine Verfahrensbeschränkung nach § 154a StPO keine Einstellung ist und lediglich aktenkundig gemacht werden muss, mag es angehen, diese in Form eines Vermerks niederzulegen.

Beachten Sie, dass es bei § 154 I StPO dem Gesetzeswortlaut nach nicht um eine »*vorläufige Einstellung*« des Verfahrens geht, diese erfolgt gemäß § 154 II StPO durch das Gericht. Die Staatsanwaltschaft *sieht von der Verfolgung einer Tat ab.*

> **Formulierungsbeispiel:**
>
> Von der Verfolgung der fahrlässigen Brandstiftung (§ 306d I StGB) ... wird gemäß § 154 I Nr. 1 StPO abgesehen, weil die wegen dieser Tat zu erwartende Strafe neben der für den Raub (§ 249 StGB) zu erwartenden Strafe nicht beträchtlich ins Gewicht fällt.

277 Sie sehen also, dass Ihnen diese Verfügung in der Klausur nicht die geringsten Schwierigkeiten bereiten sollte.

Denken Sie unbedingt daran, dass auch in den Fällen des Absehens von der Verfolgung gemäß § 154 I StPO der Antragsteller nach § 171 S. 1 StPO zu bescheiden ist. Eine Beschwerdebelehrung wird ihm jedoch auch dann nicht erteilt, wenn er zugleich Verletzter ist, weil das Klageerzwingungsverfahren gemäß § 172 II 3 StPO unzulässig ist.

Häufig sind in Klausuren die Beschränkungsentscheidungen nach § 154a StPO zu beanstanden, weil die Kandidaten sprachliche Fehler machen. Wie Sie sich erinnern werden, habe ich bereits zum prozessualen Gutachten darauf hingewiesen, dass gemäß § 154a StPO nicht etwa eine Tat »*herausbeschränkt*« oder »*eine Tat beschränkt*« wird, sondern das Verfahren ausschließlich auf die übrigen Teile einer Tat oder eine Gesetzesverletzung beschränkt werden darf.

> **Formulierungsbeispiel:**
>
> Das Verfahren wird gemäß § 154a I Nr. 1 StPO auf den anzuklagenden Raub beschränkt. Die für die während der Bedrohung gegen den Geschädigten ausgesprochene tateinheitliche Beleidigung (§ 185 StGB) zu erwartende Strafe fällt neben der für den Raub zu erwartenden Strafe nicht ins Gewicht.

Eine derartige Formulierung müssen Sie für die Klausur parat haben, um nicht überflüssig Zeit zu verlieren. Sollte Ihnen die Zeit ohnehin schon weggelaufen sein, könnten Sie sich damit zur Not auch Ausführungen im prozessualen Gutachten ersparen, weil Sie dort kaum mehr Informationen anbieten könnten. Gegebenenfalls wären im B-Gutachten nur Ausführungen zum prozessualen Tatbegriff zu machen, damit der Leser versteht, warum Sie sich für § 154 StPO bzw. § 154a StPO entschieden haben.

B. Die Abschlussverfügung

VI. Vermerke

In Vermerkform sollten Sie die Begründungen für etwa zu stellende Anträge niederlegen. So können Sie es vermeiden, die Anträge selbst mit Begründungen zu überlasten. 278

Im Rahmen eines derartigen Vermerks können Sie so einen Haftbefehls- oder Haftfortdauerantrag begründen. Auch die Begründung für einen Antrag auf vorläufige Entziehung der Fahrerlaubnis, die zu beantragende Beschlagnahme oder Freigabe könnte so geliefert werden.

Schließlich ist es in der Praxis üblich, kurz zu begründen, warum der hinreichende Verdacht für einen sonst tateinheitlich oder innerhalb derselben prozessualen Tat tatmehrheitlich begangenen Straftatbestand nicht angenommen wurde (dazu oben zu III. am Ende).

Beachten Sie für die Klausur aber unbedingt: Fassen Sie sich kurz! Ob es nun um materiellrechtliche oder um prozessuale Probleme geht, Sie haben diese alle bereits in einem Gutachten erörtert. Sie sollen jetzt nur noch zeigen, dass Sie wissen, wie man diese Fragen im Rahmen einer Verfügung abarbeitet.

VII. Herausgabe beschlagnahmter oder sichergestellter Gegenstände

Vergessen Sie nicht, die Herausgabe der für das Verfahren nicht mehr bedeutsamen Gegenstände zu verfügen, wenn dazu eine gerichtliche Aufhebung der Beschlagnahme oder eine Entscheidung nach § 111k StPO nicht erforderlich ist. Sonst sind diese Anträge in der Übersendungsverfügung zu stellen. Sind Gegenstände nicht gerichtlich beschlagnahmt worden, reicht es aus, deren Rückgabe an eine bestimmte Person anzuordnen. 279

Formulierungsbeispiel:

Sichergestellte ... (Beschreibung der Schriftstücke) an den Beschuldigten senden – Einschreiben mit Rückschein –

Zur Übersendung dieser Gegenstände gehört sicher auch ein Anschreiben, das Sie sich im Hinblick auf die Kürze der Ihnen zur Verfügung stehenden Zeit aber sparen sollten.

VIII. Prüfungssache

Mitunter lese ich in Abschlussverfügungen die Anordnung, das Verfahren als Prüfungssache zu notieren. Lassen Sie das! Auch wenn diese Anordnung in der Sache richtig sein mag, könnte mancher Prüfer das Gefühl haben, auf den Arm genommen zu werden. 280

IX. Fertigung der Anklageschrift

In fast keiner Klausur, die ich gelesen habe, haben die Verfügungen zur Anfertigung der Anklageschrift nebst Ablichtungen gefehlt. Dabei dürfte die Bedeutung dieser Verfügungen für die Benotung einer Klausur unwichtig sein. Trotzdem sollten Sie diese Standardverfügungen nicht vergessen. 281

Wenn Sie im Rahmen Ihrer Verfügung schon die Anzahl der zu fertigenden Abschriften oder neuer Mehrfertigungen genau beziffern, achten Sie darauf, dass Sie nicht weniger Ablichtungen/Mehrfertigungen fertigen lassen, als Sie für die Handakten, die Mitteilungen und die Hauptakten benötigen würden. Es muss für die Zustellung an jeden Beschuldigten und jeden Verteidiger ein Exemplar übersandt werden. Zudem ist es üblich, dem Gericht mit den Hauptakten weitere zwei oder drei Ablichtungen zu überlassen. Deren Übersendung wird jedoch nicht ausdrücklich verfügt. Ausreichend sind also folgende Verfügungen:

Formulierungsbeispiel:

Anklage nach anliegendem Entwurf in Reinschrift fertigen.

Zwei Mehrfertigungen der Anklage sowie Mehrfertigung dieser Verfügung und Abl. Bl. ... d.A. zu den Handakten nehmen.

X. Mitteilungen

282 Die Formulierung der jeweiligen Verfügung sollte Ihnen keine Probleme bereiten. Aufpassen müssen Sie nur bei der Form der Mitteilung. Aufschluss wird Ihnen Nr. 6 IV MiStra geben (lesen!), denn in der Klausur kann es für Sie in aller Regel nur um die Mitteilung der Anklageerhebung **durch Übersendung einer Anklageabschrift** gehen. Deshalb sei auch nur am Rande auf Nr. 6 VII MiStra (lesen!) hingewiesen, in dem es um die Mitteilung des Verfahrensausgangs bei Einstellung des Verfahrens geht.

Die Mitteilung erfolgt also durch die Übersendung einer Anklageschrift oder einer vergleichbaren Antragsschrift. Aus meiner Sicht empfiehlt es sich, die Mitteilungsanordnungen möglichst präzise auszugestalten.

> *Formulierungsbeispiel:*
>
> Mehrfertigung der Anklageschrift gemäß Nr. 13 MiStra an AG Lübeck zu . . Ls . . ./03 wegen der dort laufenden Bewährungsfrist.
>
> Mehrfertigung der Anklageschrift gemäß Nr. 15 MiStra verschlossen als »vertrauliche Personalsache« an . . . .
>
> Mehrfertigung der Anklageschrift gemäß Nr. 43 MiStra an JVA . . . zu Gefangenenbuch-Nr. . . .

Übersehen Sie nicht, dass die Mitteilungspflicht nach Nr. 43 MiStra nur ausgelöst ist, wenn der Angeschuldigte in anderer Sache in Haft ist. Eine Mitteilungspflicht bei U-Haft in derselben Sache sieht die MiStra nicht vor. Trotzdem muss die JVA Kenntnis vom aktuellen Stand der Anschuldigungen haben und wissen, wer für Haftentscheidungen zuständig ist. Die JVA erhält deshalb eine Abschrift der Anklage. Das ergibt sich aus § 114d II 2 StPO.

Von der Anklageerhebung ist bei U-Gefangenen auch der zuständige Haftrichter beim Amtsgericht zu informieren (§ 114d II 2 StPO), weil mit der Anklageerhebung die sog. **Haftkontrolle** auf das erkennende Gericht übergeht. Anders als mitunter zu lesen, erhält der Haftrichter jedoch keine Abschrift der Anklage, sondern eine schlichte Mitteilung. Denn der Inhalt der Anklage ist für ihn uninteressant, weil seine Zuständigkeit endet.

> *Formulierungsbeispiel:*
>
> Mitteilung von Anklageerhebung an Haftrichter wegen des Übergangs der Haftkontrolle

XI. Wiedervorlagefrist

283 Jede Abschlussverfügung hat eine Wiedervorlagefrist zu enthalten. Es lässt sich trefflich darüber streiten, ob diese Frist vor die Übersendungsverfügung oder dahinter gehört. In der Praxis werden Sie heute beides sehen. Doch die Praxis ist im Examen nicht immer ein guter Ratgeber. Während für die Station gilt, es so zu machen, wie Ihr Ausbilder es am liebsten haben möchte, sollten Sie im Examen auf die klassische Verfügungstechnik zurückgreifen. Die Gründe dafür habe ich oben bereits aufgezeigt. Klassische Verfügungstechnik bedeutet hier, dass die Frist vor die Übersendungsverfügung gehört, weil die Verfügung die Arbeitsabläufe abbilden sollte. Und auf der Geschäftsstelle wird die Frist eben notiert, bevor die Akte versandt wird. Nur am Rande sei angemerkt, dass sich die Frist nicht auf die Wiedervorlage der Hauptakten, sondern auf die der Handakten bezieht.

Zumindest außergewöhnliche Fristen sollten mit einem kleinen Zusatz versehen werden, in dem stichwortartig zu bezeichnen ist, aus welchem Grunde die Wiedervorlage erfolgen soll. Der Staatsanwalt erleichtert sich damit die Arbeit, weil er bei Wiedervorlage der Handakte auf den ersten Blick weiß, worauf er zu achten hat.

284 Die Dauer der Wiedervorlagefrist hängt vom jeweiligen Einzelfall ab:

- Die Praxis der verschiedenen Staatsanwaltschaften ist unterschiedlich. Ist die Sache nicht besonders eilbedürftig und sind keine Fristen zu überwachen, werden Sie sicher mit einer Wiedervorlagefrist von drei Monaten nie falsch liegen. Sind Sie sich sicher, dass an »Ihrer« Staatsanwaltschaft andere Fristen verfügt werden, nehmen Sie diese.

- Anders sieht es aus, wenn die Sache eilbedürftig ist und Sie Fristen zu überwachen haben.

  Der wichtigste Fall ist die Vollstreckung von U-Haft. Nicht nur die Gerichte, sondern auch die Staatsanwaltschaften haben die Einhaltung der Haftprüfungsfristen zu gewährleisten. Zur Berechnung der Haftprüfungsfristen sei auf die obigen Darstellungen verwiesen. Sie haben mit der Wiedervorlagefrist also dafür Sorge zu tragen, dass die Handakten rechtzeitig vor dem nächsten Haftprüfungstermin vorgelegt werden würden. **Achten Sie bei der Berechnung der Wiedervorlagefrist darauf, dass die Bearbeitervermerke manchmal Hinweise darauf enthalten, wann die Entscheidung der Staatsanwaltschaft ergeht.** Rechtzeitig bedeutet im Übrigen nicht, dass die Handakten punktgenau zum Haftprüfungstermin vorgelegt werden, sondern so frühzeitig, dass die rechtzeitige Haftprüfung durch das jeweils zuständige Gericht noch veranlasst werden kann. Bei der Haftprüfung nach § 117 StPO wird das regelmäßig kein Problem sein, weil die Hauptakten ja bereits bei dem Gericht sind, das die Haftprüfung durchzuführen hat. Müssen die Hauptakten aber zur Sechsmonatsprüfung über die Staatsanwaltschaft dem Oberlandesgericht vorgelegt werden, sollten schon zwei Wochen Luft zum Haftprüfungstermin sein.

- Eine kürzere Frist kann auch erforderlich sein, wenn der Beschuldigte bei Anklageerhebung aufgrund einer Anordnung nach § 111a StPO schon längere Zeit seine Fahrerlaubnis entbehrt, so dass wegen des Zeitablaufs eine endgültige Entziehung der Fahrerlaubnis unwahrscheinlich wird. Das wird aber ein Ausnahmefall sein.

Regelmäßig wird die Verfügung also lauten: **285**

> **Formulierungsbeispiel:**
>
> WV: 3 Monate

Zur Überwachung von Haftprüfungsfristen wird es heißen:

> **Formulierungsbeispiel:**
>
> WV: 5 Wochen (Haftprüfung § 121 StPO)

Noch besser ist es natürlich, in Haftsachen genaue Fristen zu setzen. Mit dem Zusatz »genau« erreicht der Staatsanwalt, dass die Handakten ihm taggenau vorgelegt werden.

> **Formulierungsbeispiel:**
>
> WV: am 06.06.2005 genau

Teilweise ist es üblich, keine Wochen- und Monatsfristen zu setzen, sondern die Wiedervorlage grundsätzlich taggenau zu bestimmen. Ferner wird regional gefordert, die Wiedervorlageanordnung mit einem Hinweis darauf zu versehen, dass es sich um eine Frist für die Wiedervorlage der Handakte handelt. Haben Sie das während ihrer Ausbildung so gelernt, sollten Sie davon in der Examensklausur nicht abweichen.

XII. Übersendungsverfügung

Auf die Frist folgt die so genannte Übersendungsverfügung, die mit dem berühmten **286** »U.m.A.« beginnt, was bekanntlich »Urschriftlich mit Akten« heißt und bedeutet, dass die Verfahrensakten mit dem Original der Verfügung an den genannten Empfänger übersandt werden. Einer Erweiterung bedarf dieser Teil der Verfügung nur, wenn Gegenstände mit übersandt werden, die nicht Bestandteil der Hauptakten geworden sind. Wichtigster Fall ist die Übersendung von Asservaten, die auf diese Weise ausdrücklich verfügt werden muss. In der Praxis wird es daneben häufig um die Übersendung von Beiakten gehen.

Einzelne Urkunden, die als Beweismittel in Betracht kommen, müssen nicht ausdrücklich mit übersandt werden, weil Sie in der Praxis fast ausnahmslos – oft in Hüllen – zur Akte selbst genommen werden. In Ihrer Klausurakte sind Urkunden ebenfalls immer Aktenbestandteile. Das gilt auch für sichergestellte oder beschlagnahmte Führerscheine, die sich ebenfalls regelmäßig in der Akte befinden.

Sie sollten das zu übersendende Asservat i.Ü. so genau wie möglich bezeichnen und sich nicht auf die zu unbestimmte Bezeichnung als Asservat beschränken.

> **Formulierungsbeispiel:**
>
> U.m.A. mit einem Gasrevolver ... und 3 Bänden Beiakten (720 Js ...)

Daran schließt sich der Adressat Ihrer Übersendungsverfügung an. In einer Anklageklausur können die Akten entweder an das Amtsgericht oder das Landgericht und dort an den Vorsitzenden des zuständigen Spruchkörpers gehen. Hier kommen der »**Strafrichter**«, der »**Vorsitzende des Schöffengerichts**« oder der »**Vorsitzende der Großen Strafkammer**« in Betracht. Wird dem Angeschuldigten eine Katalogtat nach § 74 II GVG vorgeworfen, ist die Verfügung an den »**Vorsitzenden des Schwurgerichts**« zu richten.

287 In der Praxis werden die Akten oft dem »Schöffengericht« oder der »Großen Strafkammer« übersandt. Natürlich kommen diese Akten ebenfalls beim richtigen Empfänger an. Doch streng genommen sind diese Bezeichnungen nicht richtig. Denn das Schöffengericht existiert als solches zum Zeitpunkt der Anklageerhebung als Spruchkörper nicht. Schöffen wirken lediglich in der Hauptverhandlung mit. Außerhalb der Hauptverhandlung gibt es in entscheidender Funktion nur den Vorsitzenden des Schöffengerichts.

Etwas anders sieht die Begründung bei der großen Strafkammer aus. Diese gibt es zwar auch außerhalb der Hauptverhandlung, weil ihr drei Berufsrichter angehören, die außerhalb der Hauptverhandlung auch in dieser Besetzung entscheiden. Der Vorsitzende bekommt die Akte allerdings vorgelegt und veranlasst alle nötigen Schritte wie etwa die Zustellung der Anklage. Sind Entscheidungen vorzubereiten, verfügt er die Akten gegebenenfalls an den so genannten Berichterstatter.

Wieder gilt: Viele Prüfer mögen die ungenaue Adressierung akzeptieren, keinesfalls werden das alle tun. Also orientieren Sie sich an dem, was für alle akzeptabel ist und das ist die Verfügung an den Vorsitzenden. Diese kann man **geschlechtsneutral mit »Vors.« abkürzen**.

Es sollte also heißen:

> **Formulierungsbeispiel:**
>
> U.m.A.
> dem Amtsgericht ...
> – Vors. des Schöffengerichts –
>
> *oder*
>
> U.m.A.
> dem Landgericht
> – Vors. der Großen Strafkammer –

288 Häufig wird es ausreichen, auf den in der Anklage gestellten Antrag, das Hauptverfahren zu eröffnen oder gegebenenfalls die Anträge – das Hauptverfahren zu eröffnen und zusätzlich Haftfortfortdauer anzuordnen – Bezug zu nehmen. Diese sind nicht zu wiederholen. Die vollständige Verfügung lautet dann:

> **Formulierungsbeispiel:**
>
> U.m.A.
> dem Amtsgericht
> – Vors. des Schöffengerichts –
>
> unter Bezugnahme auf den in der Anklageschrift gestellten Antrag übersandt.

289 Natürlich sind in der Übersendungsverfügung mitunter auch Anträge zu formulieren. In Betracht kommen an dieser Stelle die Anträge,

- einen Haftbefehl zu erlassen,
- dem Angeschuldigten einen Pflichtverteidiger beizuordnen,
- dem Angeschuldigten die Fahrerlaubnis vorläufig zu entziehen,
- einen Verletzten als Nebenkläger zuzulassen,

B. Die Abschlussverfügung

- einen Gegenstand zu beschlagnahmen,
- die Herausgabe eines Gegenstandes an den Verletzten anzuordnen
- und andere, über die vor der Eröffnung zu entscheiden ist.

Mit Bedacht habe ich den Antrag, die Fortdauer der Untersuchungshaft anzuordnen, bislang nicht genannt, denn dieser gehört an das Ende der Anklageschrift. Das Gericht soll nämlich über die Fortdauer der Untersuchungshaft gemäß **§ 207 IV StPO** gemeinsam mit der Eröffnung des Hauptverfahrens entscheiden. Entsprechendes gilt wegen § 76 II 1 GVG für den Antrag gemäß **Nr. 113 III RiStBV**. Alle anderen Anträge – auch der auf Erlass eines Haftbefehls – sollen vorab beschieden werden und gehören deshalb in die Abschlussverfügung.

290

> **Achtung:** In der Praxis sieht man mittlerweile häufig, dass nicht mehr sauber zwischen den Anträgen, die in der Anklage zu stellen sind, und denen, die in die Abschlussverfügung gehören, unterschieden wird. Am Ergebnis ändert das natürlich nichts, es wird nur nicht jeden Korrektor zufrieden stellen.
>
> Für die Ausbildung in der Station gilt wiederum, dass Sie den Wünschen Ihres Ausbilders entsprechen.

Um die Übersendungsverfügung nicht zu überlasten, sollten Sie umfangreichere Begründungen Ihrer Anträge zuvor in Vermerken niedergelegt haben und auf diese abschließend nur noch Bezug nehmen.

Eine vollständige Übersendungsverfügung könnte also die folgenden Anträge enthalten:

> **Formulierungsbeispiel:**
>
> U.m.A. und sichergestelltem Gasrevolver
> dem Amtsgericht
> – Vors. des Schöffengerichts –
>
> unter Bezugnahme auf den in der Anklage gestellten Antrag und mit den weiteren Anträgen übersandt,
>
> den Angeschuldigten jeweils einen Pflichtverteidiger gemäß § 140 I Nr. 2 StPO beizuordnen,
>
> gegen den Angeschuldigten H ... aus den Gründen des Vermerks zu 5. und nach Maßgabe des Anklagesatzes einen Haftbefehl zu erlassen,
>
> den Haftbefehl des Amtsgerichts ... vom ... aufzuheben und aus den Gründen des Vermerks zu 5. und nach Maßgabe des Anklagesatzes einen neuen Haftbefehl zu erlassen,
>
> dem Angeschuldigten T ... gemäß § 111a StPO aus den Gründen des Vermerks zu 6. die Fahrerlaubnis vorläufig zu entziehen,
>
> die Geschädigte M ... auf Ihre Anschlusserklärung vom ... Bl. ... d.A. als Nebenklägerin zuzulassen,
>
> gemäß § 111k StPO die Herausgabe des PKW der Marke ... an den Verletzten anzuordnen.

XIII. Unterschrift

Eine Übersendungsverfügung muss vom Staatsanwalt unterschrieben werden. Unterschreiben Sie diese aber keinesfalls mit Ihrem eigenen Namen und gar noch dem Zusatz Staatsanwalt. Die Examensklausur darf keinen Hinweis auf die Identität des Verfassers enthalten.

291

In der Klausur sollte es schlicht heißen:

> **Formulierungsbeispiel:**
>
> Ort, Datum
> Staatsanwaltschaft ...
> Unterschrift
> Staatsanwalt

C. Die Anklageschrift

292 Nirgendwo in Ihrer Klausur wird sich der Anspruch, eine praxisgerechte Lösung zu schaffen, so weit von der Wirklichkeit lösen, wie in der Anklageschrift. Denn vieles, was Sie vielleicht von Ihrem Ausbilder in der Station gelernt haben, sollten Sie für die Formulierung einer Klausuranklage wieder vergessen. Manche Formulierungen, die aufgrund des hohen Belastungsdrucks in der deshalb großzügigen Praxis üblich sind, entsprechen nicht dem klassischen Anklagestil. Mag mancher Korrektor auch großzügig sein, weil Sie vielleicht die Formulierung getroffen haben, die er selbst in der Praxis wählt, müssen Sie doch damit rechnen, auf Korrektoren zu stoßen, die es noch anders gelernt haben und viel kleinlicher an Ihre Arbeit herangehen. Während für die Ausbildung in der Station also noch gilt, dass Sie alles so machen sollten, wie Ihr Ausbilder es wünscht, heißt es in der Klausur, den Weg des geringsten Widerstandes zu gehen. Das ist der klassische Anklagestil, der jedem Anspruch gerecht wird. Ich werde Sie im Folgenden immer wieder auf die sich daraus ergebenden Tücken hinweisen.

Der Inhalt einer Anklageschrift ist entscheidend – er ist aber nicht alles. Das Auge des Praktikers erwartet die ihm vertraute äußere Form und ist schnell verwirrt, wenn es auf eine Anklageschrift im Fließtext ohne jede Struktur stößt. Auch die Anklageschrift in der Examensklausur sollte äußerlich also etwa das Aussehen einer echten Anklageschrift haben. Nur dann kann diese § 200 I StPO und Nr. 110 I RiStBV entsprechen, der neben Verständlichkeit auch Klarheit und Übersichtlichkeit fordert. Das bedeutet für sie keinerlei Mehrarbeit. Beginnen Sie die Anklageschrift bitte auch auf einem neuen Blatt.

An den Inhalt der von Ihnen zu fertigenden Anklageschrift werden von Bundesland zu Bundesland andere Anforderungen gestellt, auf die ich von Fall zu Fall hinweisen werde.

> Maßstab müssen § 200 I StPO und Nr. 110 RiStBV sein.

Sowohl § 200 I StPO als auch Nr. 110 RiStBV bezeichnen den Tatverdächtigen im Zusammenhang mit der Anklageschrift bereits als Angeschuldigten. Diese Bezeichnung ist deshalb für Sie jedenfalls dann Pflicht, wenn Sie sich nicht absolut sicher sind, dass es in Ihrem Bundesland Beschuldigter heißen soll.

I. Rubrum

293 Absender und Adressat sind in einer Klausur nicht in jedem Bundesland zu nennen. Sollten diese Angaben von Ihnen gefordert werden, hat die Anklage wie folgt auszusehen: Die anklagende Staatsanwaltschaft und das Aktenzeichen der Staatsanwaltschaft gehören nach oben links, Ort und Datum der Anklageerhebung rechts daneben.

> **Formulierungsbeispiel:**
> Staatsanwaltschaft bei dem Landgericht . .   . . ., 1. November 20..
> . . . Js . . ./. .

Auf die linke Seite unter das Aktenzeichen gehört der Adressat. Das ist in der Klausur entweder das Amts- oder das Landgericht. Abweichend von der Übersendungsverfügung ist die Kammeranklage aber nicht an den Vorsitzenden zu richten, sondern an die Kammer,[127] die über die Eröffnung zu entscheiden hat. Anders als das Schöffengericht, das als Kollegialgericht nur in der Hauptverhandlung existiert, ist die große Strafkammer auch außerhalb der Hauptverhandlung als Kollegialgericht mit drei Berufsrichtern besetzt. Wenn verschiedentlich vertreten wird, die Anklage sei nur an die »Strafkammer« zu richten, weil es eine große Strafkammer nur in der Hauptverhandlung gebe, wenn die Schöffen mitwirkten, ist dies im Hinblick auf § 76 I und II GVG unzutreffend. Aus Abs. 2 dieser Vorschrift ergibt sich sogar ausdrücklich, dass die Eröffnungsentscheidung durch die »große Strafkammer« ergeht. Sprechen Sie im prozessualen Gutachten und in der Anklage nur von der Strafkammer, wird der Kor-

---
127 Anders *Meyer-Goßner* § 200 Rn. 3: an den Vorsitzenden.

rektor vielleicht sogar glauben, das sei nur geschehen, weil Sie die Zuständigkeiten der großen und kleinen Strafkammern nicht zu unterscheiden wissen.

Wird dem Angeschuldigten eine Katalogtat nach § 74 II GVG vorgeworfen, ist die Anklage an das **Schwurgericht** zu richten. 294

> Formulierungsbeispiel:
>
> An das
> Landgericht …
> – Große Strafkammer –
>
> *oder*
>
> An das
> Amtsgericht
> – Vors. des Schöffengerichts[128] –

Keinesfalls vergessen dürfen Sie die Hinweise auf den Vollzug von Haft und den noch anstehenden Haftprüfungstermin, die rechts oben auf die erste Seite gehören. 295

> Formulierungsbeispiel:
>
> Haft!
>
> Haftprüfungstermin gemäß § 121 StPO: 12.12.20.

Werden mehrere Angeschuldigte angeklagt, die sich seit unterschiedlichen Zeitpunkten in U-Haft befinden, sind die Haftprüfungstermine jeweils gesondert zu nennen. 296

Nach der Überschrift »Anklage«, besser sollte es »**Anklageschrift**« heißen, folgen die Personalien des oder der Angeschuldigten. Zu diesen gehören üblicherweise Name, Vorname, Geburtsname, Geburtstag, Geburtsort, Anschrift, Beruf, Familienstand und Nationalität. Der Beruf wird meistens vor den Namen gestellt. Natürlich verbieten sich »Berufsbezeichnungen« wie »Einbrecher« oder »Dieb«. Auch Bezeichnungen wie »Zuhälter« oder »Prostituierte« sollten vermieden werden, im Zweifel wird der oder die Angeschuldigte einen anderen Beruf genannt haben.

> Formulierungsbeispiel:
>
> Der Kraftfahrer Ralf Müller, geboren am 30.09.1963 in Hannover, wohnhaft … Hannover, Meierstraße 1, ledig, deutscher Staatsangehöriger,
>
> …

Sind mehrere Angeschuldigte anzuklagen, sollte der älteste zuerst genannt werden, weil sich in den meisten Geschäftsverteilungsplänen der Gerichte die Zuständigkeit in Strafsachen nach dem ersten Buchstaben des Nachnamens des ältesten Angeschuldigten richtet. Die Angeschuldigten werden meistens mit Nummern untereinander angeordnet, die Nummerierung ist allerdings nicht zwingend. Sollte ein Angeschuldigter Jugendlicher oder Heranwachsender sein, wäre dieser zuerst zu nennen, weil durch ihn die Zuständigkeit des Jugendgerichts begründet wird. Bei Minderjährigen sind die Erziehungsberechtigten zu nennen.

Angaben zu Vorstrafen sollte das Rubrum der Anklageschrift nicht enthalten,[129] diese gehören in das wesentliche Ergebnis der Ermittlungen. Auch Nr. 110 RiStBV sieht einen Hinweis auf Vorstrafen im Rubrum nicht vor. Nur wenn es in Ihrem Bundesland üblich ist, an dieser Stelle auf Vorstrafen einzugehen, sollten Sie das tun. Im Übrigen werden Klausursachverhalte kaum jemals so genaue Angaben zu Vorverurteilungen enthalten, dass Sie diese in der Anklageschrift zitieren könnten. Sie würden sich deshalb ohnehin auf die Mitteilung beschränken müssen, der Angeschuldigte sei vorbestraft.

---

128 Wie hier für Schöffengerichtsanklage: *Meyer-Goßner* § 200 Rn. 3.
129 KMR/*Seidl* § 200 Rn. 3.

297 An die Personalien schließen sich die Angaben zur Untersuchungshaft (Nr. 110 IV RiStBV) an, wenn sich der Angeschuldigte bereits in Untersuchungshaft befindet. Gleiches gilt, wenn er vom Vollzug der U-Haft verschont ist oder ein Haftbefehl wieder aufgehoben wurde.

> **Formulierungsbeispiel:**
> in dieser Sache seit dem 13.06.20.. aufgrund des Haftbefehls des Amtsgerichts ... vom gleichen Tage in Untersuchungshaft in der JVA ...

Derartige Angaben sind auch erforderlich, wenn sich der Angeschuldigte in der vorläufigen Unterbringung oder sich in anderer Sache in U-Haft bzw. Strafhaft befindet. Diese Fälle sind jedoch wenig klausurrelevant.

298 Von großer Bedeutung ist indes die Frage, ob das Datum der **vorläufigen Festnahme** vor Erlass eines Haftbefehls mitgeteilt werden muss. **Das Datum der vorläufigen Festnahme nicht zu nennen, weil es für die Berechnung der Haftprüfungsfrist ohne Bedeutung ist, dürfte unzutreffend sein.** Denn auch U-Haft und Strafhaft in anderer Sache sind für die Haftprüfungsfristen meist irrelevant. Dennoch fordert Nr. 110 IV RiStBV, dass neben den Daten der Untersuchungshaft auch die Daten anderer Freiheitsentziehung zu nennen sind. Zudem ist im Rahmen der Anrechnung nach § 57 I StGB völlig unstreitig, dass zum Merkmal Freiheitsentziehung auch die vorläufige Festnahme nach § 127 StPO gehört. Damit muss es heißen:

> **Formulierungsbeispiel:**
> in dieser Sache am 12.06.20.. vorläufig festgenommen und seit dem 13.06.20.. aufgrund des Haftbefehls des Amtsgerichts ... vom gleichen Tage in Untersuchungshaft in der JVA ...

299 Danach ist der Verteidiger zu nennen, wenn der Angeschuldigte bereits einen Verteidiger hat. Der Verteidiger ist so genau wie möglich zu bezeichnen. Die Unterscheidung zwischen Wahl- und Pflichtverteidiger ist nach Nr. 110 RiStBV nicht erforderlich und auch nicht üblich.

> **Formulierungsbeispiel:**
> Verteidiger: Rechtsanwalt H...., 23 ... Lübeck, ...straße 1

Richtet sich die Anklage gegen mehrere Angeschuldigte mit jeweils einem oder mehreren Verteidigern, sind diese dem jeweiligen Angeschuldigten eindeutig zuzuordnen. Teilweise werden daneben auch Fundstellenangaben zur Vollmachtserteilung oder zur Beiordnung gefordert.

II. Anklagesatz

300 Es folgt der so genannte Anklagesatz. **Die inhaltlichen Anforderungen an diesen ergeben sich aus § 200 StPO und Nr. 110 II c RiStBV.**

Der Anklagesatz mit den gesetzlichen Merkmalen der Straftaten und der Konkretisierung gehört zu den Hauptfehlerquellen. Damit Ihnen die Darstellung des Anklagesatzes gelingt, sollten Sie sich immer wieder an Aufgaben und Funktionen einer Anklageschrift orientieren.

> **Hinweis:** Die Anklage soll den Angeschuldigten in klaren und verständlichen Worten über die gegen ihn erhobenen Vorwürfe informieren (Informationsfunktion) und zugleich den Prozessstoff festlegen (Umgrenzungsfunktion).

Regionale Unterschiede und örtliche Gewohnheiten beim Abfassen der Anklageschrift, die nicht alle im Rahmen dieser Ausführungen erörtert werden können, sind vom Gesetz her nicht zu beanstanden[130] und sollten im Rahmen Ihrer Ausbildung und Examensklausuren unbedingt von Ihnen berücksichtigt werden.

---

130 LR/*Rieß* § 200 Rn. 5.

Der Anklagesatz wird – abhängig vom jeweiligen Bundesland – mit den Worten **301**

> **Formulierungsbeispiel:**
> wird angeklagt,
>
> *oder*
>
> klage ich an, …

eingeleitet. Teilweise soll es auch »**angeschuldigt**« heißen.

Am einfachsten ist es, den nach Nr. 110 II e, 101a III RiStBV erforderlichen Hinweis auf Verfolgungsbeschränkungen gleich an dieser Stelle unterzubringen. Diesen Hinweis können Sie auch nach den angewendeten Vorschriften geben, er darf nur nicht vergessen werden. So könnte es dann heißen: **302**

> **Formulierungsbeispiel:**
> wird – unter Beschränkung gemäß § 154a StPO – angeklagt, …

Es folgen die Angaben zu Tatzeit und Tatort. Hier muss, insbesondere bei einer Vielzahl von Taten und verschiedenen Orten, nicht jeder Tatort einzeln genannt werden. Es genügt, den Tatort zu nennen, der die örtliche Zuständigkeit des Gerichts (wenn Sie denn darauf die Zuständigkeit stützen) begründet. Im Übrigen sind Sie bei der Formulierung sehr frei. Auch muss nicht jede Tatzeit genau genannt sein, es ist ausreichend, den Tatzeitraum zu umreißen. Dabei können Sie umso großzügiger vorgehen, je mehr Taten Sie anklagen. Bei nur einer Tat sollte es ganz präzise heißen: **303**

> **Formulierungsbeispiel:**
> am 12. Juni 20..
> in Lübeck

Dagegen kann es bei einer Vielzahl von Taten angebracht sein, wie folgt zu formulieren:

> **Formulierungsbeispiel:**
> in der Zeit vom … bis zum … in Lübeck und andernorts
>
> *oder*
>
> in den Monaten Juli, August und Dezember 20.. in Lübeck, Hamburg und Bremen

Ob zuerst die **Tatzeit oder zuerst der Tatort** zu nennen ist, mag heftig umstritten sein, in der Sache ist es ohne Bedeutung. Orientieren Sie sich an dem, was Sie gelernt haben. § 200 I StPO und Nr. 110 II c RiStBV sprechen jedenfalls von »Zeit und Ort«.

Anschließend sollte die Anzahl der jeweils selbständigen Handlungen (hier geht es um Tatmehrheit und nicht etwa um den prozessualen Tatbegriff) eines jeden Angeschuldigten genannt werden. Ausnahmen sind aus Gründen der Verständlichkeit jedoch zulässig. Gehen Sie beim Zählen gewissenhaft vor, denn die Zahlen müssen sich mit dem Ergebnis Ihres Gutachtens unter Berücksichtigung der Einstellungen nach § 154 StPO decken. Immer wieder kommt es in Klausuren hier zu leicht vermeidbaren Fehlern. **304**

> **Formulierungsbeispiel:**
> durch drei selbständige Handlungen

Die Anzahl der selbständigen Handlungen muss gegebenenfalls für jeden von mehreren Angeschuldigten getrennt genannt werden. Auf gar keinen Fallen dürfen Sie die aufsummierte Anzahl der selbständigen Handlungen aller Angeschuldigten nennen!

> **Formulierungsbeispiel:**
> der Angeschuldigte M … durch drei selbständige Handlungen,
> der Angeschuldigte D … durch zwei selbständige Handlungen

> *oder*
>
> die Angeschuldigten durch jeweils vier selbständige Handlungen

Aus Gründen der Übersichtlichkeit kann es bei mehreren Angeschuldigten auch angebracht sein, die Anzahl der selbständigen Handlungen erst vor den dem jeweiligen Angeschuldigten vorgeworfenen Straftatbeständen zu nennen.

Teilweise ist es auch üblich, nicht von selbständigen Handlungen, sondern schlicht von Straftaten zu sprechen.

> **Formulierungsbeispiel:**
>
> der Angeschuldigte durch ... **Straftaten**

Auch wird teilweise nicht von *selbständigen* Handlungen sondern von *tatmehrheitlichen* Handlungen gesprochen.

1. Gesetzliche Merkmale der Tat

305 Im Abschnitt »gesetzliche Merkmale der Straftat« sind alle gesetzlichen Merkmale zu nennen, die erforderlich sind, damit das Gericht im Falle des Erwiesenseins der erhobenen Vorwürfe den Angeschuldigten ohne weitere rechtliche Hinweise nach § 265 StPO verurteilen könnte.

a) Ein Angeschuldigter verwirklicht einen Straftatbestand

306 Zu den gesetzlichen Merkmalen der Tat gehören zunächst einmal die objektiven und subjektiven Tatbestandsmerkmale des jeweils verwirklichten Straftatbestandes. Dabei sind die Worte des Gesetzes zu wählen. Wird dem Angeschuldigten ein Diebstahl gemäß § 242 StGB vorgeworfen, heißt es:

> **Formulierungsbeispiel:**
>
> ... eine fremde bewegliche Sache einem anderen in der Absicht weggenommen zu haben, sich die Sache rechtswidrig zuzueignen ...

Es dürfen jeweils nur die Tatbestandsmerkmale aufgeführt werden, die Sie in Ihrem Gutachten auch tatsächlich bejaht haben.

Achtung: Enthält ein Tatbestand mehrere Alternativen oder Modalitäten dürfen diese nicht etwa alternativ mit einem »oder« verbunden werden. Das Wort »oder« ist einzig und allein der Wahlfeststellung vorbehalten. Wollte der Angeschuldigte in dem obigen Beispiel die Sache für sich behalten, darf es auf gar keinen Fall heißen: »... sich *oder* einem Dritten ...«. Das wird in Klausuren häufig falsch gemacht. Werden die verschiedenen Alternativen oder Modalitäten dagegen kumulativ verwirklicht, sind diese auch kumulativ aufzuführen.

307 Sind Sie in Ihrem Gutachten zu dem Ergebnis gekommen, dass der Angeschuldigte einen selbständigen Qualifikationstatbestand erfüllt hat, so sind neben den Merkmalen des Grunddelikts auch dessen Merkmale so genau wie möglich zu bezeichnen.

> **Formulierungsbeispiel:**
>
> ... eine fremde bewegliche Sache einem anderen in der Absicht weggenommen zu haben, sich die Sache rechtswidrig zuzueignen und dabei ein gefährliches Werkzeug bei sich geführt zu haben ...

Hier hätte es also nicht verkürzt heißen dürfen: »*einen Diebstahl begangen* und dabei ...«. Das Merkmal »anderes« sollte weggelassen werden, weil dem nicht juristisch vorgebildeten Leser die Formulierung »anderes gefährliches Werkzeug« ohne Bezug auf die Waffe nicht verständlich wäre. Dann müssten Sie nämlich vollständig formulieren: »*... anderes gefährliches Werkzeug als eine Waffe...*«. Die »vereinfachte Form« ist nach Nr. 110 II c RiStBV zulässig.

C. Die Anklageschrift

Ein typischer Klausurtatbestand ist auch § 315b I Nr. 3 StGB, der häufig wie folgt zitiert wird: »*... er einen ähnlichen, ebenso gefährlichen Eingriff vorgenommen ...*«. Das klingt so isoliert nicht nur merkwürdig, sondern ist auch unvollständig. Vollständig muss es heißen:

> **Formulierungsbeispiel:**
> ... einen dem Hindernisbereiten ähnlichen, ebenso gefährlichen Eingriff vorgenommen ...

Wiederum ist nach Nr. 110 II c RiStBV auch die vereinfachte Form zulässig.

> **Formulierungsbeispiel:**
> ... einen gefährlichen Eingriff vorgenommen ...

Ein geradezu klassischer und zugleich schwerwiegender Fehler ist es, die Schuldform nicht mitzuteilen, wenn das Gesetz sowohl die vorsätzliche als auch die fahrlässige Begehung unter Strafe stellt. Beispielhaft seien hier die §§ 223 und 229, 316 I und 316 II sowie 315c I und 315c III StGB genannt. 308

> **Formulierungsbeispiel:**
> ... **vorsätzlich** eine andere Person körperlich misshandelt zu haben ...
>
> *oder*
>
> ... **fahrlässig** im Verkehr ein Fahrzeug geführt zu haben, obwohl ...

In diesem Zusammenhang bergen die §§ 315 ff. StGB eine besondere Fehlerquelle, weil sie bezüglich Tathandlung und Taterfolg verschiedene Kombinationen beider Schuldformen zulassen. Die Kombination muss in der Anklage zum Ausdruck kommen. 309

> **Formulierungsbeispiel:**
> ... **vorsätzlich** im Straßenverkehr eine Fahrzeug geführt zu haben, obwohl er infolge des Genusses alkoholischer Getränke nicht in der Lage war, das Fahrzeug sicher zu führen und dadurch **fahrlässig den** Leib eines anderen Menschen ...

Ich habe in dem obigen Beispiel den Artikel »den« hervorgehoben, weil dieser in Klausuren häufig fehlt. Es ist dann davon die Rede, dass der Angeschuldigte »fahrlässig Leib eines anderen Menschen« gefährdet habe. Es muss Ihnen beim Niederschreiben der Klausur einfach auffallen, dass das nicht richtig sein kann. Zu diesen sprachlichen Ungeschicklichkeiten kommt es auch bei anderen Tatbeständen, wenn sich die Tathandlung entweder gegen **den** Leib oder **das** Leben des Geschädigten richtet (etwa §§ 240, 249 StGB).

> **Achtung:** Der äußerst klausurrelevante § 315b I, III i.V.m. § 315 III StGB stellt einen Verbrechenstatbestand dar, der Vorsatz des Täters sowohl hinsichtlich der Tathandlung als auch hinsichtlich des Taterfolgs erfordert. Damit entfällt in dieser Ausnahmekonstellation des § 315b StGB die Verpflichtung, die Schuldform zu nennen.

Zu den gesetzlichen Merkmalen gehören aber nicht nur die Tatbestandsmerkmale, sondern auch die Täterschaftsformen, die verschiedenen Teilnahmeformen und der Versuch. 310

Die **Mittäterschaft** wird durch die Worte »*gemeinschaftlich mit*« kenntlich gemacht. Hat der Angeschuldigte als mittelbarer Täter gehandelt, wird ihm die Tatbegehung »*durch einen anderen*« vorgeworfen. Beim **Unterlassungstäter** ist es aus Gründen der Verständlichkeit nicht erforderlich, den gesamten Wortlaut des § 13 StGB (Nr. 110 II c: »in vereinfachter Form«) zu zitieren. Sie sollten sich vielmehr auf die Worte »*durch Unterlassen*« beschränken.

> **Formulierungsbeispiel:**
> ... **durch einen anderen** eine fremde bewegliche Sache einem anderen ...
>
> ... vorsätzlich **durch Unterlassen** einen anderen Menschen an der Gesundheit ...

Die Praxis bei **Anstiftung und Beihilfe** ist sehr unterschiedlich. Überwiegend wird gefordert, dass beide Teilnahmeformen jeweils durch das vollständige Zitat des Wortlauts der §§ 26 und 311

27 StGB und daran anschließend des Wortlauts des verletzten Straftatbestandes kenntlich zu machen sind. Achten Sie dabei jeweils auf den »doppelten Vorsatz«.

> **Formulierungsbeispiel:**
>
> ... **vorsätzlich einen anderen dazu bestimmt zu haben**, einen anderen Menschen vorsätzlich körperlich misshandelt zu haben ...
>
> ... **vorsätzlich einem anderen Hilfe geleistet zu haben**, mit Gewalt gegen eine Person einem anderen eine fremde bewegliche Sache in der Absicht weggenommen zu haben, ...

Vergessen Sie im ersten der beiden Beispiele nicht das hervorgehobene Wort »vorsätzlich«. Es ist zur Kennzeichnung der Schuldform der Haupttat erforderlich, zudem kann nur zu vorsätzlichen Taten Beihilfe geleistet werden.

Wegen der sich aus Nr. 110 II c RiStBV ergebenden Vereinfachungsmöglichkeit, muss es auch zulässig sein, sich bei Anstiftung und Beihilfe auf die Worte »**angestiftet zu haben**« und »**geholfen zu haben**« zu beschränken.

Teilweise wird es als ausreichend angesehen, die Haupttat nur abstrakt zu bezeichnen.

> **Formulierungsbeispiel:**
>
> ... vorsätzlich einen anderen zu dessen vorsätzlich begangener rechtswidriger Tat, einem Diebstahl, bestimmt zu haben ...

312 Wird dem Täter ein **Versuch** vorgeworfen, genügt es im Hinblick auf Nr. 110 II c RiStBV zu dessen Kennzeichnung, den verwirklichten Tatbestandsmerkmalen »*versucht zu haben*« voranzustellen. Ebenfalls ist es zulässig, diese Worte in den Wortlaut der verletzten Norm einzufügen. Achten Sie unbedingt darauf, korrekt zu formulieren. Das misslingt gerade beim versuchten Betrug häufig.

> **Formulierungsbeispiel:**
>
> ... in der Absicht, sich einen rechtswidrigen Vermögensvorteil zu verschaffen, **versucht zu haben**, durch Vorspiegelung falscher Tatsachen einen Irrtum zu erregen und dadurch das Vermögen eines anderen zu beschädigen ...

Sie sehen, dass sich durch eine kleine Umstellung des Wortlauts des § 263 StGB alle Schwierigkeiten aus dem Weg räumen lassen. Wenn Sie bei der Formulierung des versuchten Betruges Schwierigkeiten haben, lernen Sie diesen Satz auswendig!

Häufig wird sich Ihnen die Frage stellen, ob Umstände, die ausschließlich für die Rechtsfolgen der Tat von Bedeutung sind, in den Anklagesatz gehören. Für die Klausur bedeutungsvoll sind hier Regelbeispiele wie § 243 StGB, vertypte Strafmilderungsgründe wie § 21 StGB und unbenannte Strafmilderungsgründe wie § 249 II StGB.

Nach der Rechtsprechung des BGH[131] berührt das Fehlen derartiger Strafzumessungsumstände nicht die Wirksamkeit der Anklage und des Eröffnungsbeschlusses. Jedoch gehören die **Strafzumessungsmerkmale zur Information des Angeschuldigten und zu dessen sachgerechter Vorbereitung der Verteidigung in den Anklagesatz**. Regelbeispiele gehören zudem zu den straferhöhenden Umständen, die in der Hauptverhandlung die Hinweispflicht nach § 265 II StPO auslösen.

Entsprechend eindeutig wird diese Frage für Regelbeispiele und vertypte Strafmilderungsgründe in den Kommentaren zur Strafprozessordnung beantwortet.[132] Die Information des Angeklagten ist unvollständig, wenn er nicht erfährt, von welchen gesetzlichen Strafrahmenschärfungs- und Milderungsgründen die Staatsanwaltschaft ausgeht. Außerdem können durch das Aufführen von Strafzumessungsumständen auch Zuständigkeiten geklärt werden. Klagt die Staatsanwaltschaft einen schweren Raub gemäß § 250 II StGB vor dem Schöffengericht an, wird das auf den ersten Blick verständlich, wenn sie zugleich mitteilt, dass die Schuldfähigkeit

---

[131] BGHSt 16, 47; 29, 274.
[132] Wie hier u.a. KK/*Treier* § 200 Rn. 9 f.; LR/*Rieß* § 200 Rn. 19.

des Angeschuldigten erheblich vermindert war und der Leser daraus schließen kann, dass die Staatsanwaltschaft von einer Strafrahmenverschiebung ausgeht.

Bei unbenannten Strafmilderungs- und Strafschärfungsgründen ist die Praxis unterschiedlich. Aus Klarstellungsgründen sollten auch diese genannt werden. Das gilt jedenfalls dann, wenn erst aufgrund der Strafrahmenverschiebung die Zuständigkeit des Gerichts begründet werden kann. 313

> Formulierungsbeispiel:
>
> ... in der Absicht weggenommen zu haben, sich die Sache rechtswidrig zuzueignen **und zur Ausführung der Tat in ein Gebäude eingebrochen zu sein** ...
>
> ... **im Zustand erheblich verminderter Schuldfähigkeit** vorsätzlich einen anderen Menschen körperlich misshandelt ...
>
> ... **in einem minder schweren Fall** mit Gewalt gegen eine Person eine fremde bewegliche Sache einem anderen in der Absicht ....

Hat Ihr Gutachten zur **Wahlfeststellung** geführt, wird Ihnen deren Darstellung im Rahmen der gesetzlichen Merkmale keinerlei Schwierigkeiten bereiten. Die wahlweise anzuklagenden Tatbestände sind durch ein schlichtes »oder« zu verbinden. 314

> Formulierungsbeispiel:
>
> ... in der Absicht weggenommen zu haben, sich die Sache rechtswidrig zuzueignen
>
> **oder**
>
> eine Sache, die ein anderer gestohlen hat, angekauft zu haben, um sich zu bereichern ...

Nach der Rechtsprechung des BGH ist es zulässig, bei einer Wahlfeststellung im Urteil im Schuldspruch lediglich das mildere Gesetz zu nennen. Das lässt sich auf die Anklage nicht übertragen, weil die Anklage sonst ihrer Informationsfunktion nicht gerecht werden würde. Deshalb sind die verletzten Gesetze stets alternativ zu bezeichnen.

Hat der Angeschuldigte in der einen Variante ein Regelbeispiel verwirklicht (§ 259 StGB oder §§ 242, 243 I Nr. 1 StGB), so ist in dieser Variante der Wahlfeststellung auch das Regelbeispiel anzuklagen. Denn der Zweifelsgrundsatz gebietet nicht den Rückgriff auf das jeweils verwirklichte Grunddelikt, sondern führt lediglich dazu, dass die Strafe dem mildesten Gesetz zu entnehmen ist. 315

> Formulierungsbeispiel:
>
> ... in der Absicht weggenommen zu haben, sich die Sache rechtswidrig zuzueignen und **zur Ausführung der Tat in ein Gebäude eingebrochen zu sein**
>
> **oder**
>
> eine Sache, die ein anderer gestohlen hat, angekauft zu haben, um sich zu bereichern ...

Sehr uneinheitlich ist die Praxis, wenn es um die eine Maßregel begründenden Umstände (wichtigster Fall: fehlende Eignung i.S.d. § 69 StGB) geht. In einigen Bundesländern ist es üblich, diese bereits im Zusammenhang mit den gesetzlichen Merkmalen der die Fahrerlaubnisentziehung begründenden Norm zu nennen. 316

> Formulierungsbeispiel:
>
> ... vorsätzlich im Verkehr ein Fahrzeug geführt zu haben, obwohl er infolge des Genusses alkoholischer Getränke nicht in der Lage war, das Fahrzeug sicher zu führen
>
> **und sich dadurch als zum Führen von Fahrzeugen ungeeignet gezeigt zu haben,** ...

In anderen Bundesländern wird dieser Hinweis dagegen erst in der Konkretisierung oder an deren Ende erteilt.

b) Ein Angeschuldigter verwirklicht mehrere Straftatbestände

317 Neben den gesetzlichen Merkmalen sind auch die Konkurrenzen aufzuführen, Nr. 110 II c RiStBV.

In Tateinheit begangene Delikte werden nach dem klassischen Anklagestil durch die Worte »*und durch dieselbe Handlung*« verbunden. Mittlerweile sieht man in der Praxis so häufig den Begriff »tateinheitlich«, dass dessen Verwendung kaum noch zu ernsthaften Beanstandungen führen wird. Dennoch ist die klassische Formulierung vorzuziehen, weil diese auch für den Laien verständlicher ist.

> **Formulierungsbeispiel:**
>
> ... durch dieselbe Handlung
>
> a. mit Gewalt gegen eine Person eine fremde bewegliche Sache einem anderen in der Absicht weggenommen zu haben, sich die Sache rechtswidrig zuzueignen und
>
> b. vorsätzlich einen anderen Menschen körperlich misshandelt zu haben ...
>
> *oder*
>
> a. mit Gewalt gegen eine Person eine fremde bewegliche Sache einem anderen in der Absicht weggenommen zu haben, sich die Sache rechtswidrig zuzueignen
>
> **und durch dieselbe Handlung**
>
> b. vorsätzlich einen anderen Menschen körperlich misshandelt zu haben ...

Stehen mehr als zwei Delikte in Tateinheit, empfiehlt es sich, dies aus Gründen der Klarheit gleich einleitend mitzuteilen. Bei ungleichartiger Tateinheit ist es üblich, tateinheitlich begangene Delikte jeweils mit kleinen lateinischen Buchstaben zu versehen.

Gleichartige Tateinheit wird durch die Verwendung des Plurals für die Tatopfer oder die Tatobjekte gekennzeichnet.

Dass dem Angeschuldigten **tatmehrheitlich** begangene Delikte vorgeworfen werden, ergibt sich schon aus der Einleitung des Anklagesatzes, in der Sie die genaue Anzahl der selbständigen Handlungen zu nennen haben (dazu oben). Die einzelnen tatmehrheitlich begangenen Delikte sind dann nur noch mit arabischen Zahlen versehen mitzuteilen.

Einer besonderen Erwähnung bedarf dann nur noch die gleichartige Tatmehrheit: Die genaue Anzahl der Fälle wird dem Wortlaut des verletzten Gesetzes vorangestellt.

> **Formulierungsbeispiel:**
>
> 1. ...
>
> 2.–10. **in neun Fällen**
>
> mit Gewalt gegen eine Person eine fremde bewegliche Sache einem anderen in der Absicht weggenommen zu haben, sich die Sache rechtswidrig zuzueignen ...

Im Übrigen ist es in der Klausur Ihre Aufgabe, die Konkurrenzverhältnisse durch eine schlüssige und konsequente Gliederung der Anklage abzubilden.

318 Mit großer Sorgfalt müssen Sie vorgehen, sobald es in der Klausur um **mehr als zwei selbständige Handlungen und um gleichzeitig tateinheitlich verwirklichte Delikte** geht.

> Vermeiden Sie es unbedingt, eine Arbeit abzuliefern, in der der Anklagesatz durch das Streichen ganzer Passagen, Verschieben ganzer Abschnitte (etwa durch Klammern, Sternchen oder gar Pfeile) oder Wiederholungen unleserlich und auch unverständlich geworden ist.

C. Die Anklageschrift

Folgende Grundregeln sind – mit Ausnahme regionaler Besonderheiten – zu beachten:

- **Die einzelnen selbständigen Handlungen sollen möglichst in der richtigen zeitlichen Reihenfolge dargestellt werden. Nur ein besonders schweres Delikt sollte vorangestellt werden.**
- Die einzelnen Tatbestände werden, wenn diese nicht durch ein »und« verbunden sind, durch Kommata und keinesfalls durch Punkte getrennt.
- **In Tatmehrheit stehende Delikte sind durch arabische Zahlen zu kennzeichnen, tateinheitlich begangene Delikte – soweit überhaupt – mit kleinen lateinischen Buchstaben.** Wenn Sie bei mehreren selbständigen Handlungen den tateinheitlich begangenen Delikten Buchstaben zuordnen, sollten Sie der besseren Übersichtlichkeit wegen die Worte »durch - dieselbe Handlung« – hinter der arabischen Zahl – voranstellen.

Formulierungsbeispiel:

1. a. mit Gewalt gegen eine Person eine fremde bewegliche Sache einem anderen in der Absicht weggenommen zu haben, sich die Sache rechtswidrig zuzueignen

   und durch dieselbe Handlung

   b. vorsätzlich einen anderen Menschen körperlich misshandelt zu haben,

oder schöner

... und

2. durch dieselbe Handlung

   a. fahrlässig im Straßenverkehr eine Fahrzeug geführt zu haben, obwohl er infolge des Genusses alkoholischer Getränke nicht in der Lage war, das Fahrzeug sicher zu führen,

   b. vorsätzlich im Verkehr ein Fahrzeug geführt zu haben, obwohl er die dazu erforderliche Fahrerlaubnis nicht hatte ...

Hinweis: Um Wiederholungen zu vermeiden, sind die angeklagten Tatbestände so straff wie möglich zusammenzufassen. Das darf allerdings nicht auf Kosten der Verständlichkeit gehen.

Formulierungsbeispiel:

durch drei selbständige Handlungen

1.–2. in zwei Fällen

   mit Gewalt gegen eine Person eine fremde bewegliche Sache einem anderen in der Absicht weggenommen zu haben, sich die Sache rechtswidrig zuzueignen

   im ersten Fall eine Waffe bei sich geführt zu haben,

   im zweiten Fall durch dieselbe Handlung

   vorsätzlich einen anderen Menschen körperlich misshandelt zu haben, ...

3. durch Drohung mit Gewalt ...

Wird dem Angeschuldigten in zwei Fällen die Verletzung desselben Gesetzes jeweils in Tateinheit mit anderen Gesetzesverletzungen vorgeworfen, darf es nicht etwa heißen: »*1. durch dieselbe Handlung a. vorsätzlich einen anderen Menschen körperlich misshandelt zu haben, b. ..., c. ... und durch eine weitere selbständige Handlung 2. durch dieselbe Handlung a. eine weitere Tat wie 1a begangen zu haben, b, ...*«.

Der Vorwurf der zweifachen Körperverletzung ist zusammenzufassen. Der Hinweis auf eine weitere selbständige Handlung ist überflüssig. Dass es um mehrere selbständige Handlungen geht, müssen Sie schon in der Einleitung mitgeteilt haben. Der Rest ergibt sich zwingend aus der Gliederung.

> **Formulierungsbeispiel:**
>
> durch drei selbständige Handlungen
>
> **1.–2.** in zwei Fällen
>   vorsätzlich einen anderen Menschen körperlich misshandelt zu haben,
>
>   **im ersten Fall durch dieselbe Handlung**
>   einen Menschen rechtswidrig mit Gewalt zu einer Handlung genötigt und
>   einen anderen beleidigt zu haben,
>
>   im zweiten Fall durch dieselbe Handlung,
>   einen Menschen mit der Begehung eines gegen ihn gerichteten Verbrechens bedroht zu haben,
>
> 3. durch Drohung mit Gewalt ...

In den beiden oben genannten Fällen sind kleine Buchstaben zur Untergliederung der tateinheitlich begangenen Delikte wenig sinnvoll. Ob Sie nun tateinheitlich verwirklichte Delikte untergliedern oder nicht, Sie müssen konsequent sein und das die ganze Anklage durchhalten.

Behalten Sie auch immer die regionalen Besonderheiten im Auge: Gliedern Sie die Anklage im Zweifel so, wie Sie es bei Ihrem Ausbilder gelernt haben.

c) Mehrere Angeschuldigte verwirklichen jeweils mehrere Straftatbestände

320 Noch komplizierter kann die Darstellung der gesetzlichen Merkmale werden, wenn mehrere Beschuldigte jeweils mehrere Straftatbestände verwirklicht haben. Beherzigen Sie den Rat, den Aufbau zu skizzieren, dann werden Sie auch an dieser Aufgabe nicht scheitern.

Es ist üblich, bei der Untergliederung nach einzelnen Angeschuldigten jeweils römische Zahlen voranzustellen. Den jeweiligen Angeschuldigten sollten sie weiterhin mit seinem Nachnamen bezeichnen, das ist für den Leser einfacher.

> **Formulierungsbeispiel:**
>
> **die Angeschuldigten durch jeweils zwei selbständige Handlungen**
>
> I. der Angeschuldigte M ...
>
>   1. durch dieselbe Handlung
>
>   a. mit Gewalt gegen eine Person eine fremde bewegliche Sache ...,
>
>   b. vorsätzlich einen anderen Menschen körperlich ...,
>
>   2. in der Absicht sich einen rechtswidrigen Vermögensvorteil zu verschaffen, ...,
>
> II. der Angeschuldigte H ...
>
>   1. eine Urkunde, welche ihm überhaupt nicht gehört, ...,
>
>   2. die ihm durch Rechtsgeschäft eingeräumte Befugnis, über fremdes Vermögen ...,

Die jeweils selbständigen Handlungen sind mit arabischen Zahlen zu nummerieren. Keinesfalls dürfen diese fortlaufend über die Darstellung der Straftaten mehrerer Angeschuldigter beziffert werden. Im obigen Beispiel dürfen Sie also **nicht** wie folgt nummerieren: I 1, I 2, II 3, II 4.

321 Haben mehrere Angeschuldigte als Mittäter gehandelt, so sind die gegen diese Mittäter erhobenen Vorwürfe möglichst zusammengefasst darzustellen. Denken Sie daran, die Anzahl der jeweils selbständigen Handlungen vor die Klammer zu ziehen.

> **Formulierungsbeispiel:**
>
> der Angeschuldigte M ... durch fünf selbständige Handlungen,
>
> der Angeschuldigte H ... durch sechs selbständige Handlungen,

C. Die Anklageschrift

I. die Angeschuldigten gemeinschaftlich

    1.–3. in drei Fällen
einen Menschen mit Gewalt gegen eine Person zu einer Handlung genötigt und dadurch dem Vermögen des Genötigten einen Nachteil zugefügt zu haben, um sich zu Unrecht zu bereichern
und der Angeschuldigte M ... im zweiten Fall eine Waffe bei sich geführt zu haben,

II. der Angeschuldigte M ...

    1. durch dieselbe Handlung

        a. mit Gewalt gegen eine Person eine fremde bewegliche Sache ...,

        b. vorsätzlich einen anderen Menschen körperlich ...,

    2. in der Absicht sich einen rechtswidrigen Vermögensvorteil zu verschaffen, ...,

III. der Angeschuldigte H ...

    1. eine Urkunde, welche ihm überhaupt nicht gehört, ...,

    2. die ihm durch Rechtsgeschäft eingeräumte Befugnis, über fremdes Vermögen ...

    3. rechtswidrig eine fremde Sache beschädigt ...,

In derartigen Fällen kann die Konkretisierung leicht unübersichtlich werden, wenn diese den Aufbau der gesetzlichen Merkmale abbilden soll. Oft empfiehlt es sich, beim historischen Aufbau der Konkretisierung zu bleiben, den konkretisierten Taten eine der zeitlichen Abfolge entsprechende **Fallnummer zuzuordnen** und diese auch den gesetzlichen Merkmalen ergänzend zuzuordnen. Der bereits zuvor zitierte Anklagesatz würde dann wie folgt aussehen:

Formulierungsbeispiel:

der Angeschuldigte M ... durch fünf selbständige Handlungen,

der Angeschuldigte H ... durch sechs selbständige Handlungen,

I. die Angeschuldigten gemeinschaftlich

    1.–3. in drei Fällen **(Fälle 1,3 und 7)**
einen Menschen mit Gewalt gegen eine Person zu einer Handlung genötigt und dadurch dem Vermögen des Genötigten einen Nachteil zugefügt zu haben, um sich zu Unrecht zu bereichern
und der Angeschuldigte M ... im zweiten Fall eine Waffe bei sich geführt zu haben,

II. der Angeschuldigte M ...

    1. durch dieselbe Handlung **(Fall 2)**

        a. mit Gewalt gegen eine Person eine fremde bewegliche Sache ...,

        b. vorsätzlich einen anderen Menschen körperlich ...,

    2. in der Absicht sich einen rechtswidrigen Vermögensvorteil zu verschaffen, ..., **(Fall 5)**

III. der Angeschuldigte H ...

    1. eine Urkunde, welche ihm überhaupt nicht gehört, ..., **(Fall 4)**

    2. die ihm durch Rechtsgeschäft eingeräumte Befugnis, über fremdes Vermögen ..., **(Fall 6)**

    3. rechtswidrig eine fremde Sache beschädigt ..., **(Fall 8)**

Häufig werden mehrere Angeschuldigte auch im Verhältnis Täter/Teilnehmer stehen. Dann stellt sich regelmäßig die Frage, ob bei den gesetzlichen Merkmalen der Anstiftung oder der Beihilfe auf die Darstellung der Haupttat Bezug genommen werden darf. Das ist zu bejahen, wenn die Verständlichkeit des Anklagesatzes darunter nicht leidet.

> **Formulierungsbeispiel:**
>
> I. der Angeschuldigte M...
>
> mit Gewalt gegen eine Person eine fremde bewegliche Sache...,
>
> II. der Angeschuldigte H...
>
> **ihm zu dieser Tat** vorsätzlich Hilfe geleistet zu haben

> **Formulierungsbeispiel:**
>
> I. der Angeschuldigte M...
>
> 1. durch dieselbe Handlung
>
>   a. mit Gewalt gegen eine Person eine fremde bewegliche Sache...,
>
>   b. vorsätzlich einen anderen Menschen körperlich...,
>
> 2. in der Absicht sich einen rechtswidrigen Vermögensvorteil zu verschaffen,...,
>
> II. der Angeschuldigte H...
>
> 1. einen Menschen mit Gewalt gegen eine Person zu einer Handlung genötigt und dadurch dem Vermögen des Genötigten einen Nachteil zugefügt zu haben,
>
> 2. **den Angeschuldigten M vorsätzlich zu dessen Raub (I.1.a.)** bestimmt zu haben.

Die Bezeichnung der Haupttat mit der gesetzlichen Überschrift wie im vorstehenden Beispiel sollten Sie jedoch unbedingt vermeiden, wenn sich die von Ihnen zu verfassende Anklage nur gegen den Teilnehmer richtet, weil der Täter in einem anderen Verfahren verfolgt wurde. Dann ist auch der Straftatbestand, an dessen Verwirklichung der Angeschuldigte teilnahm, voll auszuformulieren.

Bei einer Anklage wegen eines mittäterschaftlich begangenen Delikts sollten Sie den Mittäter des Angeschuldigten immer so genau wie möglich bezeichnen. Ist dieser bekannt, jedoch nicht mit anzuklagen, ist er als »gesondert verfolgt« zu bezeichnen.

> **Formulierungsbeispiel:**
>
> ... der Angeschuldigte **gemeinschaftlich mit dem gesondert verfolgten**...

Ist der Mittäter nicht identifiziert, muss das ebenfalls kenntlich gemacht werden.

> **Formulierungsbeispiel:**
>
> ... mit einem bislang unbekannten Mittäter...

2. Die Konkretisierung

323 In der Konkretisierung wird der Angeschuldigte darüber unterrichtet, durch welches tatsächliche Geschehen die gesetzlichen Merkmale der angeklagten Straftatbestände erfüllt worden sein sollen. Daneben hat die Konkretisierung eine entscheidende Bedeutung für die sog. **Umgrenzungsfunktion** der Anklage, weil durch sie die tatsächlichen Grenzen der angeklagten Tat (im Sinne des prozessualen Tatbegriffs) abgesteckt werden. Das müssen Sie sich bei deren Formulierung jeweils vor Augen halten.

Die Art der Darstellung kann sich von Bundesland zu Bundesland unterscheiden. Klassisch schließt sich die Konkretisierung mit »indem« an die gesetzlichen Merkmale an. Dieser Aufbau hat bei einfachen Sachverhalten den Vorteil, dass Sie zur Präzision und Kürze angehalten werden. Denn ausufernde Darstellungen lässt das nicht zu. Bei etwas komplexeren Sachverhalten werden Sie aber feststellen, wie schwierig es sein wird, das gesamte tatsächliche Geschehen in diesem einen »Indem«-Satz zu schildern. Damit die Formulierung verständlich bleibt, werden Sie mit entsprechendem Aufwand daran feilen müssen. Wie die Erfahrung zeigt, misslingt das häufiger als es gelingt. Je komplexer der Sachverhalt wird, desto eher wird die Verständlichkeit der Darstellung leiden. Deshalb wird es Ihnen in der Regel leichter fallen,

C. Die Anklageschrift

den Sachverhalt ohne direkten Anschluss an die gesetzlichen Merkmale in geschlossenen Blöcken zu schildern. Auch wenn das die Gefahr ausufernder Darstellungen in sich birgt, halte ich diese Darstellung für einfacher. Beide Anklagetypen sind gleichermaßen zulässig. Jedoch sollten Sie unbedingt die länderspezifischen Eigenarten beachten. Diese können es auch erforderlich machen, die Konkretisierung dem Abstraktum voranzustellen.

In anderen Bundesländern haben Konkretisierungen grundsätzlich mit der folgenden Einleitung zu beginnen:

> **Formulierungsbeispiel:**
>
> Dem Angeschuldigten wird Folgendes zur Last gelegt:

Schließlich ist auch zulässig, die Konkretisierung ohne eine einleitende Formel zu beginnen.

Die Sachverhaltsschilderung, erfolgt grundsätzlich im **Imperfekt**. Müssen Sie auf die Vorvergangenheitsform zurückgreifen, sollten Sie Ihre Darstellung überdenken. Denn dann wäre es sehr wahrscheinlich eleganter gewesen, das betreffende Geschehen – im Imperfekt – in der Gesamtdarstellung weiter vorne zu schildern.

Achten Sie beim Aufbau der Konkretisierung zudem auf Kongruenz mit dem Aufbau der gesetzlichen Merkmale. Das soll heißen, dass die Gliederung der Konkretisierung der Gliederung der gesetzlichen Merkmale entsprechen soll. Immer lässt sich das jedoch nicht durchhalten. Insbesondere wenn Sie bei den gesetzlichen Merkmalen Fälle in gleichartiger Tatmehrheit zusammenfassen, können Sie Schwierigkeiten bekommen. Versuchen Sie aber jedenfalls, das tatsächliche Geschehen durch den Aufbau und entsprechende Verweise auf die Gliederungspunkte der gesetzlichen Merkmale diesen eindeutig zuzuordnen.

> Im Übrigen ist es in der Konkretisierung Ihre Aufgabe, alle im ersten Teil des Anklagesatzes genannten objektiven und **subjektiven** Tatbestandsmerkmale mit Sachverhalt zu füllen.

Das wird in der Klausur für Sie immer der Schwerpunkt der Aufgabe sein. Seltener wird es darum gehen, den Sachverhalt so zu beschreiben, dass er in Abgrenzung zu ähnlichen Sachverhalten unverwechselbar feststeht. Wenn auch eins mit dem anderen untrennbar verbunden ist, so steht die Abgrenzungsproblematik eher bei Serienstraftaten im Vordergrund, mit denen Sie es in der Klausur nicht zu tun haben werden.

Tatort und genaue Tatzeit müssen zumindest dann noch einmal im Rahmen jeder Tatbeschreibung genannt werden, wenn es sich um mehrere Taten handelt und die einleitenden Angaben damit zu ungenau sind. Nur wenn es sich um lediglich eine Tat handelt, deren Zeit und Ort bereits präzise bezeichnet sind, dürfen Sie auf die erneute Mitteilung verzichten.

324

> **Achtung:** Sehr häufig werden in der Konkretisierung gerade die **subjektiven** Tatbestandsmerkmale vergessen. Fertigen Sie eine kurze stichwortartige Liste der einzelnen Tatbestandsmerkmale an und machen Sie jeweils einen Vollständigkeitscheck, damit Ihnen dieser ärgerliche Fehler nicht unterläuft.

In einfachen Fällen kann es also wie folgt heißen:

> **Formulierungsbeispiel:**
>
> (§ 242 StGB)
>
> indem
>
> er im Kaufhaus ... eine Flasche Korn zum Preis von 8,99 € in die Innentasche seines Mantels steckte, das Kaufhaus wie von vornherein beabsichtigt, ohne die Flasche zu bezahlen, verließ und diese anschließend austrank.
>
> (§ 263 StGB)
>
> Der Angeschuldigte bestellte am Abend im Restaurant ... ein Menü zum Preis von 29 €, ohne zur Zahlung willig und in der Lage zu sein. Im Vertrauen auf die spätere Bezahlung erhielt er von dem

> Zeugen ... das bestellte Menü und verzehrte es. Als der Zeuge sich kurzzeitig in der Küche aufhielt, verließ der Angeschuldigte unbemerkt und ohne zu bezahlen das Lokal.
>
> (§ 315c I Nr. 1a, III Nr. 1 StGB)
>
> Nachdem der Angeschuldigte am Tattag so viel Alkohol zu sich genommen hatte, dass er fahruntüchtig war, was er wusste, befuhr er in ... die ...-Straße. Infolge des genossenen Alkohols übersah er die Zeugin, die gerade auf einem Fußgängerüberweg die ...-Straße überquerte, was der Angeschuldigte hätte erkennen können und müssen. Er konnte nicht mehr rechtzeitig bremsen und fuhr ungebremst in die Zeugin hinein.
>
> Die Zeugin erlitt ...

Zu den unverzichtbaren Angaben zur Tat gehören auch der Wert der Beute, die Höhe des Schadens und die Folgen für den körperlich Verletzten.

325 Vor einem sehr häufigen und schweren Fehler bei der Formulierung der Konkretisierung möchte ich Sie ebenfalls warnen. Immer wieder wird in Klausuren trotz vollendeten Delikts der Eintritt des Taterfolges nicht geschildert. Dieser Fehler unterläuft den Kandidaten besonders oft im Zusammenhang mit der schweren räuberischen Erpressung. So heißt es beispielsweise: »*Der Angeschuldigte hielt die Waffe durch das geöffnete Fenster des Taxis, forderte dessen Fahrer zur Herausgabe des Geldes und anschließend auf zu verschwinden. Danach drehte sich der Angeschuldigte um und lief davon, worauf der Taxifahrer zur nächsten Polizeiwache fuhr.*« Hat die Drohung des Angeschuldigten nun zum gewollten Erfolg geführt? Der Leser erfährt es nicht, kann das allenfalls vermuten.

Richtig hätte die Konkretisierung lauten müssen:

> **Formulierungsbeispiel:**
>
> Der Angeschuldigte hielt das Messer durch das geöffnete Fenster des Taxis und forderte dessen Fahrer zur Herausgabe des Geldes auf. **Aus Angst um sein Leben übergab dieser dem Angeschuldigten seine Tageseinnahmen von 230,60 €.** Der Angeklagte konnte mit dem Geld, das er anschließend ausgab, entkommen.

326 Oft wird es erforderlich sein, genauere Angaben zur Verwirklichung eines Tatbestandsmerkmals zu machen, weil eine pauschale Beschreibung nicht ausreicht. Zur Verdeutlichung will ich auf das häufige Klausurproblem der Anwendbarkeit des § 250 II Nr. 1 StGB beim Gaswaffeneinsatz zurückgreifen. Keinesfalls genügt es bei der Darstellung des Raubes sich auf folgende Mitteilung zu beschränken: »*... und forderte ihn unter Vorhalten seines Gasrevolvers zur Herausgabe seines Geldes auf.*« Denn nicht jeder Gasrevolver ist eine Waffe im Sinne der Vorschrift, der Revolver muss nach vorne entladen und zudem geladen sein. Präziser müsste es also heißen:

> **Formulierungsbeispiel:**
>
> ... und hielt dabei, um seiner Forderung Nachdruck zu verleihen, seinen funktionsfähigen und geladenen Gasrevolver, der durch den Lauf nach vorne entlädt, an den Kopf des ....

Wenn **Kausalzusammenhänge** nicht offensichtlich sind, sind diese zu beschreiben.

> **Formulierungsbeispiel:**
>
> ... **infolge** des Alkoholgenusses fuhr der Angeschuldigte in der Rechtskurve ungebremst geradeaus und gegen ...

327 Häufig habe ich in letzter Zeit am Ende umfangreicher Ausführungen zum Tatgeschehen folgenden Satz gelesen: »*Dabei handelte er in Kenntnis und mit Wissen und Wollen aller Tatumstände*«.

Ein derartiger Satz sollte nur der letzte Rettungsanker sein. Abgesehen davon, dass viele Tatbestände über den Vorsatz hinaus weitere subjektive Merkmale verlangen, die dann häufig übersehen werden, ist diese Formulierung alles andere als gelungen. Denn oft ergibt sich der Vorsatz schon aus dem objektiven Geschehen heraus. Es ist völlig klar, dass derjenige, der seinem Opfer mit einer Bierflasche auf den Kopf schlägt, auch Verletzungsvorsatz hat. Jedes weitere Wort erübrigt sich dann. Völlig anders kann es mit dem Tötungsvorsatz aussehen, wenn der Täter dem Opfer ein Messer in den Bauch stößt. In dieser Konstellation ist es nicht selbstverständlich, dass der Täter mit zumindest bedingtem Tötungsvorsatz handelt. Dann gehört die subjektive Tatseite aber auch unmittelbar zum objektiven Geschehen.

> Formulierungsbeispiel:
>
> ... und stieß der Geschädigten das Messer in den oberen rechten Bauchraum, wobei er den Tod der Geschädigten billigend in Kauf nahm. Durch den Messerstich erlitt ...

Ein klassisches Darstellungsproblem, an dem viele Kandidaten scheitern, ergibt sich, wenn **328** Haupttäter und Teilnehmer zusammen anzuklagen sind. Im Abschnitt »gesetzliche Merkmale« werden Sie Haupttat und Teilnahmetat in verschiedenen Abschnitten getrennt nach Angeschuldigten dargestellt haben. Häufig werden anschließend in der Konkretisierung die Tatbeiträge von Haupttäter und Angeschuldigtem getrennt. Darüber hinaus wird die Haupttat zuerst dargestellt, womöglich durch mehrere andere Geschehensabschnitte von der Anstiftungs- oder Beihilfehandlung getrennt. Tatsächlich sollten Sie auch in dieser Konstellation historisch aufbauen und beim Anstiftungsvorwurf die Anstiftungshandlung der Haupttat voranstellen, bei der Beihilfe eine für das Verständnis der Tat vorangegangene Verabredung auch der Tatbeschreibung voranstellen und die eigentliche Beihilfehandlung an die passende Stelle in das Tatgeschehen einbinden. Das wird in den meisten Fällen zu schaffen sein.

> Formulierungsbeispiel:
>
> ... Bei einem Treffen der Angeschuldigten am ... forderte der Angeschuldigte A ... den Angeschuldigten B ... auf, den C ... zusammenzuschlagen, weil dieser .... Der Angeschuldigte A ... versprach dem Angeschuldigten B ... dafür 1.000 €. B ... nahm das Angebot an.
>
> Am ... lauerte der Angeschuldigte B dem C ... vor dessen Haustür auf und versetzte ihm mehrere Faustschläge gegen den Kopf, so dass ...

Bei der Darstellung der **Beihilfe** sind Sie freier: **329**

> Formulierungsbeispiel:
>
> ... Am ... kaufte der Angeschuldigte A ... eine Maske, die er dem Angeschuldigten B ... übergab, der sich damit, wie der Angeschuldigte A ... wusste, bei einem Überfall auf die ...-Bank maskieren wollte. Er erhielt dafür von dem Angeschuldigten B ... 500 €.
>
> Am ... betrat der maskierte Angeschuldigte B ... mit vorgehaltenem Revolver ...

> Formulierungsbeispiel:
>
> ... hebelte der Angeschuldigte B ... ein Fenster auf, stieg in das Haus ein und entwendete aus einem von ihm aufgeschweißten Tresor Schmuck im Wert von 200.000 €, den er später veräußerte.
>
> Der Angeschuldigte A, dem der Angeschuldigte B dafür 100 € gegeben hatte, sichert während der Tatausführung durch den Angeschuldigten B den Tatort, bei dem ...

Müssen Sie eine **mittäterschaftliche** Tatbestandsverwirklichung darstellen, werden Sie sich **330** oft mit den folgenden Formulierungen behelfen können:

> Formulierungsbeispiel:
>
> ... in bewusstem und gewollten Zusammenwirken ...

> Formulierungsbeispiel:
>
> ... entsprechend dem zuvor gefassten gemeinsamen Tatplan ...

Haben Sie eine **versuchte Tat** zu konkretisieren, müssen Sie unbedingt – wie auch im Gut- **331** achten – **mit** der Darstellung **der subjektiven Tatseite beginnen**, bevor Sie das unmittelbare Ansetzen schildern. Die Darstellung eines nicht zu einem Taterfolg führenden objektiven Geschehens, zu dem die Tätervorstellung erst nachgereicht wird, ist fast immer schwer verständlich oder sogar unverständlich.

5. Teil. Der prozessuale Teil

> **Formulierungsbeispiel:**
> ... Als der Angeschuldigte die Zeugin mit der auffällig großen Handtasche sah, entschloss er sich, ihr diese zu entreißen, weil er vermutete, darin einen größeren Geldbetrag zu finden. Er rannte ihr hinterher und versuchte, sie am Arm festzuhalten. Der Zeugin gelang es jedoch, sich ihm zu entwinden. ....

Um es zu verdeutlichen, hier noch einmal der Sachverhalt ohne die vorangestellte subjektive Tatseite, wie ich ihn in einer Klausur gelesen habe: »*Am ... rannte der Angeschuldigte hinter der Zeugin her, die ihn bemerkte und weglief. Der Angeschuldigte konnte zwar kurzzeitig einen Arm der Zeugin festhalten, dieser gelang es jedoch, sich ihm zu entwinden und zu fliehen.*« Für den Leser war es am Ende dieser Passage völlig unklar, was dem Angeschuldigten eigentlich vorgeworfen wurde. Der Phantasie des Lesers waren kaum Grenzen gesetzt. Wollte der Angeschuldigte die Zeugin sexuell belästigen oder meinte er nur, eine alte Bekannte begrüßen zu müssen, irrte sich dabei aber in der Person? Auf einen versuchten Raub kam der Leser nicht zwangsläufig.

Selbstverständlich muss sich aus der Tatbeschreibung unzweifelhaft ergeben, dass es nicht zur Vollendung gekommen ist. Gleichfalls müssen die Gründe dafür mitgeteilt werden, damit er erkennt, dass nicht etwa ein freiwilliger Rücktritt vorliegt.

332 Verinnerlichen Sie auch, dass in der Konkretisierung in der Regel **keine Rechtsbegriffe** verwendet werden dürfen. Davon ausgenommen sind nur gebräuchliche und allgemein verständliche Rechtsbegriffe wie etwa Kaufvertrag, Mietvertrag und Darlehen. Keinesfalls dürfen in Ihrer Konkretisierung Tatbestandsmerkmale wörtlich übernommen werden.

333 Ganz wichtig ist es auch, dass Ihre Konkretisierung **keine Beweiswürdigung** enthält. Das haben Sie ebenfalls schon im Einführungskurs bei der Staatsanwaltschaft gelernt. Sie werden deshalb kaum auf die Idee kommen, in der Konkretisierung die Beweislage ausdrücklich zu würdigen. Das ist auch nicht das Problem. Ein häufiger Fehler ist vielmehr die »versteckte Beweiswürdigung«. Dazu einige Beispiele:

Wenn ein Angeschuldigter einen Vertrag mit einem falschen Namen unterzeichnete, darf es in der Konkretisierung nicht heißen: »*Aus dem schriftlichen Vertrag vom ... ergibt sich, dass der Angeschuldigte mit dem Namen ... unterschrieb.*« Vielmehr haben Sie festzustellen:

> **Formulierungsbeispiel:**
> Der Angeschuldigte unterzeichnete den schriftlichen Vertrag mit dem Namenszug ....

Falsch ist auch der folgende Satz: »*Die Zeugin beobachtete, wie der Angeschuldigte die Brieftasche aus der Jacke des Geschädigten entwendete.*« Richtig müsste es vielmehr heißen:

> **Formulierungsbeispiel:**
> Der Angeschuldigte entwendete die Brieftasche aus der Jacke des Geschädigten.

334 Zu den Fällen »versteckter Beweiswürdigung« gehört das folgende Beispiel: »*Der Angeschuldigte trank am Nachmittag sechs Flaschen Bier, drei Gläser Schnaps und mehrere Gläser Wein. Anschließend setzte er sich, obwohl er sich müde fühlte, in sein Fahrzeug und fuhr ....*« Weil damit die absolute Fahruntüchtigkeit berechnet nach Trinkmengenangaben und Vorsatz bzgl. der Fahruntüchtigkeit beschrieben werden sollte, hätte es richtig heißen müssen:

> **Formulierungsbeispiel:**
> Am Nachmittag nahm der Angeschuldigte so viel Alkohol zu sich, dass er, als er ... befuhr, eine Blutalkoholkonzentration von 1,7 ‰ hatte. Der Angeschuldigte wusste, dass er nicht mehr in der Lage war, sein Fahrzeug ....

Ein weiteres Beispiel für »versteckte Beweiswürdigung«: »*Der Angeschuldigte B ... zwinkerte dem Angeschuldigten F ... zu und äußerte, dieser wisse schon, was er an ihm habe. Er wisse, dass F ... Geldsorgen habe, ihn die Forderung von ... drücke und er könne ihm helfen, wobei er den Bauantrag über den Tisch schob.*« Der Kandidat wollte damit eine Bestechung darstellen. Richtig und konkreter hätte es heißen müssen:

C. Die Anklageschrift

> Formulierungsbeispiel:
>
> Der Angeschuldigte B ... bot dem Angeschuldigten F ... als Belohnung für die Bewilligung des Bauantrages, die wie beide wussten, nicht erfolgen durfte, die Zahlung von ... an.

Ein letztes Beispiel für diesen häufigen Fehler: Der angetrunkene Angeschuldigte floh vor der Polizei und stieß dabei infolge überhöhter Geschwindigkeit gegen ein am Fahrbahnrand abgestelltes Fahrzeug. »*Nach dem Anstoß bremste der Angeschuldigte kurz ab und fuhr anschließend weiter*«. Der Kandidat wollte damit ausdrücken, dass der Beschuldigte den Unfall bemerkte und das, zusammen mit dem Entschluss weiterzufahren, eine Zäsur darstellte. Richtig hätte es also heißen müssen:

> Formulierungsbeispiel:
>
> Der Angeschuldigte bemerkte den Aufprall und entschloss sich, seine Flucht vor der ihn verfolgenden Polizei fortzusetzen«.

Sind Sie im Gutachten zu einer **Wahlfeststellung** gekommen, muss es in der Konkretisierung heißen: 335

> Formulierungsbeispiel:
>
> Entweder entwendete der Angeschuldigte in der Nacht zum ... die Stereoanlage des Geschädigten im Wert von ...€, indem ..., oder er erwarb die Stereoanlage, in dem Wissen, dass die aus einem Diebstahl stammte, von einem bislang nicht ermittelten ...

Denken Sie daran, dass die alternativ vorgeworfenen Handlungen immer auch zu beschreiben sind. Durch die Konkretisierung wird der Verfahrensgegenstand festgelegt. Fehlt in der Anklage eine der Handlungsvarianten, wird eine Verurteilung nicht möglich sein, wenn es sich im prozessualen Sinne um eine andere Tat handelt.

Regional unterschiedlich wird die Darstellung der §§ 69, 69a StGB gehandhabt. Die Feststellung, der Angeschuldigte habe sich durch sein Verhalten als zum Führen von Kraftfahrzeugen ungeeignet erwiesen, kann bereits hinter die gesetzlichen Merkmale der entsprechenden Strafvorschrift gesetzt werden (dazu bereits oben). Das ist unschön, wenn tatmehrheitlich mehrere Straftatbestände verwirklicht worden sind, die zu den Regelbeispielen des § 69 II StGB gehören. Die Feststellung kann auch an das Ende der jeweiligen Tatkonkretisierung gehängt werden, was aus den bereits genannten Gründen ebenfalls unschön sein kann. Der Satz kann ebenfalls an das Ende der Konkretisierung gehängt werden. Dann sollte bei einer Vielzahl von Fällen aber kenntlich gemacht werden, auf welche Tatvorwürfe sich dieser bezieht. Schließlich kann dieser Satz auch im Anschluss an die angewendeten Vorschriften aufgeführt werden. Auch dann sollte bei einer Vielzahl von Fällen kenntlich gemacht werden, auf welche Tatvorwürfe sich dieser bezieht. Denken Sie immer daran, dass die Anklage für den Angeschuldigten verständlich sein soll. 336

> Formulierungsbeispiel:
>
> Durch sein Verhalten in den Fällen 2 und 3 hat sich der Angeschuldigte als zum Führen von Kraftfahrzeugen ungeeignet erwiesen.

3. Anzuwendende Strafgesetze und sonstige Hinweise

Schließlich folgen die **anzuwendenden Vorschriften**. 337

Es ist üblich, die sich aus § 12 StGB ergebende **Deliktsnatur** voranzustellen. Denken Sie immer daran, dass eine prozessuale Tat durch die Verwirklichung eines Verbrechenstatbestands insgesamt zu einem Verbrechen wird.

Danach werden zunächst die verwirklichten **Straftatbestände in aufsteigender Reihenfolge** genannt. Vertretbar dürfte es auch sein, die Verbrechenstatbestände vor den Vergehen zu nennen. Sie sollten sich jedoch an die Ihnen bekannte Übung Ihrer Ausbildungsstaatsanwaltschaft halten. 338

Die Straftatbestände sind so genau wie möglich zu bezeichnen. Es sind also gegebenenfalls Absatz, Satz, Variante, Nummer und Buchstabe zu nennen. Beim Versuch ist auch die Norm oder der Absatz aufzuführen, aus der sich die Versuchsstrafbarkeit ergibt. Zu nennen sind ferner die Rauschtat bei § 323a StGB und Vorschriften, aus denen sich das Erfordernis eines Strafantrages ergibt. Ferner sind die für die Rechtsfolgen relevanten Vorschriften wie die minder schweren Fälle oder Regelbeispiele aufzuführen. Wahlweise verwirklichte Vorschriften werden in die Reihenfolge eingefügt.

Machen Sie es sich zur Regel, bei mehreren Angeschuldigten die jeweiligen Vorschriften getrennt nach Angeschuldigten aufzuführen. Eine Ausnahme ist allenfalls dann erlaubt, wenn die für alle Angeschuldigten anzuwenden Vorschriften bis auf das letzte Komma identisch sind.

> **Formulierungsbeispiel:**
> Verbrechen und Vergehen, strafbar
> für den Angeschuldigten A gemäß §§ . . .,
> für den Angeschuldigten B gemäß §§ . . . .
>
> oder
>
> Anzuwendende Strafvorschriften:
>
> §§ . . .

339 Es folgen die **Vorschriften des allgemeinen Teils.** Zu nennen sind u.a. Täterschaftsformen wie § 13 StGB und § 25 I 2. Var. StGB, Versuchsvorschriften wie §§ 22, 23 I und II StGB, Teilnahmeformen wie §§ 25 II 26, 27 StGB, ferner §§ 20, 21, 17 StGB. Auch Vorschriften wie § 49 StGB dürfen Sie nicht vergessen. Abschließend folgen die **Konkurrenzvorschriften** §§ 52, 53 StGB.

340 Danach sind noch die verwirklichten Tatbestände aus den **strafrechtlichen Nebengesetzen** zu nennen.

Die §§ 69, 69a StGB können Sie bei den Vorschriften des allgemeinen Teils einfügen. Zulässig ist es aber auch, diese an die angewendeten Vorschriften anzuhängen.

> **Formulierungsbeispiel:**
> . . ., zu maßregeln nach §§ 69 I 2 Nr. 2, 69a StGB.

341 Wiederum sollten Sie sich an der bei Ihrem Bundesland gebräuchlichen Übung orientieren.

Ähnlich verhält es sich, wenn Gegenstände einzuziehen sind. Sie können § 74 StGB bei den angewendeten Vorschriften nennen. Schöner ist es jedoch, wenn Sie den einzuziehenden Gegenstand gleich ganz konkret bezeichnen.

> **Formulierungsbeispiel:**
> Das von dem Angeschuldigten A . . . bei der Tat verwendete Messer unterliegt der Einziehung gemäß § 74 I, II Nr. 1 StGB.

Einen entsprechenden Antrag bereits in der Anklage anzukündigen, ist in den meisten Bundesländern nicht üblich, wird aber vereinzelt gefordert. Es sollte also nur ausnahmsweise heißen:

> **Formulierungsbeispiel:**
> *In der Hauptverhandlung wird die Einziehung des von dem Angeklagten A . . . bei der Tat verwendeten Messers beantragt.*

342 Keinesfalls dürfen Sie bereits in der Anklage einen konkreten Antrag zur Strafhöhe stellen.

Schließlich ist es Ihre Aufgabe, abschließend auch noch auf eventuell gestellte **Strafanträge** hinzuweisen. Dabei sollten Sie sich nicht auf die schlichte Mitteilung beschränken, dass ein Strafantrag gestellt worden sei, sondern gleich ganz präzise Angaben machen.

> **Formulierungsbeispiel:**
> Der Geschädigte hat am . . . den für die Verfolgung der fahrlässigen Körperverletzung erforderlichen Strafantrag gestellt.

Denken Sie auch hier wieder daran, die Aktivform zu verwenden. Der Bezug auf einen konkreten Straftatbestand ist nur erforderlich, wenn dem Angeschuldigten mehrere Straftaten zur Last gelegt werden.

Dagegen fordert Nr. 110 II d RiStBV die Feststellung des öffentlichen Interesses an der Strafverfolgung im Sinne des § 376 StPO nicht. Die h.M. geht denn auch davon aus, dass ein derartiger Hinweis in der Anklageschrift nicht vorgeschrieben und auch nicht angezeigt ist.[133] Die Annahme des öffentlichen Interesses ergibt sich aus dem Umstand der Anklageerhebung. Im Übrigen unterliegt das öffentliche Interesse auch **nicht der gerichtlichen Überprüfung, weil** dessen Annahme **keine Verfahrensvoraussetzung** ist.

343

III. Beweismittel

In der Anklageschrift sind die zur Aufklärung des Sachverhalts **erforderlichen** Beweismittel zu nennen. Es sei denn, Ihnen ist dieser Teil der Anklage, wie in manchen Bundesländern, erlassen. Der Staatsanwalt hat also nicht alle überhaupt in Betracht kommenden Beweismittel aufzuführen, sondern sich auf die notwendigen zu beschränken. Gegebenenfalls müssen auch die Lebensumstände des Angeschuldigten aufgeklärt werden. Das spielt in der Klausur normalerweise aber keine Rolle, so dass Sie sich auf die Tataufklärung konzentrieren können. Auch das wird Sie vor keine großen Hürden stellen, denn, worauf ich oben schon hingewiesen habe, die Beweismittel, die zu benennen sind, ergeben sich fast zwingend aus dem materiellen Gutachten. Alle Beweismittel, auf die Sie dort zurückgegriffen haben, sollten in der Anklage auftauchen. Eine Auswahl sollten Sie bereits im prozessualen Gutachten begründet haben. Es ist im Übrigen erforderlich, die Beweismittel nach ihrer Art zusammenzufassen und diesen römischen Zahlen zuzuordnen.

344

Zur Auswahl der Beweismittel gibt auch **Nr. 111 RiStBV** Anhaltspunkte an die Hand (unbedingt nachlesen!).

1. Einlassung des Angeschuldigten

Unbestritten ist die Einlassung des Angeschuldigten kein Beweismittel im eigentlichen Sinn. Es ist deshalb nicht ganz unstreitig, ob sie als Beweismittel benannt werden muss, insbesondere wenn der Angeschuldigte die Tatvorwürfe bestreitet. Hier sollten Sie sich wieder an den regionalen Gepflogenheit orientieren. Hat der Angeschuldigte die Tat ganz oder teilweise gestanden ist es jedoch üblich, dies zu vermerken.

345

Ob ein »**Geständnis**« nur in einer richterlichen Vernehmung abgelegt werden kann und bei einer polizeilichen Vernehmung nur von einer »**geständigen Einlassung**« gesprochen werden darf, mag ein interessantes Problem sein. Sie sollten sich darüber in der Klausur keine großen Gedanken machen. Benutzen Sie die Begriffe einfach in dem genannten Sinn, um jeglichem Risiko aus dem Wege zu gehen.

> **Formulierungsbeispiel:**
>
> I. Einlassung des Angeschuldigten
>
> *oder*
>
> I. Geständige Einlassung des Angeschuldigten
>
> *oder*
>
> I. Geständnis des Angeschuldigten

Abschließend folgender Hinweis: In vielen Anklageschriften liest man, wenn der Angeschuldigte sich nicht eingelassen hat, vor den Beweismitteln: »*Dem Angeschuldigten ist rechtliches Gehör gewährt worden.*« Auf diesen Satz sollten Sie verzichten, denn er ist zum einen überflüssig, weil die Gewährung rechtlichen Gehörs vor der Anklageerhebung zwingend ist. Manche Prüfer halten den Hinweis aus demselben Grund sogar für falsch. Auch wenn Sie damit

---

133 *Meyer-Goßner* § 376 Rn. 7.

zum Ausdruck bringen wollen, dass sich der Angeschuldigte nicht zur Sache eingelassen hat, ist er nicht nötig. Denn das ergibt sich aus der folgenden Beweismittelaufstellung, in der die Einlassung des Angeschuldigten dann nicht auftaucht.

2. Zeugen

346 Die Auswahl der in der Anklageschrift zu benennenden Beweismittel sollten Sie in der Beweisstation des B-Gutachtens bereits erläutert haben. Achten Sie in der Hektik der letzten Minuten darauf, dass die beiden Abschnitte deckungsgleich werden.

Die Zeugen sollten am besten in der **Reihenfolge ihrer Wichtigkeit** aufgeführt werden. Sie werden mit arabischen Zahlen aufgelistet. Denken Sie daran, dass es nur selten erforderlich sein wird, alle mit den Ermittlungen befassten Polizeibeamten zu benennen, Sie sich vielmehr auf das Benennen der wichtigsten zu beschränken haben. Richter können neben dem Vernehmungsprotokoll, das als Urkunde aufgeführt wird, als Zeugen benannt werden. **Auch Zeugen, die sich auf Zeugnisverweigerungsrechte berufen haben, sollten benannt werden, weil die Gerichte in der Regel die Zeugnisverweigerung in der Hauptverhandlung feststellen wollen.** Auf das Verwandtschaftsverhältnis sollten Sie nur hinweisen, wenn Sie das als erforderlich gelernt haben. Im Übrigen ist nach § 200 I 3 StPO n.F. nur der Wohn- oder Aufenthaltsort anzugeben[134]. Die Angabe der vollständigen Anschrift ist nicht mehr erforderlich. Die Anklageschrift sollte allerdings auf die Fundstelle der vollständigen Anschrift verweisen. Bei Angehörigen des öffentlichen Dienstes, die Beobachtungen in amtlicher Eigenschaft gemacht haben, hat die Ladung immer über den Dienstsitz zu erfolgen. Bei jugendlichen Zeugen sind die gesetzlichen Vertreter zu nennen.

> **Formulierungsbeispiel:**
>
> II. Zeugen
>
> 1. Alfred Z..., 20... Hamburg, (Bl. ... d. A.)
> 2. POK Müller, zu laden über 3. Revier, ...
> 3. ...

Fehlt Ihnen in der Klausur die Zeit, ist es sicher kein Beinbruch, wenn Sie die Anschriften durch Punkte oder besser durch die Blattzahl der Fundstelle im Klausursachverhalt ersetzen.

3. Sachverständige

347 Unterscheiden Sie bitte immer sauber zwischen dem Gutachten, das der Sachverständige in der Hauptverhandlung mündlich erstattet und dem schriftlichen Gutachten, das er zur Akte reicht. Beweismittel ist nämlich regelmäßig der Sachverständige mit dem mündlichen Gutachten in der Hauptverhandlung. Das schriftliche Gutachten ist oft nicht mehr als ein Entwurf, der beweisrechtlich keine Rolle spielt. Regelmäßig wird das schriftliche Gutachten nicht durch Verlesung in die Hauptverhandlung eingeführt, so dass das Gutachten beweisrechtlich keine Urkunde ist. Ausnahmsweise können jedoch behördliche Gutachten und Sachverständigengutachten im Sinne des § 256 I Nr. 1a–c, 2–4 StPO durch Verlesung eingeführt werden. Dann wird das schriftliche Gutachten als verlesbare Urkunde ausreichendes Beweismittel sein, Nr. 111 III 2 RiStBV.

Der Sachverständige ist wie der Zeuge mit Anschrift zu benennen.

> **Formulierungsbeispiel:**
>
> III. Sachverständige
>
> 1. Prof. Dr. med. M..., Direktor des Instituts für Psychiatrie, Universität..., Robert-Koch-Straße..., ...
> 2. ...

---

[134] *Meyer-Goßner* § 200 Rn. 16a.

4. Urkunden

Vergessen Sie die Urkunden nach § 256 StPO nicht! Zu den Urkunden gehören im Übrigen auch Beiakten.

Formulierungsbeispiel:

IV. Urkunden

1. schriftlicher Kaufvertrag vom ...
2. Gutachten der Staatlichen Blutalkoholuntersuchungsstelle vom ...
3. Attest des Arztes Dr. med. W ..., Oberweg ..., vom ...
4. ...

5. Augenschein

Das Beweismittel Augenscheinseinnahme dürfte Ihnen keine Probleme bereiten. Hier werden regelmäßig Augenscheinsobjekte wie Tatwerkzeuge u.ä. zu benennen sein. Die Voraussetzungen, unter denen Urkunden als Augenscheinsobjekte in Betracht kommen, habe ich bereits oben dargestellt.

Bevor Sie ein Augenscheinsobjekt benennen, stellen und beantworten Sie sich die Kontrollfrage, was Sie damit beweisen wollen. Geht es um beim Angeschuldigten sichergestellte Tatwaffen, ist das völlig klar. Hat der Angeschuldigte sich aber etwa durch einen Betrug in den Besitz eines Autos gebracht, so ist es ein schwerer Fehler, dieses Auto als Augenscheinsbeweismittel zu benennen. Was sollte das Auto an sich beweisen?

Formulierungsbeispiel:

V. Objekte des richterlichen Augenscheins

1. Revolver der Marke ...
2. Scheck vom ... über 500 €, Nr. ....
3. ...

IV. Anträge

Regional sehr unterschiedlich ist die Praxis bei der Formulierung der abschließenden Anträge.

Streng am Wortlaut des § 200 I StPO orientiert, ist lediglich das Gericht zu benennen, vor dem die Hauptverhandlung stattfinden soll. Das ist letztendlich schon durch die Adressierung geschehen, denn es ist selbstverständlich, dass die Staatsanwaltschaft eine Anklage an das Gericht adressiert, vor dem die Hauptverhandlung stattfinden soll. So gesehen wäre der Antrag, das Hauptverfahren zu eröffnen, völlig ausreichend.

Doch sollten Sie sich besser an der Praxis orientieren, die zumindest Gericht und konkreten Spruchkörper noch einmal bezeichnet und sich damit an den Wortlaut des **Nr. 110 III RiStBV** hält.

Formulierungsbeispiel:

Es wird beantragt, das Hauptverfahren vor dem Landgericht – Schwurgericht – zu eröffnen.

In anderen Bundesländern ist es dagegen üblich, darüber hinaus einen Antrag auf Anberaumung der Hauptverhandlung zu stellen.

Formulierungsbeispiel:

Es wird beantragt, das Hauptverfahren vor dem Amtsgericht – Strafrichter – zu eröffnen und Termin zur Hauptverhandlung anzuberaumen.

oder

Es wird beantragt, das Hauptverfahren zu eröffnen und Termin zur Hauptverhandlung vor dem Amtsgericht – Strafrichter – anzuberaumen.

351 Welche weiteren Anträge in der Anklage zu stellen sind, wird von der Praxis ebenfalls sehr unterschiedlich beantwortet. Dazu sei zunächst auf die Darstellung zur Übersendungsverfügung verwiesen. Unstreitig ist zumindest der **Antrag auf Haftfortdauer** bei bereits bestehendem Haftbefehl **in der Anklage zu stellen**, weil das Gericht über die Haftfortdauer gemäß § 207 IV StPO zugleich mit der Eröffnung des Hauptverfahrens zu beschließen hat. Außerdem ergibt sich das unmittelbar aus **Nr. 110 IV 2 RiStBV**. Auch die Anregung, bei einer Strafkammeranklage in der Hauptverhandlung einen dritten Berufsrichter hinzuziehen, gehört, wie sich aus Nr. 113 III RiStBV ergibt, in die Anklage.

Alle anderen Anträge sollten Sie in der Übersendungsverfügung stellen. Denn über diese soll im Zweifel bereits vorab entschieden werden.

> **Formulierungsbeispiel:**
>
> Es wird beantragt, das Hauptverfahren vor dem Landgericht – Schwurgericht – zu eröffnen und die Fortdauer der Untersuchungshaft anzuordnen.

352 Eines derartigen Antrages bedarf es nur, wenn der Haftbefehl auch tatsächlich vollzogen wird. Nach h.M. ist eine Entscheidung nach § 207 IV StPO nur geboten, wenn der Haftbefehl nicht außer Vollzug gesetzt ist. Gleichwohl empfiehlt es sich aus Klarstellungsgründen dann folgenden Antrag zu stellen:

> **Formulierungsbeispiel:**
>
> Es wird beantragt,
>
> das Hauptverfahren zu eröffnen,
>
> Hauptverhandlung vor dem Landgericht – Große Strafkammer – anzuberaumen,
>
> und den Haftbefehl vom ... nebst Außervollzugsetzungsbeschluss vom ... aufrecht zu erhalten.
>
> Wegen der Schwierigkeit der Sach- und Rechtslage wird angeregt, die Hauptverhandlung in der Besetzung mit drei Berufsrichtern durchzuführen.

V. Unterschrift

353 Eine Anklage muss vom Staatsanwalt unterschrieben werden. Unterschreiben Sie die Anklage aber keinesfalls mit Ihrem eigenen Namen und gar noch dem Zusatz Staatsanwalt. Die Examensklausur darf keinen Hinweis auf die Identität des Verfassers enthalten.

In der Klausur sollte es schlicht heißen:

> **Formulierungsbeispiel:**
>
> Unterschrift des
> Staatsanwalts
>
> *oder*
>
> Unterschrift
> Staatsanwalt

VI. Anhang: Wesentliches Ergebnis der Ermittlungen

354 **In den meisten Bundesländern und den meisten Klausuren sind die Kandidaten vom Anfertigen eines wesentlichen Ermittlungsergebnisses befreit.** Dennoch auch dazu einige Hinweise:

Gemäß § 200 II 1 StPO soll in jeder Anklage das wesentliche Ergebnis der Ermittlungen dargestellt werden. In der Praxis wird davon gemäß § 200 II 2 StPO nur bei Strafrichteranklagen – dort aber regelmäßig – abgesehen. Anders als der übrige Anklageinhalt wird der Inhalt des wesentlichen Ermittlungsergebnisses in der RiStBV leider nicht näher geregelt, so dass Sie dort keine Hilfestellung finden.

C. Die Anklageschrift

In diesem Abschnitt sollen dem Gericht insbesondere die Beweisgrundlage und auf die Person des Angeschuldigten bezogenen Rechtsfolgenumstände mitgeteilt werden. Die Mitteilung der Beweisgrundlage ist gleichzeitig Basis für das dem Angeschuldigten gemäß § 201 I StPO zu gewährende rechtliche Gehör und soll ihm eine wirksame Verteidigung vor und nach Eröffnung des Hauptverfahrens ermöglichen. *Meyer-Goßner*[135] fordert, dass die Darstellung des wesentlichen Ermittlungsergebnis den Gang der Hauptverhandlung abbildet und deshalb mit dem Beweisergebnis zu beginnen hat, an das sich die Darstellung der rechtsfolgenrelevanten Tatsachen anzuschließen hat. In der Praxis geschieht die Darstellung jedoch vielfach in umgekehrter Reihenfolge.

1. Beweisgrundlage

In der Klausur ist hier darzustellen, woraus sich der hinreichende Tatverdacht ergibt. Weil Sie dazu bereits im Rahmen des A-Gutachtens eingehend Stellung genommen haben, können Sie die Beweislage in straffer Form darstellen. Ausgangspunkt der Darstellung muss jedoch die Einlassung beziehungsweise das Einlassungsverhalten des Angeschuldigten sein.

355

2. Rechtsfolgenrelevante Umstände

Darzustellen sind ferner die wesentlichen Tatsachen, die für die zu erwartende Rechtsfolge eine Rolle spielen. Dazu gehören insbesondere die Umstände, die nicht unmittelbar tatbestandsrelevant sind. Dazu gehören etwa eine gedrängte Zusammenfassung

356

- des **Lebenslaufs des Angeschuldigten**,
- der **Vorgeschichte der Tat** und
- des **Nachtatverhaltens des Angeschuldigten**.
- Darzustellen sind in diesem Zusammenhang auch etwaige **Vorstrafen**.

Naturgemäß werden Sie in Klausursachverhalten zu diesen Umständen nur wenige Informationen erhalten, so dass dieser Abschnitt sehr kurz gefasst werden kann.

---

135 *Meyer-Goßner* § 200 Rn. 17.

D. Besonderheiten des Jugendverfahrens

357 Jugendliche und Heranwachsende als Beschuldigte sind in den Examensklausuren die Ausnahme, weil nach den Prüfungsordnungen regelmäßig keine vertieften Kenntnisse des Jugendverfahrens gefordert werden. Gleichwohl will ich Sie auf von Ihnen zu beachtende prozessuale Besonderheiten hinweisen.

Das Verfahren gegen Jugendliche und Heranwachsende ist bekanntlich im Jugendgerichtsgesetz geregelt, dass jedoch, soweit dort nichts Abweichendes bestimmt ist, auf die Vorschriften der StPO verweist (§ 2 II JGG).

358 Ausgangspunkt für die Anwendung des JGG ist das **Alter des Beschuldigten zur Tatzeit** (§ 1 II JGG):

- **Jugendlicher** ist der strafmündige Beschuldigte (vierzehn Jahre alt), bis er das achtzehnte Lebensjahr vollendet hat.

- **Heranwachsender** ist der Beschuldigte von der Vollendung des achtzehnten bis zur Vollendung des einundzwanzigsten Lebensjahrs.

Verfehlungen, von denen das JGG spricht, **sind rechtswidrige Taten im Sinne des § 12 StGB.**

359 Besonderer Erwähnung bedürfen die auch nach dem JGG vorgesehenen Rechtsfolgen, denn die Verhängung von Geld- oder Freiheitsstrafen kommt bei der Anwendung materiellen Jugendstrafrechts nicht in Betracht. Das JGG, in dem der Erziehungsgedanke im Vordergrund steht, unterscheidet zwischen

- **Erziehungsmaßregeln**, § 9 JGG,
  - Weisungen, § 10 JGG,
  - Anordnung der Hilfe zur Erziehung, § 12 JGG
- **Zuchtmitteln**, § 13 JGG,
  - Verwarnung, § 14 JGG,
  - Auflagen, § 15 JGG,
  - Jugendarrest, § 16 JGG,
  - Freizeitarrest, § 16 II JGG,

    eine bis zwei Freizeiten (zwei Tage),
  - Kurzarrest, § 16 III JGG,

    zusammen zu vollstreckende Freizeitarreste,
  - Dauerarrest, § 16 IV JGG,

    eine Woche bis vier Wochen,
- **Jugendstrafe**, § 17 JGG.

Das Mindestmaß der Jugendstrafe beträgt **sechs Monate, das Höchstmaß fünf Jahre**. Bei Verbrechen, für die eine Freiheitsstrafe von mehr als zehn Jahren angedroht wird, beträgt das Höchstmaß **ausnahmsweise zehn Jahre**, § 18 JGG.

Im Verfahren gegen Heranwachsende kann stets Jugendstrafe bis zu zehn Jahren verhängt werden, § 105 III JGG.

D. Besonderheiten des Jugendverfahrens

I. B-Gutachten

1. Zuständigkeit der Jugendgerichte

Im Jugendverfahren sind gemäß § 33 JGG die Jugendgerichte der Amts- und Landgerichte zuständig. Das sind die 360

- Jugendrichter,
- Jugendschöffengerichte,
- Jugendkammern.

Ist der Beschuldigte Heranwachsender müssen Sie sich immer darüber Gewissheit verschaffen, ob nicht abweichende Zuständigkeitsregeln gelten. Aufmerksamkeit ist auch dann erforderlich, wenn sich das Verfahren gegen mehrere Beschuldigte verschiedener Altersstufen richtet.

a) Jugendrichter

Die sachliche Zuständigkeit der Jugendrichter ist in § 39 JGG bestimmt. **Sie richtet sich nach** 361
der zu erwartenden Rechtsfolge. Unabhängig von der Rechtsfolgenerwartung, die für die Anklageerhebung maßgebend ist, ist die Rechtsfolgenkompetenz des Jugendrichters auf die Verhängung von **Jugendstrafe** bis zu einem Jahr begrenzt (§ 39 II JGG), wenn es zur Anwendung des Jugendrechts kommt.

aa) Verfahren gegen Jugendliche

Die Jugendrichter sind im Verfahren zuständig 362

- bei Verfehlungen,
- wenn nur Erziehungsmaßregeln, Zuchtmittel, nach dem JGG zulässige Nebenstrafen und Nebenfolgen oder die Entziehung der Fahrerlaubnis zu erwarten sind.

§ 39 JGG eröffnet dem Jugendstaatsanwaltschaft kein Wahlrecht für die Anklageerhebung. **Die Anklage muss vielmehr vor dem Jugendrichter erhoben werden, wenn die zuvor genannten Voraussetzungen erfüllt sind**, es sei denn, die Sach- und Rechtslage wäre schwierig.

bb) Verfahren gegen Heranwachsende

Auch im Verfahren gegen Heranwachsende ist der Jugendrichter zuständig, wenn 363

- gemäß § 108 I JGG
  - die Anwendung von **Jugendrecht** in Betracht kommt
  - und nur Erziehungsmaßregeln, Zuchtmittel, nach dem JGG zulässige Nebenstrafen und Nebenfolgen oder die Entziehung der Fahrerlaubnis zu erwarten sind.
- Der Jugendrichter ist gemäß 108 II JGG ferner zuständig,
  - wenn die Anwendung von **Erwachsenenstrafrecht** in Betracht kommt,
  - und der Strafrichter gemäß § 25 GVG zuständig wäre. Die Rechtsfolgenkompetenz des Jugendrichters erlaubt dann die Verhängung von **Freiheits**strafen bis zu vier Jahren.

cc) Verbundene Verfahren

Soll in einem verbundenen Verfahren gegen Jugendliche und Heranwachsende gemeinsam Anklage vor dem Jugendrichter erhoben werden, gibt es keine Besonderheiten zu beachten, wenn gegen den Heranwachsenden ebenfalls Jugendrecht anzuwenden ist und die zu erwartenden Rechtsfolgen nicht die Anklage vor einem höheren Gericht gebieten.

Soll vor dem Jugendrichter neben einem Jugendlichen ein Erwachsener oder ein Heranwachsender, auf den Erwachsenenstrafrecht anzuwenden ist, angeklagt werden, ist der Jugendrichter nur zuständig, wenn für das Erwachsenenverfahren die Zuständigkeit des Strafrichters begründet wäre (§§ 39 I 2, 108 II JGG).

b) Jugendschöffengericht

364 Die sachliche Zuständigkeit der Jugendschöffengerichte ist in § 40 JGG festgelegt. Das Jugendschöffengericht hat **im Jugendverfahren die allgemeine sachliche Zuständigkeit**, die lediglich dann eingeschränkt ist, wenn nach den Sondervorschriften (§§ 39, 41 JGG) die Zuständigkeit des Jugendrichters oder der Jugendkammer begründet ist. Deshalb hat das Jugendschöffengericht auch die **volle Rechtsfolgenkompetenz** und kann **Jugendstrafen bis zu zehn Jahren** (§ 18 JGG) verhängen.

> Im Jugendverfahren hat das Jugendschöffengericht die allgemeine sachliche Zuständigkeit.

aa) Verfahren gegen Jugendliche

365 Für das Verfahren gegen Jugendliche bedeutet das, die Zuständigkeit des Jugendschöffengerichts ist begründet, wenn

- die Verhängung von Jugendstrafe (§ 17 II JGG) zu erwarten ist,
- nach allgemeinen Vorschriften nicht die Zuständigkeit des Schwurgerichts begründet wäre.

bb) Verfahren gegen Heranwachsende

366 Auch Zuständigkeit des Jugendschöffengerichts im Verfahren gegen Heranwachsende regelt § 108 JGG.

- Gemäß § 108 I JGG ist das Jugendschöffengericht zuständig, wenn
  - die Anwendung des **Jugendstrafrechts** zu erwarten ist
  - und die Zuständigkeit im Verfahren gegen Jugendliche gegeben wäre.
- Gemäß § 108 II JGG ist die Zuständigkeit des Jugendschöffengerichts begründet, wenn
  - die Anwendung von **Erwachsenenstrafrecht** zu erwarten ist und
  - die Zuständigkeit im Verfahren gegen Erwachsene gemäß § 25 GVG begründet wäre,
  - insbesondere eine zu erwartende Freiheitsstrafe vier Jahre nicht übersteigt, weil die **Rechtsfolgenkompetenz** des Jugendschöffengerichts bei Anwendung von **Erwachsenenstrafrecht** nur Freiheitsstrafen von bis zu **vier Jahren** umfasst.

cc) Verbundene Verfahren

367 Soll in einem verbundenen Verfahren gegen Jugendliche und Heranwachsende gemeinsam Anklage vor dem Jugendschöffengericht erhoben werden, gibt es keine Besonderheiten zu beachten, wenn gegen den Heranwachsenden ebenfalls Jugendrecht anzuwenden ist und die zu erwartenden Rechtsfolgen nicht die Anklage vor einem höheren Gericht gebieten.

Soll neben einem Jugendlichen ein Erwachsener oder ein Heranwachsender, auf den Erwachsenenstrafrecht anzuwenden ist, angeklagt werden, ist das Jugendschöffengericht zuständig, wenn auch für das Erwachsenenverfahren seine Zuständigkeit begründet wäre (§ 108 III 1 JGG). Es gilt auch dann die Rechtsfolgenkompetenz von bis zu vier Jahren.

c) Jugendkammer

368 Die sachliche Zuständigkeit der Jugendkammern ergibt sich aus § 41 JGG.

aa) Verfahren gegen Jugendliche

369 Im Verfahren gegen Jugendliche folgt die sachliche Zuständigkeit der Jugendkammern gemäß § 41 I Nr. 1 JGG der Zuständigkeit des Schwurgerichts. Die Jugendkammern sind also zuständig, wenn eine **Katalogtat nach § 74 II GVG** anzuklagen ist.

bb) Verfahren gegen Heranwachsende

370 Im Verfahren gegen Heranwachsende ist die Jugendkammer zuständig, wenn

- gemäß §§ 108 I, 41 I Nr. 1 JGG, 74 II GVG die Zuständigkeit des Schwurgerichts gegeben wäre, wobei es keine Rolle spielt, ob Jugend- oder Erwachsenenstrafrecht zur Anwendung kommen wird,

- bei Anwendung von Erwachsenenstrafrecht eine Freiheitsstrafe von mehr als vier Jahren zu erwarten ist, § 108 III 2 JGG.

cc) Verbundene Verfahren

Soll in einem verbundenen Verfahren gegen Jugendliche und Heranwachsende Anklage erhoben werden, gibt es keine Besonderheiten zu beachten, wenn gegen den Heranwachsenden ebenfalls Jugendrecht anzuwenden ist.

371

Soll neben einem Jugendlichen ein Erwachsener oder ein Heranwachsender, auf den Erwachsenenstrafrecht anzuwenden ist, angeklagt werden, ist die Jugendkammer auch dann zuständig, wenn im Erwachsenenverfahren die Zuständigkeit einer allgemeinen Strafkammer oder des Schwurgerichts begründet wäre (§§ 103 II, 108 III 2 JGG). Die besonderen Regelungen für Zuständigkeiten nach denn §§ 74a, 74c GVG spielen in Klausuren keine Rolle.

2. Verfahrenstrennung

Ist neben einem Jugendlichen oder Heranwachsenden auch ein Erwachsener anzuklagen, mag in der Praxis die Abtrennung des Verfahrens gegen diesen durchaus in Betracht kommen. Sie werden in der Klausur jedoch kaum die Zeit haben, die dann erforderliche zweite Abschlussverfügung und zweite Anklage zu schreiben. Die Beschuldigten können jedoch ohne weiteres aufgrund des § 103 I JGG gemeinsam angeklagt werden, wenn die Ihnen bereits bekannten Voraussetzungen des § 3 StPO erfüllt sind. Daran wird es nur in ganz seltenen Fällen fehlen.

372

3. Besondere Verfahrensarten

Vergessen Sie bitte nicht, dass die §§ 79 bis 81 JGG im Verfahren gegen Jugendliche verschiedene Verfahrensarten ausschließen. Im Verfahren gegen Heranwachsende gelten die Vorschriften über § 109 II JGG nur sehr eingeschränkt.

373

- **Unzulässig** ist gegen einen Jugendlichen das **Strafbefehlsverfahren**, § 79 I JGG.

  Gegen Heranwachsende ist das Strafbefehlsverfahren nur dann unzulässig, wenn gegen sie materielles Jugendrecht gemäß § 105 JGG angewendet wird.

- **Unzulässig** ist gegen Jugendliche auch das **beschleunigte Verfahren**, § 79 II JGG.

  Diese Einschränkung gilt im Verfahren gegen Heranwachsende nicht.

- Gegen einen Jugendlichen kann **Privatklage** nur als Widerklage erhoben werden, § 80 I, II JGG.

  Jedoch hat die Staatsanwaltschaft die Möglichkeit, Privatklagedelikte von Jugendlichen unter erweiterten Voraussetzungen im Offizialverfahren zu verfolgen. Neben das öffentliche Interesse im Sinne des § 376 StPO treten nämlich das **Erziehungsinteresse** und das **berechtigte Interesse des Verletzten** (§ 80 I 2 JGG), die unabhängig vom Vorliegen des öffentlichen Interesses die Verfolgung von Privatklagedelikten ermöglichen.

  § 80 JGG findet auf Heranwachsende keine Anwendung, so dass eine Privatklage zulässig - wäre.

- Auch die Möglichkeit, sich dem Verfahren als **Nebenkläger** anzuschließen, ist im Verfahren gegen Jugendliche gemäß § 80 III 1 JGG auf schwere Katalogtaten **beschränkt. Achten Sie darauf, dass das auch in verbundenen Verfahren gegen mit verfolgte Erwachsene oder Heranwachsende gilt**, weil anderenfalls der sich aus § 80 III JGG ergebende Schutz des Jugendlichen unterlaufen werden könnte.

  Gegen Heranwachsende ist die Nebenklage uneingeschränkt zulässig, weil § 80 JGG nicht anwendbar ist.

- Ferner ist das Adhäsionsverfahren unzulässig, § 81 JGG.

  Gegen Heranwachsende ist dagegen auch ein Adhäsionsverfahren zulässig.

4. Notwendige Verteidigung

374 Zur notwendigen Verteidigung enthält das JGG zwar in § 68 eine zum Teil eigenständige Regelung. Für die Klausurlösung ist jedoch lediglich § 68 Nr. 1 JGG von Bedeutung, der auf die Regelung in § 140 StPO verweist. Deshalb ist wie im Erwachsenenverfahren auch ein Pflichtverteidiger zu bestellen, wenn **Anklage zum Landgericht erhoben oder dem Beschuldigten ein Verbrechen vorgeworfen wird**. Im Rahmen des § 140 II StPO wird sich ohne weiteres vertreten lassen, dass wegen der Schwere der Tat schon dann die Verteidigung notwendig ist, wenn dem Beschuldigten Jugendstrafe droht. Die Beiordnung eines Pflichtverteidigers wird umso zwingender je jünger der Beschuldigte ist. Auch bei einer Anklage zum Jugendschöffengericht ist dem Beschuldigten zwingend ein Pflichtverteidiger beizuordnen, wenn ihm eine Jugendstrafe droht, deren Höhe im Erwachsenenverfahren eine Anklage zum Landgericht erfordern würde (mehr als vier Jahre).

> **Beachte:** Schon wenn Jugendstrafe zu erwarten ist, sollte gemäß §§ 68 Nr. 1 JGG, 140 II StPO ein Antrag gestellt werden, einen Pflichtverteidiger beizuordnen.

5. Besondere Mitteilungen

375 In § 70 JGG sind verschieden besondere Mitteilungspflichten formuliert, die jedoch für die Klausurlösungen weitgehend keine Rolle spielen. Mitteilungen an Schulen und Vormundschaftsgericht erfolgen nämlich nur in so seltenen Ausnahmefällen, dass Sie entsprechende Mitteilungspflichten nicht zu erörtern brauchen. Sie müssen lediglich die Mitteilungspflicht gegenüber der Jugendgerichtshilfe beachten, die in Nr. 32 MiStra präzisiert ist. **Bei Anklageerhebung muss der Jugendgerichtshilfe eine Abschrift der Anklage übersandt werden, Nr. 32, 6 IV MiStra.**

6. Einstellungen

376 Fehlt es am hinreichenden Tatverdacht bzgl. einer selbständigen prozessualen Tat hat die Staatsanwaltschaft das Verfahren gemäß §§ 170 II StPO, 2 JGG einzustellen. **Auch gegen Jugendliche und Heranwachsende ist das Klageerzwingungsverfahren zulässig**, weil das Legalitätsprinzip durch den Erziehungsgedanken nicht berührt wird. Dem verletzten Antragsteller ist deshalb ein **Bescheid mit Belehrung über die Möglichkeit der Vorschaltbeschwerde** zu erteilen.

Auch die §§ 154, 154a StPO gelten im Verfahren gegen Jugendliche und Heranwachsende über § 2 JGG uneingeschränkt.

Mit **§ 45 JGG** hat der Jugendstaatsanwalt ein weiteres Mittel zur Verfahrenseinstellung, das über die Einstellungsmöglichkeiten im Erwachsenenverfahren weit hinausgeht, in der Klausur aber keine Rolle spielt.

7. Untersuchungshaft

377 Die Voraussetzungen für die Verhängung von U-Haft sind im Verfahren gegen Jugendliche gemäß § 72 JGG erheblich eingeschränkt.

Gegenüber Heranwachsenden gelten die Einschränkungen des § 72 JGG dagegen nicht (§ 109 I 1 JGG).

Die Einschränkungen liegen in

- der **Subsidiarität der U-Haft**, § 72 I 1 JGG,
- **besonderen Anforderungen an die Verhältnismäßigkeit**, § 72 I 2 JGG,
- **besonderen Anforderungen an den Haftgrund**, § 72 II JGG.

In der Klausurlösung werden Sie freilich in der gewohnten Reihenfolge prüfen müssen: dringender Tatverdacht, Haftgrund, Verhältnismäßigkeit und zuletzt Subsidiarität.

D. Besonderheiten des Jugendverfahrens

- Beim dringenden Tatverdacht gibt es natürlich keine Besonderheiten.
- Den **Subsidiaritätsgrundsatz**, der sich aus § 72 I 1 JGG ergibt, sollten Sie ggf. zwar erwähnen. Eine echte Rolle dürfte dieser in der Klausur jedoch nicht spielen, weil die Beurteilung vertiefte Kenntnisse über die vorrangig anzuwendenden Maßnahmen erfordert, die von Ihnen nicht verlangt werden.
- Der Grundsatz der Verhältnismäßigkeit gebietet es, dass **U-Haft nur angeordnet wird, wenn sie im Hinblick auf die Bedeutung der Sache und die erwartete Rechtsfolge angemessen erscheint.** Damit kommt U-Haft gegen Jugendliche regelmäßig nur dann in Betracht, wenn die Verhängung von Jugendstrafe zu erwarten ist.
- Der Haftgrund der **Fluchtgefahr** ist durch Abs. 2 eingeschränkt, der fordert, dass der Beschuldigte
  - sich dem Verfahren bereits entzogen hat oder Anstalten dazu trifft,
  - **oder** keinen festen Wohnsitz oder Aufenthalt hat.

II. Abschlussverfügung

In der Abschlussverfügung sind nach dem zuvor Gesagten fast keine Besonderheiten zu beachten. Denken Sie an die Mitteilungspflicht gegenüber dem Jugendamt.

III. Anklageschrift

Auch beim Anfertigen der Anklageschrift haben Sie ebenfalls nur wenige Besonderheiten zu beachten.

1. Rubrum

Soll Anklage zu einem der Jugendgerichte erhoben werden, ist wie im Erwachsenenverfahren zu unterscheiden, ob ein einzelner Richter oder ein Kollegialgericht über die Eröffnung entscheidet.

> **Formulierungsbeispiel:**
>
> An
> das Amtsgericht
> – Jugendrichter –
>
> *oder*
>
> An
> das Amtsgericht
> – Vors. des Jugendschöffengerichts –
>
> *oder*
>
> An
> das Landgericht
> – Jugendkammer –

Richtet sich das Verfahren auch gegen einen Jugendlichen, müssen im Rubrum im Anschluss an dessen Personalien die gesetzlichen Vertreter genannt werden.

> **Formulierungsbeispiel:**
>
> Der Schüler Ralf Müller, geboren am 30. September 199. in Hannover, wohnhaft ... Hannover, Meierstraße 1, ledig, deutscher Staatsangehöriger
>
> **gesetzliche Vertreter:** H. und B. Müller, wohnhaft ...

Gesetzliche Vertreter werden Sie natürlich nur dann nennen, wenn der Angeschuldigte auch zum Zeitpunkt der Anklageerhebung noch nicht volljährig ist. Achten Sie darauf!

2. Anklagesatz

a) Abstraktum

381 Bevor Sie den Wortlaut der verletzten Straftatbestände nennen, müssen Sie dem Leser mitteilen, ob der Beschuldigte oder einer der Beschuldigten die Tat als Jugendlicher oder als Heranwachsender begangen hat. Das geschieht mit wenigen Worten. Bei Beschuldigten, die zur Tatzeit das 18. Lebensjahr noch nicht vollendet hatten, sollte es heißen:

> **Formulierungsbeispiel:**
>
> ... wird angeklagt
>
> als **Jugendlicher mit Verantwortungsreife** ...
>
> *oder schlicht*
>
> als **Jugendlicher** ...

Hatte der Beschuldigte zur Tatzeit das 18. aber noch nicht das 21. Lebensjahr vollendet, heißt es:

> ... wird angeklagt
>
> als **Heranwachsender** ...

Weitere Besonderheiten gibt es nicht zu beachten.

b) Konkretisierung

382 Die Konkretisierung formulieren Sie wie gewohnt, aus der Anklageerhebung vor einem Jugendgericht ergeben sich keine Besonderheiten.

c) Anzuwendende Vorschriften

383 Beim Aufzählen der anzuwendenden Vorschriften dürfen Sie die wenigen Vorschriften, aus denen sich die Anwendbarkeit des Jugendstrafrechts ergibt, nicht vergessen.

Bei einer Anklage gegen einen Jugendlichen muss es deshalb heißen:

> **Formulierungsbeispiel:**
>
> ... StGB, 1, **3 JGG**

Geht es dagegen um einen Heranwachsenden, heißt es:

> **Formulierungsbeispiel:**
>
> ... StGB, 1, **105 ff. JGG**

3. Anträge

384 Auch die abschließenden Anträge werden Ihnen keine Schwierigkeiten bereiten, weil Sie den Anträgen im Verfahren gegen Erwachsene entsprechen. Es ist von Ihnen lediglich das zuständige Jugendgericht zu benennen.

> **Formulierungsbeispiel:**
>
> Es wird beantragt, das Hauptverfahren vor dem Landgericht – **Jugendkammer** – zu eröffnen.

> **Formulierungsbeispiel:**
>
> Es wird beantragt, das Hauptverfahren vor dem Amtsgericht – **Jugendrichter** – zu eröffnen und Termin zur Hauptverhandlung anzuberaumen.

4. Wesentliches Ermittlungsergebnis

Nur der Vollständigkeit halber sei hier abschließend noch auf § 46 JGG hingewiesen, der bestimmt, dass das Ermittlungsergebnis so abgefasst werden muss, dass die Kenntnis des Angeschuldigten von diesem keine Nachteile für seine Erziehung verursacht. Die Vorschrift dürfte für die Klausurlösung keine Relevanz haben. **385**

E. Abschließende Arbeiten

386 Wenn Sie Anklage und Abschlussverfügung fertig gestellt haben, müssen Sie den praktischen Teil unbedingt noch einmal aufmerksam durchlesen. Haben Sie in der Abschlussverfügung alles veranlasst, was zu veranlassen war? Decken sich Anklageinhalt und Ergebnis des materiellen Gutachtens? Ist die Gliederung der Anklage schlüssig? Sind in der Konkretisierung alle subjektiven Merkmale mit Sachverhalt ausgefüllt?

Erst danach dürfen Sie Ihre Arbeit abgeben!

Stichwortverzeichnis

Die aufgeführten Zahlen bezeichnen Randnummern.

Abschluss der Ermittlungen 261
Abschlussverfügung 258
Absehen von Verfolgung 194
Absolute Antragsdelikte 161
Abstraktum 381
Agent provocateur 136
Anderweitige Rechtshängigkeit 157
Anklagesatz 300
Anklageschrift 258
Anordnungskompetenz 119, 126, 148
Anschlusserklärung 204
Anträge 290, 350, 384
Antragsteller 265, 277
Anzuwendende Vorschriften 337, 383
Ärztliche Atteste 251
Augenscheinsbeweis 55, 255
Aussagefreiheit 71
Auskunftsverweigerungsrecht 94

Bankgeheimnis 145
Befundtatsachen 53, 110
Behördenauskunft 143
Belehrungspflicht 67, 71, 93, 104
Benachrichtigungspflicht 62
Berufsgeheimnisträger 103, 140
Beschlagnahme 124
Beschlagnahmeanordnung 229, 231
Beschlagnahmeverbote 125
Beschleunigtes Verfahren 188, 373
Beschränkung 192
Beweismittel 47, 248, 334
Beweiswert 56
Beweiswürdigung 28, 333
Beziehungsgegenstände 234
Blutalkoholuntersuchungsgutachten 252
Blutprobe 148, 149

Dokumentation 121
Durchsuchung 113
Durchsuchungsanordnung 120, 229, 236
Dreimonatshaftprüfung 221
Dringender Tatverdacht 209, 228

Ehegatten 100
Einleitungssätze 9
Einstellungsbescheid 200, 263
Einstellungsnachricht 266
Einziehung 233
E-Mail 130
Entschädigungsansprüche 247
Ermittlungshandlungen 259

Erziehungsmaßregel 359

Fernmeldegeheimnis
Fernwirkung 78, 84, 92, 139
Flucht 212
Fluchtgefahr 213
Fortwirkung 75, 83, 134

Gefahr in Verzug 119, 121, 128, 148
Gerichtsstand 185
Gesetzliche Merkmale der Straftat 305
Geständnis 40, 345
Geständige Einlassung 345
Gutachtenstil 23

Haftausschließungsgrund 218
Haftbefehl 202
Haftfortdauer 221, 351
Haftgrund 211
Haftkontrolle 282
Haftprüfungsfrist 222, 298
Haftprüfungstermin 284, 295
Handlungsabschnitte 8
Heranwachsender 358
Herausgabe 237, 279
Herauszugebende Gegenstände 238
Hinreichende Wahrscheinlichkeit 31
Hörfalle 84
Hypothetischer Ersatzeingriff 112, 121, 148

Informant 132
Informationsfunktion 300
Informatorische Befragung 68
Intoxikationspsychosen 173
Inzidentprüfungen 8

Jugendkammer 368
Jugendlicher 358
Jugendrichter 361
Jugendschöffengericht 364

Katalogtat 134, 137, 139 ff., 150
Klageerzwingungsverfahren 200, 272, 376
Konkretisierung 323, 382
Konkurrenzen 9, 317
Kriminalistische List 80

Lauschangriff 140
Lebenspartner 100
Lösungsskizze 7

Stichwortverzeichnis

Minder schwerer Fall 180
Mitteilungen 245, 282, 375
Motiv 45

Nebenklage 204, 373
Nemo tenetur-Grundsatz 90, 134
Notwendige Verteidigung 202, 374

Öffentliches Interesse 197
Offizialdelikt 196
Offizialverfahren 373
Opportunitätsentscheidung 276

Pflichtverteidiger 202
Postbeschlagnahme 128
Postgeheimnis 143
Postpendenzfeststellung 12
Privatklage 272
Privatklagedelikte 196, 373
Prozesshindernisse 19
Prozessualer Tatbegriff 191
Prozessvoraussetzungen 19
Psychodiagnostische Kriterien 177

Qualifikationstatbestand 307
Qualifizierte Belehrung 76

Rechtsbegriffe 332
Rechtskreistheorie 97
Recht zur Verteidigerkonsultation 71
Regelbeispiele 19, 226
Regelstrafrahmen 170
Relative Antragsdelikte 163
Resorptionsdefizit 176
Richterliche Vernehmung 109
Richtervorbehalt 119, 126, 128, 137, 148
Rubrum 293, 380
Rückrechnung 176

Sachverständigengutachten 52, 178
Schöffengericht 169
Schuldform 308
Schwerkriminalität 215
Schwurgericht 169
Sozialgeheimnis 143
Spontanäußerung 69, 104, 107
Steuergeheimnis 143
Steuerungsfähigkeit 173, 178
Strafantrag 161
Strafbefehlsverfahren 187, 373
Straferwartung 184
Strafgewalt 169
Strafkammer 168
Strafklageverbrauch 154
Strafrahmenverschiebungen 171

Strafrichter 168
Streitstand 26
Stufenverhältnis 12
Subsidiaritätsgrundsatz 137, 140 f.

Tagebuchaufzeichnungen 127
Täterschaftsformen 310
Tatidentität 160
Tatmittel 233
Tatort 303, 324
Tatprodukte 234
Tatprovokation 136
Tatzeit 303, 324
Tatzeit-BAK 173, 176
Täuschung 80, 88
Teileinstellung 198, 262
Teilnahmeformen 310 f.
Telefonüberwachung 62, 137, 254
Trunkenheit 173

Übersendungsverfügung 286
Umgrenzungsfunktion 300, 323
Unbenannte Strafmilderungsgründe 172, 313
Unmittelbarkeitsprinzip 48
Unrechtseinsicht 173
Unrechtseinsichtsfähigkeit 173
Untersuchungshaft 206, 297, 377
Urkundenbeweis 54, 255
Urteilsstil 22

Verbotene Vernehmungsmethoden 79
Verdeckter Ermittler 62, 134
Verdeckt ermittelnde Polizeibeamte 133
Verdunkelungsgefahr 214
Verfahrensbindung 243
Verfahrenshindernis 154, 161
Verfahrenstrennung 244, 260, 372
Verfehlungen 358
Verhältnismäßigkeit 118, 124, 217
Verjährung 164
Verlesungsverbot 107
Verletzter 200, 266, 277
Verlobte 100
Vernehmung 66, 85
Vernehmungsniederschrift 152
Versuch 312
Vertypte Strafmilderungsgründe 172
Verurteilungswahrscheinlichkeit 59
Verwertungsverbot 58, 73, 82, 103, 105, 112, 121, 123, 125, 128, 137, 140 f., 146, 148
Verwertungswiderspruch 62
Vorschaltbeschwerde 200, 376
Vorläufige Entziehung der Fahrterlaubnis 225

Stichwortverzeichnis

Wahlfeststellung 10, 314, 335
Wahlverteidiger 202
Wesentliches Ergebnis der Ermittlungen 354
Widerspruchslösung 62, 148
Wiederholungsgefahr 216
Wiedervorlagefrist 283
Widmark-Formel 176
Wohnraumüberwachung 140

Zeuge 48
Zeuge vom Hörensagen 151
Zeugnisverweigerungsrecht 98
Zuchtmittel 359
Zufallsfunde 122 f., 139, 150
Zusammenhang 242
Zusatztatsachen 53, 110
Zweifelsgrundsatz 31, 218